조선영화통제사

다카시마 긴지(高島金次) 저
김 태 현(金泰賢) 역

지식과교양

역자 머리말 및 해제

　본서는 한국영화초창기부터 1945년까지의 한국영화사 정립 및 연구에 대한 고증적이고 실증적인 단서를 제공하고자 한국과 일본의 도서관 및 각 기관에 산재되어 있는 영화관련 일본어문헌(1868-1945)을 중심으로 기획된 첫 번째 번역서이다. 영화관련 1차 자료는 한국 국가전자도서관 1945년 이전 원문정보서비스(1945년 이전에 일본어로 발행된 주요자료 DB, 신문DB, 연속간행물DB, 관보DB, 한국관련 외국어자료DB), 조선총독부도서관 장서목록『조선총독부 도서관 신서부 분류목록(新書部分類目錄)』(상 · 중 · 하, 1937~1938), 한국 국회도서관 소장 자료 및 원문DB, 일본 국회도서관 소장 자료 및 원문DB, 일본국립정보학연구소 식민지관련 자료, 일본무역진흥기구 원문DB 중 식민지관련 자료 및 원문DB, 일본국립공문서관 아시아 역사자료센터(日本國立公文書館 アジア歷史資料センター) 원문DB 등에서 찾은 것들이다.

　본 번역서 이외에도 현재 위의 자료들을 바탕으로 한국영화관련 일본어 단행본 100여건과 일본어 잡지 10종 번역을 출간할 예정이다. 본 번역자의 이러한 작업들이 한국영화사 1차 자료 정립과 한국영화사 연구에 조금이나마 도움이 되었으면 한다.

본서『조선영화통제사(朝鮮映畵統制史)』는 일본 정보국(情報局),
내무성(內務省), 탁무성(拓務省), 문부성(文部省) 등의 일본 당국, 일
본 관계(官界)와 군부, 그리고 조선군 보도부, 조선총독부 경무국, 도
서과, 문서과, 영화반, 영화검열실 및 조선 및 일본 영화관계자 등에게
배포된 내부자료 비매품 출판물로, 태평양전쟁발발 2년 후인 1943년
12월 28일에 경성(京城, 현재 서울)의 매일신보사(每日新報社)에서
인쇄하고 조선영화문화연구소(朝鮮映畵文化硏究所)에서 간행, 다카
시마 긴지(高島金次)가 집필한 책이다.

이 책은 일본 '영화법(映畵法)'(1939년 4월) 제19조 "본법 시행에
관한 중요사항에 대하여 주무대신(主務大臣)의 자문(諮問)에 응하
기 위해 영화위원회를 두고, 영화위원회에 관한 규정은 칙령으로써
정한다."를 제외한 모든 조항에 준거하여 만든 '조선영화령(朝鮮映畵
令)'(1940년 1월)에 입각하여 추진되었던 조선의 영화통제를 편년체
로 기록한 것인데, 일본 당국인 일본 정보국, 탁무성, 문부성 등과 일
본 군부, 조선에서는 조선총독부 경무국, 도서과, 문서과, 영화반, 영
화검열실, 그리고 조선에서 영화회사를 운영하는 10개 회사인 조선영
화주식회사(朝鮮映畵株式會社, 최남주(崔南周)), 고려영화협회(高麗
映畵協會, 히로카와 소요(廣川創用)), 명보영화합자회사(明寶映畵合
資會社, 이병일(李炳逸)), 한양영화사(漢陽映畵社, 김갑기(金甲起)),
경성영화제작소(京城映畵製作所, 야나무라 기치조(梁村奇智城)), 조
선구귀영화사(朝鮮九貴映畵社, 후루하타 세이조(降旗淸三) 이후 황
국영화사(皇國映畵社)가 된다), 조선예흥사(朝鮮藝興社, 서항석(徐恒

錫)), 조선문화영화협회(朝鮮文化映畫協會, 쓰무라 이사무(津村勇)), 경성발성영화제작소(京城發聲映畫製作所, 다카지마 긴지(高島金次), 이후에 조선예흥사(朝鮮藝興社)가 빠지고 평양의 동양발성영화촬영소(東洋トーキー映畫撮影所, 구니모토 다케오(國本武夫))와 16mm 영화 전문의 선만기록영화제작소(鮮滿記錄映畫製作所, 구보 요시오(久保義雄) 등의 3개 기관의 의견조율과 협의를 통한 조선영화의 통제과정을 그린 책이다.

저자 다카시마 긴지 씨의 말에 의하면, 이 책은 1943년 9월 10일에 계획·구상하고 9월 15일에 총독부의 출판허가를 받아 동년 10월 9일에 탈고했고, 조선영화배급관련 자료는 당국이 협조해줄 수 있는 자료를 근거로 작성했고, 조선영화흥행관련 자료는 '조선흥행연합회(朝鮮興行聯合會)'에서 미리 정리를 해둔 것이 있는 것을 사용했으며, 영화제작, 영화배급, 영화흥행은 모두 통제가 일단락되기 전까지 상당한 진통이 있었다고 밝히고 있다. 또, 그는 마지막으로 "통제사(統制史)의 진가를 드러내고자 했다. 그렇다고 이것저것 가리지 않고 속속들이 들추어낸다면 여러 사람에게 폐가 되고, 도리어 악영향을 미칠 것이라고 생각하여 집필하는데 상당한 고심을 하였다. 될 수 있으면 그러한 피해자가 생기지 않게끔 할 생각이지만, 실은 내심 이 책 때문에 누군가 피해가는 사람은 없을지 걱정하고 있다. 부디 내가 이 책을 기획한 진의를 잘 살펴주시고, 그러한 관점에서 내 질타도 용서해주시길 바란다."고 적고 있다. 즉, 조선영화통제사는, 영화의 제작, 배급, 흥행의 세부분을 통제하는 과정에서 여러 가지 우여곡절이 있어서 그

때 그 때의 상황을 실명을 거론하면서 편년체로 생생하게 묘사하고는
있지만 누구를 욕하려는 것이 아니라 '통제사의 진가'를 드러내고자
한 것이며, 총독부의 출판허가를 받고 당국의 배급관련 자료의 협조,
조선흥행연합회의 흥행관련 자료를 입수하여 기술된 것임을 강조한
다.

또, 그는 "일본영화의 임전체제 조치는 1941년 초기에 시작하여
1942년 봄에 겨우 결실을 맺었다. 만 1년에 걸쳐 일단 어느 정도 통제
형태를 정비한 셈이다. 조선도 내지의 방침을 참작해 제작, 배급, 흥행
등 영화계 전반을 시국(時局)에 바로 대응할 수 있는 태도로 전환하였
다. 조선은 1940년 1월 조선총독부 제령 1호를 조선영화령 제정의 근
거로 삼아 반도의 독자적인 영화정책을 만들고 이를 실행으로 옮긴
것이다. 다행히 일본 관계(官界)의 협력과 조선에 거주 중인 일본 영
화업자의 선처로 오늘날에는 제작, 배급, 흥행 모두 나무랄 데 없이 철
저한 비상시체제를 정비하게 되었다."고 말한다. 즉, 조선에서 영화제
작, 영화배급, 영화흥행을 일원화하는 것은 조선영화령에 준거하여 반
도 독자적인 영화정책을 만들려고 추진한 영화통제정책이며, 이 과정
에서 일본 관계(官界)와 조선에서 거주하는 일본 영화업자의 노력덕
분에 제작, 배급, 흥행통제의 일원화가 원활하게 되었음도 밝히고 있
는 것이다. 뿐만 아니라, 조선영화령에 입각한 '조선영화통제'가 성공
적으로 이루어진 것을 후세에 남기기 위해 기록한 '조선통제의 역사'
임도 밝히고 있다.

또, 매일신보 1941년 02월 24일 「영화10사 대동단결(映畵十社 大

同團結)」을 보면, "조선영화제작자협회(朝鮮映畫製作者協會)에 가입한 조선영화(朝鮮映畫), 고영(高映, 고려영화협회), 문화영화(文化映畫), 황국영화(皇國映畫), 경성영화(京城映畫), 경성발성(京城發聲), 명보영화(明寶映畫), 한양영화(漢陽映畫), 예흥영화(藝興映畫), 선만영화(鮮滿映畫) 등 전 협회원이 지난 20일 회합을 열고 대동단결하여 신설회사를 조직하여 전 조선에서 1사(社)를 결성하기로 하였는데 합동위원은 최남주(崔南周, 조선영화 사장), 이창용(李創用, 고려영화 대표), 후루하타 세이조(降旗淸三, 황국영화), 다카시마 긴지(高島金次, 경성발성 대표), 쓰무라 이사무(津村勇, 문화영화 대표) 등 5명으로 결정되었다."는 기술이 있다. 다카시마 긴지의『조선영화통제사(朝鮮映畫統制史)』「5. 제작자협회의 진용을 정비하다(1941년 2월 10일)」를 보면, "조선영화제작자협회는 정례회합(定例會合)을 매월 1회 주최하기로 결정하였는데, 미사용 오리지널 필름문제가 예상 밖의 난관에 부딪쳤다. 종잡을 수 없는 불투명한 미래는 물론이거니와 당장 눈앞에 놓인 제작도 어찌될지 알 수 없는 상황인지라, 협회의 기능을 고도로 발휘할 필요성이 대두되었다. 한편, 당국에서는 영화제작일원화의 근본 방침이 수립되기에 이르러, 2월의 회의를 총독부 영화검열실에서 개최하고, 전원 집합하여 협의를 실시하였다. 그 결과, 종래의 간사제(幹事制)를 폐지하고, 회계간사로 황국영화사(皇國映畫社)의 후루하타 세이조(降旗淸三)가 종래대로 지명되었으며, 별도로 상임창립위원(常任創立委員) 5명을 선임하였다. 상임창립위원 5명은 조선문화영화협회의 쓰무라 이사무(津村勇), 조선영화주식회사의 최남주(崔南周), 고려영화협회의 히로카와 소요(廣川創用), 경성영화제작소의 야나무라 기치조(梁村奇智成), 경성발성영화제작소의 다카지마 긴지(高島金次)이다. 또, 새로운 회사 관련 문제의 진척과 관련하여, 신설회사 실현 후 연계되는 각 회사의 기계(機械) 및 기구(器具)들의 평가위원을 임명하고, 신설회사안을 작성하는 전문위원 등을 모두 전술했던 상임창립위원 중에서 선임하여 진용의 정비를 꾀하였다."의 기술과 일치한다. 이것으로 보아 다카시마 긴지의 기술은 개인의 주관적인 견해나 감정을 조금씩 내비치는 대목도 중간 중간에 보여지지만, 대부분 실제자료를 바탕으로 기술했음을 알 수 있다. 뿐만 아니라 일본인 본인의 시선과 일본 당국의 시선, 그리고 조선에서 활동하는 영화회사 측과 조선총독부의 의견도 그대로 투영되고 있음을 알 수 있다.

그러나 본서를 통해서 주목되는 점은 조선총독부 영화관계자의 의견과 일본 당국의 의견이 달랐다는 점이다. 이는 조선총독부가 일본 당국의 의견을 무시할 수 없었던 것도 있지만, 조선에서 영화사를 운영하는 사람의 의견 또한 무시할 수 없었기 때문으로 보인다. 또, 조선총독부가 일본당국의 의견과 달리 조선인을 위한, 조선만의 조선영화를 만들 필요성을 통감하고 있었기 때문에 어디까지 당국의 의견을 받아들어야 하는지, 그리고 어디까지 조선의 영화회사 측의 의견을 들어야 하는지 망설였던 대목이 아닌가 생각이 된다. 이것은 일본 당국이 조선영화령 내용의 최종결정 및 운영을 전적으로 조선총독부에 맡겨졌기 때문이며, 조선총독부 나름으로 조선의 실정을 감안하지 않으면 안 되는 조선통치의 특수한 사정이 있었기 때문으로 보인다. 따라서 이러한 3자(일본당국, 조선총독부, 조선에서 영화회사를 운영하는 사람)의 의견을 조율하고 협상하는 방안으로 조선총독부의 사정도 잘 알고 조선 영화계뿐만 아니라, 일본 당국과 일본영화계 및 관계(官界)의 인맥을 가지고 있는 본 책의 저자인 다카시마 긴지(高島金次)를 3자 모두가 중재자로 내세웠던 것으로 보인다.

이 책을 저술한 필자 다카시마 긴지(高島金次)는 한국뿐만 아니라 일본에서도 현재까지도 그의 생몰년도 및 약력, 그리고 생애에 관한 구체적인 자료를 입수할 수 없는 것이 현실이다. 그러나 현재까지 조사한 바에 의해서 살펴보면 다음과 같다. 당시 조선에 존재한 통합대상 10개 영화사 중의 하나인 경성발성영화제작소(京城發聲映畵製作所) 대표이며, 조선영화제작주식회사, 조선영화배급주식회사 창립에 주요한 역할을 한 한 사람이다. 또, 20년에 걸쳐 조선영화업계에 있었고 1940년경부터 시작된 임전체제하의 영화통제시기에 영화제작, 영화배급의 양면에 깊이 관여한 중심인물 중의 한 사람이다. 한국 국립중앙도서관과 국회도서관 장서를 보면, 『성공하는 광고를 만드는 방법(成功する廣告の仕方)』(1935)이 있는데, 광고업자로서도 책을 간행한 적이 있음을 알 수 있다. 실제로, 매일신보 1936년 5월 10일자 「라듸오」편성시간표를 보면, 제1방송 5월10일 오전 11시10분에 직업연설 「광고에 관한 상식(廣告に関する常識)」이 나온다. 이것으로 보아 광고업자로도 상당한 명성을 획득한 사람이 아닌가 생각이 된다.

그 이외에 조선총독부 소속 기관관리인, 조선영화제작주식회사 설립 가담, 조선영화제작자협회 창립사무소 상임간사(회계, 사무)라는 사실을 확인할 수 있다. 또, 조선총독부의 내부문서를 얻고 허락을 받아 조선영화통제사를 기술하였는데, 조선총독부의 입장과 일본정부의 입장을 대변한 사람이라기보다는 임전체제에 순응하면서도 조선영화와 조선인영화인의 특수성과 입장을 대변하여 조선총독부와 일본정부를 설득한 인물로도 보여진다. 매일신보 1942년 08월 12일 「신설영화회사 기구결정－첫 작품은 징병제도 경하영화(慶賀映畵)」을 보면, 조선 10개 영화사의 합병으로 이루어진 조선영화제작주식회사의 첫 작품으로 징병제도경하영화(徵兵制度慶賀映畵)를 기획하였는데, 이에 앞서서 제작기획회의에 일본당국, 일본군부, 조선총독부, 조선군 보도부와 조선영화제작주식회사 제작부에 전 닛카쓰(日活)영화사의 제작부장이었던 나카다 하루야스(中田晴康)을 중심으로 구 회사 측 인사였던 다카시마 긴지(高島金次)와 히로카와 소요(廣川創用, 이창용(李創用))을 보좌역으로 참여시킨 내용을 보면, 국책으로 만들어진 조선영화의 제작기획자였음도 알 수 있다. 마지막으로 매일신보 1942년 10월 20일 「인사」란에 "다카시마 긴지(高島金次) 조선영화사촬영소 총무", 매일신보 1942년 10월 24일 「신설영화회사의 과장·주임급 결정」연기과사무주임 대행, 매일신보 1944년 1944년 10월 09일 「인사」란을 보면, 다카시마 긴지는 조선영화계발협회상무로도 활약했음을 알 수 있다.

　조선영화문화연구소는 매일신보 1941년 5월 31일자 기사 「조선영화문화연구소가이창용(李倉用)에 의해」를 보면, "조선영화문화연구소가 이창용에 의해 경성부(京城府) 하세가와 쵸(長谷川町, 현재 소공동)의 동양상공(東洋商工)빌딩 2층에서 개설되다."고 되어 있다. 또, 매일신보 1941년 6월 22일 「조선영화문화연구소 개설-영화일반문제연구」를 보면, "이창용(李創用) 씨가 주최하는 '조선영화문화연구소'는 그간 사무소의 준비와 영화문화연구소로서의 기안을 작성하고 있은바 그 성격과 사업기구의 구제적인 안을 마련하여, 지난 18일부터 개소(開所)하였다. 이 영화문화연구소에서는 조선의 영화가 이입된 때로부터 현재까지 영화의 모든 문제를 비롯해 금후 조선영화의 연구 및 세계영화의 일반문제 등 순전히 학구적인 영화문화의 연구를 꾀하리라고 한다. 이 연구소는 김정혁(金正革) 씨가 실무를 맡아 진행중인데, 회원의 조직을 보아 이사(理事)를 두고 고문(顧問)과 특별위원(特別委員), 일반위원제(一般委員制)로 하여 좀 더 구체적인 형태를 본 후에 아카데믹한 연구실이 될 것으로 보았는데, 동 연구소는 금후 조선영화계에 이바지하는 바가 클 것으로 기대되는 바가 높다." 즉, 두 기사를 통해 조선영화문화연구소의 조직을 보면, 고려영화협회를 그만 둔 이창용이 창설자이고, 실무담당은 김정혁이 맡았으며, 이사, 고문, 특별위원, 일반위원으로 조직되었음을 알 수 있다. 또 설립취지는 '조선의 영화가 이입된 때로부터 현재까지 영화의 모든 문제를 비롯해 금후 조선영화의 연구 및 세계영화의 일반문제 등 순전히 학구적인 영화문화의 연구'를 하는데 있는 단체임을 알 수 있다. 조선영화

문화연구소 편(編) 『조선영화 30년사(朝鮮映畵三十年史)』(1943)를
통해서도 이를 확인할 수 있는데, 한국에 처음으로 영화가 상영된 것
이 "동대문 내 전기회사가 기계창에서 시술하는 활동사진은 매일 하
오 8시부터 10시까지 설행되는데 대한 및 구미 각국의 도시, 각종 극
장의 절승한 광경이 구비하외다. 허입료금 동화 10전"이라는 황성신
문 1903년 6월 23일자 광고를 인용하여 밝히고 있다. 이것으로 보아
조선영화문화연구소 취지에 맞추어 조선영화사 연구에서 일익을 담
당하고 있음을 알 수 있다.

　해방 후의 족적을 살펴보면, 서울신문 1949년 9월 25일 「조선영화
문화연구소 제작 '안창남(安昌男) 비행사' 개봉」제목으로 "조선영화
문화연구소 제1회 작품 '안창남 비행사'는 오래 전부터 육군 항공국
감독아래 제작해 오던 중 드디어 완성을 보아 작 24일부터 시공관(市
公館)에서 개봉하고 있다. 그런데 동 영화는 우리 민족 최초의 비행가
로서 가요에도 널리 불리던 '떴다 보아라 안창남 비행기' 그의 일대기
인 만큼 역사적으로나 민족적으로나 영원히 잊지 못할 우리 항공계
선구자의 피끓는 고투기인 것이다. 자라가는 민국 국인 대중의 사회
교육상 혹은 항공의욕에 다대한 충격과 대한 남아의 의의를 앙양하는
바 클 것으로 기대된다."와 국제신문 1948년 8월 26일자 「군정 3년간
정식 수입이 안 된 영화필름을 제작에 사용」에 "조선영화문화연구소
의 집계에 의하면 지나간 3년 동안 남조선에서 제작되어 군정청의 검
열을 통과한 조선영화는 극영화 24·문화영화 21·뉴스 41 도합 86
편으로, 이 중에는 프린트를 여러 개씩 한 것도 있어서 남조선 각 영화

관에서 상영된 프린트의 총 권수는 1,034권에 달한다. 그런데 완성된
영화로서의 프린트를 제작하기까지에는 네거티브 · 포지티브 · 사운
드 등 필름을 막대하게 소비하는 것으로서 정상적으로 필름의 소비량
을 프린트의 10배로 잡는 것이나 줄잡아서 7배로 치더라도 7,238권의
필름이 소비되었으며, 한 권 평균 1,000피트의 필름이 지나간 3년 동
안 조선영화 제작에 소비된 것이다."로 정식으로 수입도 배급도 된 일
이 없는 이 수많은 필름이 그러면 대체 어떠한 경로를 밟아서 제작자
의 손에 들어갈 수가 있었는가? 에 대한 분석을 내놓고 있다. 즉, 조선
영화문화연구소는 해방 후에는 조선인의 자부심과 기개를 표방할 수
있는 영화제작에도 참여했으며, 영화관련 사항 및 사건, 그리고 한국
영화의 현황(『조선영화 작품 연표(朝鮮映畵作品年表)』(1943)) 및 작
품에 대한 분석을 수행하고 있음을 알 수 있다.

매일신보사(每日新報社)는 한글판 조선 총독부 기관지로 발행되던
일간 신문이다. 1904년 7월 영국인 배설(裵說, Bethell, E. T.)이 창간
한 「대한매일신보(大韓每日申報)」가 국권 강탈 후 일제에 강제 매수
를 당하고 일어판 기관지인 「경성일보(京城日報)」에 통합되어 「매일
신보(每日申報)」로 제호를 바꾸었다. 1938년 4월 「경성일보」에서 완
전히 독립한 주식회사가 되면서 「매일신보(每日新報)」로 이름을 고쳤
다. 1940년 8월 「동아일보」와 「조선일보」가 강제 폐간된 이후 광복될
때까지 우리나라 유일의 한글판 일간지였다. 1945년 8월 해방 이후
「서울신문」으로 이름을 고치고, 발행되어 오늘에 이른다. 그 이외에도

조선영화통제와 관련하여 통제관련 보도 및 협조를 행한 신문사는 경성일보(京城日報), 매일신보(每日新報), 조선신문(朝鮮新聞), 조선일일신문(朝鮮日々新聞), 대조(大朝), 대매(大每) 등이 있다.

지금까지의 한국영화사 기술은 한국어 신문과 잡지, 구술증언록, 임화, 안종화, 백야생, 손위무, 심훈 등의 한국영화사(조선영화사) 기술을 바탕으로 한 영화사연구 1세대인 유현목, 이영일, 김종원, 김수남, 조휘문, 이효인 등의 연구 등이 중심을 이루었다. 최근에는 인터넷의 발달과 더불어 세계 각국의 학술DB구축과 DB공개를 통한 글로벌적인 연구 환경의 조성되면서 이를 바탕으로 한 고증적이고 체계적인 연구 성과들로 인하여, 한국영화사 기술의 일대 전환점을 맞이하고 있다. 한국영화관련 사료의 수집과 복원, 그리고 이를 토대로 한 데이터베이스 등의 1차 자료의 확보가 바로 그것이다.

먼저, 한국영화 1차 사료의 복원과 정립이라는 차원에서 보면, 김종욱 편저, 사단법인 민족문화영상협회 『실록 한국영화총서(상, 하)』(2002)을 필두로 한국영상자료원 편 『신문 기사로 본 한국영화 1945~1969』시리즈물(2004~2010), 한국영상자료원 편 『신문기사로 본 조선영화 1918~1923』시리즈물(2009~2011) 등을 들 수 있다. 또, 식민지공간이라는 패러다임 속에서 한국어자료의 한계를 극복하고자 일본어문헌을 중심으로 정리한 한국영상자료원 편 『일본어 잡지로 본 조선영화 1,2』(2010~2011), 한국영화사연구원 편 『식민지 시대의 영화 검열(1910~1934)』(2009), 고려대학교 일본연구센터 정병호교수 팀이 기획한 『일본어잡지로 된 식민지영화 1,2,3』(도서출판문, 2012)

등은 초창기영화부터 1945년까지의 한국영화사 연구를 위한 단초를
제공하는데 큰 역할을 하고 있다.

뿐만 아니라, 최근에는 고려대학교 일본연구센터 식민지문학문화
연구팀, 고려대학교 한국사연구소와 한국영상자료원 협동프로젝트
등 한국연구재단 사업과 한국학중앙연구원 사업의 일환으로 각 기관
및 대학에서 식민지관련 영상 발굴 및 문헌복원 등의 연구 사업이 활
발하게 진행 중에 있다. 이 기관들의 대부분은 한국영화사 연구 1세대
들을 주축으로 한 연구진들과 영상관련 최첨단 장비 및 디지털과학기
술의 운용능력을 갖추고 한국영화사를 보다 더 글로벌적 관점에서 보
고 객관화하려는 젊고 폐기 넘치는 열혈 순수토종 국내파 연구진 및
유학파 연구진 등 이른바 한국영화사 연구 2세대들과의 환상적인 협
동 작업에 의해서, 한국영화사 연구기반 조성을 위하여 한국영화사
자료 발굴(영상 및 문헌)과 수집, 보존과 복원작업이 이루어지고 있으
며, 이를 기반으로 한 한국영화사 재정립 및 재해석 등 재편성을 꾀하
면서도 식민지 영화공간의 전체상을 보려는 본격적인 연구가 진행되
고 있다.

하지만 아직 한국영화사의 위상정립은 물론이거니와 실질적 자료
의 발굴과 수집, 보존과 복원작업은 아직 시작단계라고 할 수 있다. 이
제까지의 한국영화는 영화관련 자료의 보관 및 보존의 인식부족, 영
화 사료의 중요성에 대한 인식부족, 그리고 영화연구의 필요성에 대
한 인식부족으로 인하여 유럽이나 서양의 심미비평, 관객비평, 영화비
평을 통한 한국영화비평을 중심으로 다루었고, 한국영화에 대한 폄하

내지는 한국영화에 대한 가치를 인정하는데 꽤 많은 시간을 소요했
다. 최근의 한류 붐과 더불어 한국영화 및 한국영화사 연구의 가치가
재고되고 있기는 하나, 한국영화초창기부터 1945년까지의 영상자료
및 문헌들이 대부분 소실 또는 분실되었기 때문에 아직도 '한국에 언
제부터 영화가 들어왔는지', '한국에서 제작된 영화목록 및 영화관계
자 총목록', '한국에서 상영된 영화목록', '한국에서 상영된 영화의 영
화배우인명, 영화관계자 및 작품소개', '조선총독부제작 및 상영, 인가,
불인가 영화목록', '한국에서 상영된 문화, 교화, 교육영화목록', '한국
에서 상영된 이동순회영화목록', '한국에서 제작·상영된 한국영화 및
일본영화 및 외국영화 관련 자료와 기사', '초창기영화부터 1945년까
지의 한국영화와 관련된 외국문헌 영화자료의 번역', '조선총독부도서
관 소장 영화자료 및 각 도서관 및 기관에 소장된 영화자료의 목록 및
자료집', '한국영화필름 소재파악 및 자료입수' 등에 대한 보다 명확한
데이터를 마련하지 못하고 있는 형편이다.

이것은 주지하다시피, 1945년까지의 영화기술을 지배자와 피지배
자라는 구도 내지는 억압하는 자와 억압받는 자, 학대하는 자와 저항
하는 자, 극단적으로는 친일과 반일, 매국과 애국이라는 이분법적 구
도 속에서 점철된 한국영화사 기술방식에서 그 문제점을 찾을 수 있
다.

하지만, 이제 전 세계가 한국문화에 주목하고 있다. 더 정확히 말하
면, 한국영화에 주목하고 있다. 한국영화에는 한국문화가 필름이라는
기록물로 고스란히 담겨있다. 만약, 초창기부터 현재까지의 한국문화

가 담겨있는 한국영화를 보고 싶다고, 그리고 그 역사를 알고 싶다고, 가깝게는 우리들이, 멀게는 우리의 자손이나 외국인들이 요청한다면 어떻게 할 것인가? 과연 언제까지 우리는 '일본의 식민지 때문에 모든 자료는 소실되었어요.'라는 이유를 달아야만 할 것인가? 36년간의 식민지 생활은 벌써 1945년에 끝났다. 그리고 벌써 67년이라는 긴 세월과 시간이 흘렀다. 그럼에도 불구하고 여전히 67년 동안 일본의 침략으로 인한 트라우마에서 벗어나지 못하여 1945년 이전의 한국영화를 정립하지 못했다고 대답을 하는 듯 보인다. 이제까지는 그것으로도 충분한 대답이 되었고 용서가 되었다.

그런데, 생각해 보건데, 오늘날의 한류는 우리가 단군이래로 외세의 침략에도 굴하지 않고 계속 지켜온 우리의 문화가 있었기 때문에 가능했다. 그렇기 때문에, 그것이 우리의 치욕의 역사이든 영광의 역사이든 결과적으로는 우리의 역사이기 때문에 우리는 항상 자긍심을 느끼고 살아왔던 것이다. 하지만, 잘 생각해보면, 우리는 우리의 역사에 대하여 항상 관념적이고 추상적인 자긍심과 잔혹하고 무서운 침략의 역사에만 귀를 기울였을 뿐, 그 실체적인 역사에 관하여서는 좀처럼 접할 기회도 없었고 우리들도 알려고 노력하지도 않았다. 단도직입적으로 다시말하면, 여러 가지 정치적이고 이데올로기적인 이유로 한국영화사의 기술상에서 배제되었던 모든 것들을 우리가 빨리 '한국영화사'라는 제도권 안으로 수용하는 도량을 갖지 않는다면 1945년 이전의 한국영화라는 전체상을 파악하는 것은 요원한 일이 될지도 모른다. 그렇게 하지 않는 한, 정말로 말 그대로 한국영화초창기부터 1945

년까지의 우리 영화사는 제대로 조명도 받지 못한 암흑 속에서 그대로 사장된 채, 우리의 아픈 기억 속에서만 살아갈 것이고, 우리가 더 이상 생각하고 싶지 않은 역사 속으로만 사라져 갈 것이다. 일본의 식민지만을 욕하며 그 근원도 뿌리도 역사적 사실도 모르는 우리의 문화를, 우리의 영화를, 한류라는 붐에 편승하여 일본이나 여러 나라에 전파하고 그 속에서 자부심만을 느끼는 것으로 만족할지도 모른다. 오늘날의 한류만을 울부짖는 자신감에 보다 더 확실한 실체를 정립하고 제공하지 않는 한, 어쩌면 오늘날의 한류는 허상이나 과장된 포장에 지나지 않을지도 모른다. 이러한 의미에서 지금 우리는 우리의 한국영화사를 다시금 복원하고 복구하며 재정립, 재해석, 재분석을 가해야 할 중요한 시기에 있으며, 이를 통해 한국영화사 공백기라고 말해도 과언이 아닌 영화초창기부터 1945년까지의 영화사를 우리의 손으로 메워야 할 때가 아닌가 싶다.

이 책 출간에 앞서, 고려대학교 일어일문학과 교수이자 일본연구센터 소장님이시며 지도교수님인 최관(崔官) 교수님께 감사드린다. 늦은 나이에 고려대학교 비교문학비교문화전공으로 박사과정에 입학하여 박사학위를 받고 일본연구센터에서 HK연구교수로 재직할 때까지 묵묵히 아버지의 심정으로 보듬어주시고, 때로는 부드러운 말로 나를 연구자라는 스타트라인에 설 수 있도록 많은 충고와 조언을 아끼지 않으셨다. 그리고 부족한 나를 물심양면으로 지원하면서도 항상 응원하고 격려해주셨다. 다음으로 2004년부터 2012년 현재까지 식민지자료를 볼 수 있도록 지원을 아끼지 않고 항상 아낌없이 지도와 편달을 해주신 고려대학교 일어일문학과 교수이자 일본연구센터 부소장님이신 정병호(鄭炳浩)교수님께도 감사드린다. 또, 이 책이 세상에 빛을 볼 수 있도록 나를 믿어주고 항상 따뜻한 말씀으로 격려해주시고 출판사에 적극적으로 소개해주신 고려대학교 일본연구센터 HK교수인 송완범(宋完範)교수님께도 감사드린다. 25년 넘게 음으로 양으로 부모님역할을 해주시고, 항상 절망의 끝에서 좌절하고 힘들어 삶을 포기하고 싶을 때 따뜻하게 보듬어주신 명지대학교 사이토 아사코(斎藤麻子) 교수님께도 감사드린다. 마지막으로 나를 따라 이국땅에서 10년 넘게 살면서 못난 남편을 믿고 뒷바라지해 준 배화여자대학교 이시즈카 레이코(石塚令子) 교수에게도 감사드린다.

끝으로 돈도 되지 않는 책을 선뜻 출판해주신 지식과교양 윤석산 사장님과 마지막까지 꼼꼼히 교정해주신 편집주임 이수정선생님께 감사함을 전하고 싶다.

서대문구 한일영화문화연구소 서재에서
저자 김태현

차 례

자서(自序)

　본서의 출판을 계획한 것은 9월 10일경이고, 15일에 정식으로 총독부의 출판허가를 받았다. 아직 구상단계여서 원고 한 장도 쓰지 않은 상태였다. 먼저 원고용지를 인쇄하는 일부터 시작하였고, 20일에 처음으로 붓을 들었다. 자료 수집부터 하지 않으면 안 되었기 때문이다. 평균적으로 하루에 30장씩 작성하여 10월 9일에 겨우 탈고할 수 있었다. 14~15일에 걸쳐 완성한 셈이다. 10월 중순에 여행을 계획해 두고 있었기에 더욱더 서둘렀던 것이다. 따라서 어색한 문장이나 표현법이 많으리라 생각된다. 미리 독자 여러분께 용서를 구하고 싶다. 내용은 대체적으로 머리 속에 그려져 있어 이를 순서에 맞추어 작성하였다. 배급 항목은 당국이 협조해줄 수 있는 자료를 근거로 작성하였다. 흥행 항목은 '조선흥행연합회(朝鮮興行聯合會)'에서 이미 정리를 해둔 것이 있는 덕분에 큰 도움이 되었다. 제작, 배급, 흥행은 모두 통제가 일단락되기 전까지 꽤나 우여곡절이 많았다. 이를 잘 살려서 통제사(統制史)의 진가를 드러내고자 했다. 그렇다고 이것저것 가리지 않고 속속들이 들추어낸다면 여러 사람에게 폐가 되고, 도리어 악영향을 미칠 것이라고 생각하여 집필하는데 상당한 고심을 하였다. 될 수 있으면 그러한 피해자가 생기지 않게끔 할 생각이지만, 실은 내심 이 책 때문에 누군가 피해 가는 사람은 없을지 걱정하고 있다. 부디 내가

이 책을 기획한 진의를 잘 살펴주시고, 그러한 관점에서 내 질타도 용서해주시길 바란다.

나는 영화인의 한 사람으로서 반드시 통제를 기록으로 남겨두고 싶었다. 지금 누군가가 기록해두지 않으면 통제가 어떤 것인지 어떤 식으로 진행되었는지 파악할 수 없게 된다고 항상 생각하고 있었던 터라, 다행이도 이렇게 결실을 맺을 수 있었다. 글쓰기를 업으로 하는 사람도 아닌 천학(淺學)한 사람의 출판물이니 부디 너그러이 봐주길 바란다.

또, 본서를 더욱더 돋보이게 할 생각으로 경성 영화계, 문화계에 계신 십여 분께 원고청탁을 부탁드렸다. 시간적인 여유도 없어서 여러 차례 무례한 부탁을 드렸는데도 흔쾌히 승낙해주신 분들의 원고를 제 글과 나란히 조심스럽고 정중하게 게재하였다. 옥고를 보내주신 각계각층의 선배님들에게 거듭 깊은 감사의 마음을 표현하는 바이다. 여행을 앞두고 있기 때문에 탈고 후의 교정과 그 나머지 일체를 조선영화사(朝鮮映畵株式會社)[1]의 니시가메 모토사다(西龜元貞)와 서광제

---

[1] 1939년 총독부 도서과는 조선군 보도부와 합작해 '조선영화인협회'를 발족시켜 영화인을 가입시켰다. 이 단체에 가입하지 않으면 영화에 종사할 수 없었고, 이는 1940년 2월 공포된 '조선영화령(朝鮮映畵令)'의 영화인 등록제도로 이어져 영화인 통제의 밑거름이 되었다. 감독, 작가, 배우, 기술 등 모든 분야가 망라되었고, '기능증명서'를 발급받지 않은 영화인은 활동이 불가능했다. 영화제작사 강제통합의 내용을 담은 조선영화령(朝鮮映畵令)이 공포된 뒤 1년의 유예기간 동안 조선영화주식회사, 고려영화협회 등 10여개의 제작사는 조선영화제작자협회를 결성해 자구책 마련에 나선다. 그러자 일본 탁무성과 정보국은 영화제작의 필수요건인 미사용 오리지널 필름 배급통제를 문제 삼아 단독으로 배급중단을 결정하여 이들의 노력을 무산시키기도 했으나 2~3개월 단위로 매월 필요량을 신청하고, 모두 탁무성을 경유하고 정보국의 승낙을 받아야만 하는 것으로 일단락 지어졌다. 1942년 5월 사단법인 조선영화배급주식회사를 발족시켜 배급업 역시 통합하여 일제 통제 하에 두었고, 같은 해 9월29일 기존 영화사의 시설과 기자재를 기반으로 '사단법인 조선영

(徐光霽)[2] 두 분께 부탁드렸다. 또 책의 장정(裝幀)은 최영수(崔永秀) 군에게 부탁했다. 끝으로 이러한 조력자들에게 깊은 감사를 드린다.

1943년 10월 9일 저녁

경성 봉래정(蓬萊町) 초가집에서

저자 다카시마 긴지(高島金次)

화주식회사(朝鮮映畵株式會社)'(줄여서 조영(朝映)이라고도 함)를 설립했다. 이 때부터 조선에는 "전부 두들겨 가루를 만들고 여러 개의 떡을 꼬치 하나로 엮은 당고(団子)를 만들어야 한다."는 총독부의 말처럼 전쟁수행을 위한 국책영화 제작사 하나만 존재했던 것이다. 법인 조선영화주식회사는 『조선해협』(1944), 『병정님』(1944), 『젊은 모습』(1943), 『사랑의 맹서』(1945) 등을 포함한 10편의 극영화와 다수의 뉴스영화를 제작했으며 대부분 일본어를 사용했다.

2) 서광제(徐光霽, 1906–몰년도 미상)는 한국 영화감독, 각본가, 평론가이다. 남대문 상업학교를 졸업한 이후 조선영화예술협회 연구생을 거쳐 조선프롤레타리아예술 가동맹에 참가하면서 영화계에서 활동했다. 1928년 김유영이 연출한 경향파 영화 『유랑』(1928)에 출연했다. 『유랑』(1928)은 식민지의 비참한 현실을 묘사한 작품으로, 임화도 배우로 출연했다. 강호가 연출한 『지지마라 순이야』(1928)에도 출연했다. 한편, 조선영화예술협회가 제작한 영화 『화륜』(1931)에서는 각본과 편집을 맡았다. 1929년 김유영과 함께 신흥예술가동맹을 설립한 뒤 카프의 강경파인 임화와는 대립하면서 카프를 탈퇴하였다. 1932년에는 역시 김유영과 함께 동경으로 건너가 영화 공부를 했다. 1938년 데뷔작으로 『군용 열차』(1938)를 연출했는데, 군수품을 나르는 군용 열차의 조선인 직원들과 이들을 매수하려는 중국인 스파이가 등장하는 내선일체 홍보 영화이다. 이후 조선영화인협회의 이사를 맡았고 영화인기능 심사위원회에도 참가했다. 1940년 발표한 「신체제와 영화」는 조선영화령(朝鮮映畵令)의 정당성을 옹호하는 내용을 담고 있기도 하다. 1946년에는 「신천지」에 「조선 영화론」(1946)을 발표했다.

서(序)

　일본영화의 임전체제(臨戰體制) 조치는 1941년 초기에 시작하여 1942년 봄에 겨우 결실을 맺었다. 만 1년에 걸쳐 일단 어느 정도 통제 형태를 정비한 셈이다. 조선도 내지(內地, 일본)[1]의 방침을 참작해 제작, 배급, 흥행 등 영화계 전반을 시국에 바로 대응할 수 있는 태도로 전환하였다. 조선은 1940년 1월 조선총독부 제령(制令) 1호를 조선영화령(朝鮮映畵令)[2] 제정의 근거로 삼아 반도(半島)의 독자적인 영화

---

1) 일본은 일본을 내지(內地)로, 일본이외의 지역을 외지(外地)로 구분하여 사용하였다. 외지에는 일본을 제외한 조선, 만주, 남양 등이 포함된다. 본서에서는 내지는 일본으로 표기하고 외지는 외지(外地) 또는 그 국가명 또는 지역명을 그대로 괄호를 사용하여 병기하도록 하였다.

2) 1940년 1월 조선총독부 제령(朝鮮總督府制令) 제1호로 공포된 영화법령이다. 본문 26조와 부칙으로 구성되었으며, 1939년 일본에서 공포된 일본 영화령의 내용을 그대로 옮긴 것으로, 영화의 제작·배급 및 흥행 등 각 분야에 대한 통제와 규제로 일관되었다. 흥행 및 흥행장 규칙(1922년), 활동사진 필름 검열규칙(1926년), 활동사진 영화 취체규칙(1934년)에 이어 조선총독부가 발표한 영화관계 법령으로 규제의 정도가 가장 심한 법령이었다. 일본이 영화를 전시체제(戰時體制)의 옹호와 선전을 위한 수단으로 이용하려는 것이 주목적이다. 1939년 일본에서 일본영화령이 공포되어 영화계가 전시체제로 전환되자 조선총독부도 이에 따라 조선영화인협회를 결성하도록 하고 영화인 등록을 의무화하였다. 조선영화령(朝鮮映畵令)이 공포된 이후에는 조선영화제작자 협회(9개사 참여)를 결성한 데 이어 1942년에는 이를 통폐합, 조선영화제작주식회사라는 단일회사를 발족시킴으로써 영화제작을 사실상 국유화하였다. 조선영화령(朝鮮映畵令)이 발표된 이후 1945년 광복까지 제작된 영화는 대부분 일본 군국주의 선전이나 홍보를 담은 것이다.

정책을 만들고 이를 실행으로 옮긴 것이다. 다행히 일본 관계자의 협력과 조선에 거주 중인 일본 영화업자의 선처로 오늘날에는 제작, 배급, 흥행 모두 나무랄 데 없이 철저한 비상시체제를 정비하게 되었으니 실로 기쁘기 한량없다.

이 때 때마침 다카시마 긴지(高島金次) 씨가 반도 영화계의 이번 변혁을 기록한 '조선영화통제사(朝鮮映畵統制史)'의 출판을 발의(發意)하였을 때, 나는 정말 시의적절한 기획이라고 전폭적인 지지를 표명한 사람 중 하나이다. 다카시마 긴지(高島金次) 씨는 제작회사, 배급회사의 창립에 모두 관여한 사람이어서 본서의 저자로서는 제일 적임자이다. 이 저서가 조선영화의 귀중한 자료가 될 것을 믿어 의심치 않는다.

1943년 가을
조선총독부 경무국 도서과 영화검열실
시미즈 쇼조(清水正藏)

서(序)

이번에 다카시마 긴지(高島金次) 씨가 조선영화통제 전후(前後)의 기록을 집필하여 출판하는 데에 기쁨을 감출 수 없다. 나는 당국의 요청에 의해 제작과 배급 모두 주재(主宰)하고 있는데, 경험이 부족하여 아직 공부 중에 있다. 인간은 어떠한 사업에 종사하더라도 생산의 고통을 상기하면서도 장래의 희망과 광명을 향하여 나가야만 한다고 생각한다. 나는 이 다카시마 긴지(高島金次) 씨의 저서를 곁에 두고 틈날 때마다 읽으리라 다짐하였다. 다카시마 긴지(高島金次) 씨는 제작회사의 창립에 애쓴 후, 회사에 들어와 좋은 조언자로서 나를 도와준 사람이다. 또, 그는 영화인의 촉망을 한 몸에 받은 사람임으로 이 저서의 발행은 여러 의미에서 좋은 기획이었다고 생각하고 있다. 영화계는 일단 안정되었지만, 또 다시 시국의 변화로 앞으로 어떠한 진전(進展)을 보일지 예측할 수 없다. 바로 이 시기에 조선영화통제의 기록이 완전히 집록(集錄)되는 것은 영화계를 위해 매우 시의적절한 작업이다. 다카시마 긴지(高島金次) 씨의 열의에 진심으로 감사의 뜻을 표하는 바이다.

1943년 10월
조선영화제작주식회사 사장
사단법인 조선영화배급사 사장
다나카 사부로(田中三郎)

제1편

영화제작통제 편

I

제작업계
암중모색시대

1. 머리말

• • •

'영화계는 개혁해야한다.', '영화계가 임전(臨戰)의 태세를 갖추어
야 한다.' 등의 목소리가 군부 및 내각 정보국에서 높아지기 시작한 것
은 1941년 6월경부터이다. 즉 태평양전쟁 발발 약 반년 전, 중국에서
일본 군의 고군분투가 최고조에 달하는 한편, 미(米)·일(日) 양국의
외교교섭이 갑자기 악화되어 서로 온갖 비법의 뱃심 흥정을 노련하게
연출하였으나. 언제 터져도 이상하지 않을 일촉즉발의 화산분화와 같
은 위기상황이었다.

국가가 총력을 기울여 비상시체제를 수립하려고 할 때, 영화만이
다년간 영화계 일부에 존재하는 구태의연(舊態依然)이라는 암적 존
재를 그대로 놓아 둘 수 없었다. 더 나아가 영화가 가진 특수성 즉, 영
화의 지도성(指導性)및 선전성(宣傳性)을 최고조로 발휘시켜 국책
(國策) 수행의 하나의 기관으로서 책무를 다할 수 있도록 체제를 정비
하였다. 이것은 외국의 예를 굳이 들지 않아도 될 만큼 지극히 당연한
일이다.

이리하여 좋은 것은 서둘러야 된다는 인식이 생겨, 우선적으로 정
보국이 중심이 되어 심의회(審議會)를 만들게 되었다. 요직(要職)에
있는 모(某) 씨가 말하길, "모든 영화회사를 일단 전부 해체시킨 후에
굵직한 두 세 개 회사로 만들어야 한다."고 말하여 구체제 영화 경영
자들을 불안에 떨게 하고, 동시에 빈축을 사게 만들었다. 그리고 영화
회사에게 생명줄이나 다름없는 미사용 오리지널 필름 배급의 실권을

장악하여 한때 미사용 오리지널 필름의 배급 중단까지도 단행하였다.
영화회사들은 두 손 두 발 다 들 수밖에 없었다. 눈감고 죽을 날만 기
다리는 형국이었다. 그 후, 일본 극영화(劇映畫)[1] 제작회사가 도호(東
寶, '도호 주식회사(東寶株式會社)'의 약칭)[2], 쇼치쿠(松竹, '쇼치쿠 주
식회사(松竹株式會社)'의 약칭)[3], 다이에이(大映, '대일본영화제작주
식회사(大日本映畫製作株式會社)'의 약칭)[4] 등의 3사로 구조조정 되
어, 니치에이(日映, '일본영화사(日本映畫社)'의 약칭)[5]는 그대로 존

---

1) 극영화(劇映畫)는 스토리를 가지고 배우가 연기하는 픽션 영화를 말한다.
2) 정식 회사명은 '도호주식회사(東宝株式会社, TOHO CO. LTD.)'이다. 1932년 '주식
   회사 동경 다카라 즈카 극장(株式会社東京宝塚劇場)'을 설립한다. 1943년 '도호영
   화주식회사(東宝映画株式会社)'와 합병하여 현재의 회사명으로 변경된 것이다. 주
   요 영화 작품은 구로사와 아키라(黒澤明) 작품, 고지라 시리즈(ゴジラシリーズ),
   와카 다이쇼 시리즈(若大将シリーズ), 무책임 시리즈(無責任シリーズ) 등이 있다.
3) 정식 회사명은 '쇼치쿠 주식회사(松竹株式会社, Shochiku Co. Ltd.)'이다. 1920 '제
   국활동사진주식회사(帝国活動写真株式会社)'를 설립한다. 1921년에 '쇼치쿠 키네
   마주식회사(松竹キネマ株式会社)'로 개칭한다. 1937년에 현재의 회사명으로 변경
   되었다.
4) 다이에이 주식회사(大映株式会社)는 1942년부터 1971년까지 존재했던 일본의 영
   화회사이다. 설립 당초의 법인명은 대일본영화제작주식회사(大日本映画製作株式
   会社)이다. 1974년부터 2003년까지 존재로 한 일본의 영화 회사로 도쿠마 서점(徳
   間書店)의 자회사이며 대일본영화제작주식회사의 영화사업을 계승했다. 설립 당
   초의 법인명은 다이에이 영화주식회사(大映映画株式会社)였다. 두 회사는 등기상
   은 별도의 회사이지만, 역사적으로 영화사업을 기술할 때는 편의상 다이에이(大
   映)로 한다. 1942년 전시 통합을 위해 대일본영화제작(大日本映画製作)으로서 창
   설된 영화제작배급회사이며, 신흥키네마(新興キネマ), 다이토 영화주식회사(大都
   映畫株式會社, 1933년 6월 설립-1942년 1월 합병), 옛날 닛카쓰(日活, 1912년 설
   립, 일본활동사진주식회사(日本活動寫眞株式會社)'의 약칭)의 제작부문을 합병하
   였다. 초대 사장은 문학자로 널리 알려진 기쿠치 칸(菊地寬)이며, 취임 후 『나쇼몽
   (羅生門)』으로 해외 진출의 선구자가 되었다.
5) 현재 주식회사 일본영화신사(日本映畫新社)의 전신으로 소화 전기(昭和前期)에
   존재한 영화회사이다. 약칭은 니치에이(日映)이다. 1939년 영화법이 제정되고 영
   화관에서 영화 상영 전후에 뉴스영화 상영이 의무화되었다. 1940년 4월에는 정부

속하였다. 또 뒤늦게 무수히 많은 문화영화 제작 업자가 결국 3사로
통일된 일은 이미 모두들 잘 알고 있는 사실이다.

그럼, 일본 영화계가 이러한 상황이라면, 조선의 영화제작도 일본
영화계 유사 이래 한 번도 없었던 초유의 대변혁을 강 건너 불구경하
듯 보고만 있을 수 없다. 아니, 아무리 제작업자들이 뭐라 하던 간에
일본 관계(官界)의 분위기는 고스란히 조선총독부 당사자들에게 전
해졌을 것이다. 어차피 제작 재료를 일본에 의존해야 하는 상황 속에
서, '이제 더 이상 조선에서는 영화를 만들지 않아도 괜찮겠지'라는 식
의 정보국(情報局), 내무성(內務省) 언저리의 동향을 조선총독부 당
사자들이 살핀 것도 사실이었다. 물론 지금까지 일본에서 조선영화의
가치를 인정받은 적은 없었을 뿐더러, 있다고 해도 두세 편 정도가 고
작이었다. 이렇게 의붓자식 취급을 당하면서도 울며 겨자 먹기 식으
로 마지못해 상영되고 있었던 조선영화이었기에 영화제작을 할 수 없
더라도 당연히 큰 문제는 되지 않았다. 때문에 대동아 전역의 영화정

의 통제를 용이하게 하기 위해서 아사히 신문사(朝日新聞社), 오사카 매일신문사
(大阪毎日新聞社 (東京日日新聞·大阪毎日新聞)포함), 요미우리 신문사(読売新
聞社)의 신문사와 동맹통신사(同盟通信社)의 뉴스 영화부문이 통합되어 사단법인
일본 뉴스영화사(社団法人日本ニュース映画社)가 되었다. 이처럼, 제2차 세계대전
중에는 일본정부의 의향에 따라 뉴스영화, 국책 선전영화를 양산했다. 패전 후에는
뉴스영화 이외에 기록영화, 교육영화, 과학영화를 다수 제작했다.
한편, 국가 당국의 요청으로 1912년 9월 10일에 요코타 상회(横田商會, 1903년 6
월-1912년 9월 합병), 요시자와 상회(吉沢商會, 설립년도 불명-1912년 9월 합병),
후쿠호도(福寶堂, 1910년 7월-1912년 9월 합병), 엠·바테-상회(M·パテー商会,
1906년 7월-1912년 9월 합병)의 4개의 국산 활동사진회사가 합병하여 창립했던
닛카쓰(日活, 일본활동사진주식회사(日本活動寫眞株式會社)'의 약칭)는 1942년에
는 전시(戰時) 기업통합에 의해 업적이 좋았던 배급부문만이 분리되었고, 제작부
분은 다이에이(大映, 大日本映画製作株式会社)에 흡수되어 영화제작에서 일단 철
퇴하였다.

책을 수립하는 정보국과 군부가 조선영화의 존재에 관심을 가지지 않는 것도 무리는 아닐 것이다. 하지만, 조선의 입장에서는 자신들의 영화가 어제 오늘 사이에 이루어진 것은 아닌 것이다. 이미 1921년부터 제작하여 지금까지 20여년 이상의 역사를 가지고 있으며, 작품 수도 극영화가 약 140여 편, 단편 및 문화영화 등도 다수 가지고 있다. 면적 22만 1천 평(일본은 46만 평), 인구 2천 4백만의 조선반도는 최근 국어(일본어) 보급이 한창이지만, 오랜 기간 문자와 언어를 달리하는 동포(조선인)가 갖은 고난을 극복하면서 지금까지 영화의 사명을 다해온 것은 엄연한 사실이다. 존재이유가 없었던 것은 결코 아닌 것이다. 하물며 현재와 같은 초비상사태에 일본의 문화와 상당한 차이가 있는 반도 민중을 지도하고 계발(啓發)하기 위해서는 반드시 영화를 무시할 수는 없다. 지금이야말로 조선영화인들도 모두 일어나서 영화보국(映畫報國)에 동참해야할 때이다. 그러나 정보국에서는 일본 영화계의 선례에 따라 조선에 대해 미사용 오리지널 필름의 배급제도개혁을 단행하였는데, 영화의 제작, 배급 양쪽 부문을 감독하는 조선총독부 경무국 도서과가 그 모든 권한을 가지고, 한정된 미사용 오리지널 필름을 각 회사의 제작기획과 그 실제를 감시한 후 적정량을 배급하게 되었다. 물론 이 방법은 과도기적인 일개 수단에 불과하며, 영속적으로 할 일도 아니고 지속시킬만한 대책도 아니었다.

　조선의 영화 제작자들이 공통의 목적을 위해서 그 모체인 조선영화제작자협회(朝鮮映畫製作者協會)를 창립한 것은 1940년 12월이다. 그 당시부터 이미 현재 상황을 타파하고 대동단결을 결행하려는 태세를 분명하게 보이고 있다. 현재의 조선영화제작주식회사[6]가 그 창립의 기원을 조선영화제작자협회로 삼고 있는 사실이 이를 반증하고 있다. 반도영화인들이 학수고대했던 이 새로운 회사가 생기기까지 햇수로 3년(만 2년)이란 세월이 걸렸다. 회고하자면, 여기에 이르기까지 관계자들의 고생은 이루 말할 수 없다. 지금부터 이를 순차적으로 써나가도록 하겠다.

---

6) 조선은행회사조합요록(朝鮮銀行會社組合要錄)(1942년판)을 보면, 조선영화제작주식회사(朝鮮映畵製作株式會社)(株)는 1942년 9월 29일 경성부 황금정(黃金町, 현재 을지로) 1정목 205에 본점을 두고 자본금 2,000,000 원, 불입금 800,000 원으로 출발한 회사이다. 설립목적은 영화의 질적향상을 도모하고 국민문화의 발전을 기여하기 위한 사업을 영위, 영화제작 영화사업에 투자, 전 각 호에 부대한 일체의 사업을 하기 위해서라고 기술되어 있다. 사장/대표 다나카 사부로(田中三郎), 중역(상무이사)나카다 하루야스(中田晴康), (이사)박흥식(朴興植), 방태영(方台榮), 고바야시 겐로쿠(小林源六), 아라이 순지(新井俊次), 다카기 데이이치(高木定一), 김성호(金聖浩), 가와모토 순샤쿠(河本駿錫), 다카이 다케오(高居武雄), 노자키 신조(野崎眞三), (상임감사)곤도 렌이치(近藤廉一), (감사)오다니 운요(大谷雲用), (총무)다카시마 긴지(高島金次), (서무과장)핫토리 도에이(服部東英), (선전과장)김정혁(金正革) 등으로 구성되어 있다.

2. 조선영화제작자협회(朝鮮映畵製作者協會)의 결성
(1940년 12월 10일)

• • •

조선의 영화제작업자들이 모여 조직한 조선영화제작자협회는 1940년 12월 10일에 결성되었다.

당연히 관리감독 당국인 총독부 도서과 영화관계관(映畵關係官)에게 직접 지도를 받았다. 협회 결성의 주요목적은 조선에 시행되는 영화령에 근거한 영화제작기구 정비이며, 이에 대한 선후책(善後策)을 협의하고 당국의 영화령 시행의 정신에 순응하게끔 대책을 마련하기 위함이었다. 영화령은 일본 영화법 제19조를 제외한 모든 조항에 준거하여 1940년 8월에 실행되었으나 1년간의 유예기간이 주어졌다. 그 대신, 1941년 7월 말까지 제작 기구를 영화령의 기준에 맞출 것을 요구받았다. 각 회사들은 지금 상태로서는 제작업자로 정식 인가를 받을 수 있을지 없을지 의문이었다. 이를 따르지 않은 각 회사들은 모두 제작 업자로서 정식 승인을 받지 못했다. 그래서 업자들은 이참에 과거처럼 군웅할거(群雄割據)하던 제작 기구를 합쳐서 보다 강력한 조직으로 뭉치자는 데 의견이 모아져, 먼저 그 모체가 될 만한 영화제작자협회를 창설한 것이다. 또, 강력한 조직기구가 지금 당장 생기지 않더라도, 현실적으로 가장 시급한 문제였던 미사용 오리지널 필름의 배급이 당국을 통해 행해지게끔 된 이상, 제작업자들의 발언기관도 당연히 필요하게 되었던 것이다.

이러한 이유로 결성된 본 협회는, 처음에는 조선영화주식회사(朝鮮

映畵株式會社, 최남주(崔南周)), 고려영화협회(高麗映畵協會, 히로카
와 소요(廣川創用))[7], 명보영화합자회사(明寶映畵合資會社, 이병일
(李炳逸))[8], 한양영화사(漢陽映畵社, 김갑기(金甲起))[9], 경성영화제
작소(京城映畵製作所, 야나무라 기치조(梁村奇智城)), 조선구귀영화
사(朝鮮九貴映畵社, 후루하타 세이조(降旗淸三) 이후 황국영화사(皇

---

7) 이창용(李創用, 1907-1961)은 한국 영화인이다. 창씨개명은 히로카와 소요(廣川
創用)이다. 본적은 함경북도 회령(會寧)이다. 1926년 조선키네마주식회사가 제작
한『풍운아』(1926)라는 영화에 촬영보조로 참여하며 영화계에 발을 들여 놓았다.
나운규 프로덕션에서 1927년과 1928년에 제작한 영화인『잘 있거라』(1927), 『옥
녀』(1928)의 촬영을 담당하였다. 이후 일본으로 건너가서 교토에 있는 신흥키네마
에서 촬영 수업을 받고 돌아온 후 1935년 고려영화사 총지배인이 되었다. 1937년
부터는 고려영화사 사장 및 고려영화협회 대표로 활동하였다. 1939년 조선영화인
협회 이사로 취임한 후 조선총독부 기관지인「매일신보」에〈기업화의 확립〉·〈영
화령과 통제〉·〈영화계와 신체제〉등의 평론을 기고하였다. 조선영화인협회는 전
시체제기 영화통제와 내선일체를 목적으로 조선총독부 경무국이 조직한 기관이었
다. 1941년 조선내외영화배급업조합 부조합장이 되었고, 국민총력조선연맹 문화
부 위원·조선영화문화연구소 소장으로 활동하였다. 1941년 '황국신민화'를 주제
로 한『집 없는 천사』(1941), '낙토(樂土) 만주'·'국가주의'를 주제로 한『복지만
리』(1941) 등 일제에 협력적인 내용의 영화를 제작하였고, 지원병을 선전·선동하
기 위해 제작한 영화『그대와 나』(1941)의 보급회 대표를 맡아 영화의 선전에 힘썼
다. 1941년 일제의 영화사 통폐합 정책에 발맞추어 10개 영화사 통합을 기도하여
합동준비위원회 위원장으로 활동하였고, 이후 조선영화제작주식회사 고문 및 촉탁
등을 지냈다.
8) 이병일(李炳逸, 1910-1978)은 한국 영화감독, 영화제작자이다. 본명은 이병일(李
炳一)이다. 일상생활에서 흔히 볼 수 있는 희극적인 요소를 영화에 도입하여 한국
영화에서는 드문 희극영화라는 장르를 개척하였다. 함흥고등보통학교를 졸업하고
미국 유학을 준비하던 중『딱한 사람들』(1932)에 출연한 것을 계기로 영화계에 들
어섰다. 1932년 일본으로 건너가 1935년 미사키(三崎) 영어전문학교를 졸업하고
닛카쓰(日活) 촬영소에서 일하며 영화수업을 받았다. 1940년 귀국 후 명보영화사
를 창설하고 1941년 감독 데뷔작으로『반도의 봄』(1941)을 연출하여 실력을 인정
받았다. 1949년 미국 로스엔젤레스의 서던캘리포니아대학교에서 영화공부를 하였
고 미국 할리우드 영화계에서 일했다.
9) 김갑기(金甲起, 1915-몰년도 미상)은 한국 영화제작 및 영화기획자이다.

國映畵社)가 된다), 조선예흥사(朝鮮藝興社, 서항석(徐恒錫))[10], 조선
문화영화협회(朝鮮文化映畵協會, 쓰무라 이사무(津村勇)), 경성발성
영화제작소(京城發聲映畵製作所, 다카시마 긴지(高島金次))의 이상
아홉 개 회사로 결성하였다. 이후에 조선예흥사(朝鮮藝興社)가 빠지
고 평양의 동양발성영화촬영소(東洋トーキー映畵撮影所, 구니모토
다케오(國本武夫))와 16mm영화 전문의 선만기록영화제작소(鮮滿記
錄映畵製作所, 구보 요시오(久保義雄))의 두 회사가 참가하여 총 열
개 회사가 되었다.

또, 협회는 관계기관에 상담자의 취임을 요청하였는데, 총독부의 도
서과장, 총독부의 사무관, 검열실 통역관, 문서과장, 문서과 사무관,
조선군사령부[11] 보도부장, 조선군 보도부원, 조선헌병사령부 관계 장

---

10) 서항석(徐恒錫, 1900-1985)은 한국 독문학자, 극작가, 연출가이다. 1931년 극예
   술연구회를 조직하는 데 주도적 역할을 했고 한국 근대극의 소개와 정착에 이바
   지했다. 호는 경안(耿岸)·당재(灣齋). 1929년 동경제국대학 독문과를 졸업하고
   동아일보사 학예부장을 지냈다. 1931년 해외문학파 회원으로 가담했고 홍해성·
   윤백남·유치진 등과 극영동호회를 조직했는데, 이 단체는 극예술연구회의 전신
   이다. 이어 극예술연구회 창립 동인으로 참여했으며, 1938년 4월 유치진과 함께
   극예술연구회를 극연좌로 개칭하여 1939년 해산되기까지 이끌었다. 1941년 현대
   극장 결성에 참여했고 1948년 민주일보사 편집국장을 역임했다.
11) 조선군사령부(朝鮮軍司令部)는 일본이 조선에 상주시킨 군사 기구이다. 조선군
   사령부는 1904년에 러일 전쟁 기간 중 한성부에 설치된 조선주차군사령부의 후신
   이다. 조선주차군사령부는 1905년 을사조약이 체결될 때 공포 분위기를 조성하여
   조약의 강제 체결을 도왔고, 의병 운동을 탄압하는 역할을 하였다. 일제 강점기 초
   기의 무단통치 시기인 1916년에 일본 육군이 조선주차군사령부를 조선군사령부
   로 개편하였다. 1916년부터 사단 편성을 시작하여, 실제로 사령부가 설치된 것은
   1918년이었다. 조선총독부의 무단통치를 상주 군대로 뒷받침하고, 향후의 군사적
   작전을 감안한 조치였다. 조선군사령부로 재편된 뒤 1919년 3·1 운동이 일어나자
   이를 무력 진압하는 데 참여하였다. 중일 전쟁이 발발한 1937년부터는 전쟁 동원
   과 관련된 활동이 강화되었다. 1937년에 '조선인 특별지원병 조례'에 따라 경성부
   와 평양에 지원병 훈련소를 설치하고 조선인 병사를 조선군사령부에 입대시키기

교 등의 취임을 승낙 받았다. 그리고 매월 예회(例會)을 열어 변하는
정세에 적절하게 대응하는 체제를 갖추었다. 협회 회계간사에는 조선
구귀영화사 후루하타 세이조(降旗淸三) 씨가 취임하였다.

3. 필름 배급중지에 대한 대책
(1941년 1월 10일)

• • •

　제작자협회는 일 년 중에 가장 바쁜 연말에 결성되어서, 다음 해 1941년 1월 8일에 신년회를 겸하여 첫 회합의 자리를 가졌다. 그런데 이 자리보다 먼저 조선에 배급 할 미사용 오리지널 필름을 한동안 중지한다는 긴급 전보가 당국에 전달되었고, 당국은 이 취지를 업자들에게 전했다. 업자로서는 치명적인 타격이 아닐 수 없었다. 따라서 당연히 당일 회합자리도 이 일에 대한 선후조치가 중심 화제였지만, 결국 서둘러 당국의 선처를 구할 수밖에 없었다. 그리하여 연초 회합자리에 참석한 협회회원 8사 대표의 이름으로 작성된 탄원서를 1월 10일에 경무국장에게 제출하였다. 이 탄원서의 내용은 다음과 같다.

친애하는 경무국장님께

　신년 경축인사 드립니다. 다름 아니라, 아뢰올 말씀은 신체제 하의 조선에서 우리들 영화제작업자는 각자 맡은 독특한 영역에서 영화보국(映畵報國)에 진력을 다하고, 국민총력의 일익을 담당하고자 미력하나마 최선을 다하고 있습니다. 작년 10월에는 귀 정부의 절대적인 지도와 지원으로 미사용 오리지널 필름의 배급을 원활하게 해주시는 취지에서 제 1회분 중에 일부를 배급받고 황송하기 그지없었습니다. 덕분에 업자 일동은 다년간의 염원을 이루어져 즉각 각종 촬영 및

필름 인화에 착수하여 직업적인 봉공의 결실을 맺을 것으로 크게 기
대하고 있었습니다. 이런 차에, 작년 12월 별안간 배급 중지라는 통지
를 받았습니다. 어쩔 수 없이 작업을 중지하는 상태입니다. 하지만, 이
대로 진행되어 나간다면 각 회사는 모두 자멸할 수밖에 없습니다. 따
라서 바쁘신 중에 황송하옵니다만, 고심 끝에 내리신 현명한 안건이
겠지만, 내각 정보국을 비롯하여 중앙의 관계 주무 기관에 직접 탄원
서를 제출합니다. 아래의 기술은 최소한도의 미사용 오리지널 필름을
월 배당량으로 신속히 배급해주시도록 알선하는 쪽에도 배려를 해주
십사하고 탄원합니다.

1. 35mm 네거티브 필름(negative film, ネガティブ - フィルム)[12]
   47만 2천 피트(呎)[13]

2. 35mm 사운드 필름(sound film, サウンドフィルム)[14] 33만 7천
   6백 피트(呎)

3. 35mm 포지티브 필름(positive film, ポジティブ - フィルム)[15] 98
   만 7천 5백 피트(呎)

4. 16mm 미국 판쿠로 필름(ユウエスパンクロフィルム) 필름 1만
   피트(呎)

---

12) 네거티브 필름(negative film)은 음화(陰畵)를 만드는 데 사용하는 음화(陰畵)필름이다. 밝은 부분은 어둡게, 어두운 부분은 밝게 나타난다.
13) 1피드(呎)는 약 30.48센티미터이다.
14) 사운드 필름(sound film)은 영사(映寫)할 때에 영상(映像)이 영사막에 비치는 것과 동시에 음성, 음악 등이 나오는 영화이다. 화상은 없고 음만 수록된 필름이다. 유성(有聲)필름이라고도 한다.
15) 포지티브 필름(positive film)은 사진에서 육안으로 본 피사체와 동일한 명암과 색상으로 찍히는 필름을 말한다. 양화(陽畵)필름이라고도 한다.

이상 1년분 최소한도 사용량

1941년 1월 10일

조선총독부 경무국장 귀하

4. 영화자재의 배급권, 정보국으로 넘어가다
(1941년 1월 19일)

• • •

동경의 정보통에 의하면 1월 9일 행해진 정부의 차관급회의에서 '미사용 오리지널 필름통제회(生フィルム統制會)'가 정보국 안에 설립되었다. 각 기관의 영화관계 관리로 조직된 '영화연락협의회(映畵連絡協議會)'를 강화한 것인데, 지나사변(支那事變, 중일전쟁, 1937년 7월 7일~1945년 9월 2일)[16] 이래 여러 가지 사정에 의하여 공급이 줄어든 미사용 오리지널 필름의 공급제한을 계획하고 있던 상공성(商工

---

16) 중일 전쟁(中日戰爭)은 1937년 7월 7일 일본의 중국 침략으로 시작되어 1945년 제2차 세계 대전이 끝날 때까지 계속된 중국과 일본 사이의 전쟁이다. 중국에서는 중국 항일 전쟁(中國抗日戰爭), 일본에서는 일중전쟁(日中戰爭)혹은 지나사변(支那事變), 서양에서는 제2차 중일 전쟁(Second Sino-Japanese War)이라고 부른다. 중일 전쟁은 20세기 아시아에서의 최대 규모의 전쟁이었다. 1931년 이후로 두 나라 사이에 간헐적으로 교전이 있었으나, 전면전은 1937년 이후로 시작되었으며, 일제의 연합국에 대한 항복과 함께 1945년 9월 2일 종료되었다. 전쟁은 수십 년간 계속되어 온 일본의 제국주의 정책의 결과였으며, 원료와 자원을 확보하기 위해 중국을 정치·군사적으로 지배하려는 속셈에서 비롯되었다. 중국의 민족주의와 민족자결주의는 전쟁을 중국의 승리로 이끌었다. 1937년 이전에는 양쪽이 다양한 이유로 소규모, 국지적 전투를 벌였다. 1931년 9월 18일 일제는 만주사변(滿洲事變)을 일으켰고, 그 연장에서 일어난 1937년의 루거우 다리 사건(盧溝橋事件, 노구교사건)으로 두 나라 간의 전면전이 시작되었다. 1937년부터 1941년까지의 기간에는 중국이 단독으로 일제에 맞섰으나, 진주만 공격 후 중일 전쟁은 더 큰 규모의 제2차 세계 대전에 포함되었다. 이후 일본군의 전력은 급속히 쇠퇴했고 1944년 즈음에 일제는 이른바 '대륙타통작전'을 개시하면서 반격을 꾀했으나 실효를 거두지 못했고, 1945년 8월 15일 히로히토 천황의 무조건 항복 선언과 그 해 9월 2일 연합국에 대한 일제의 항복문서 조인식을 끝으로 중일전쟁 역시 종결되었다.

省)과 문화정책(文化政策) · 계발선전정책(啓發宣傳政策)을 관장하는 정보국이 중심이 되어 통제안의 실권을 장악한 것은 당연한 결과라고 할 수 있다.

차관회의에서 금후 각종 영화정책은 계발선전정책의 조화를 긴밀히 하기 위하여, 정보국으로 하여금 이에 관한 서무(庶務)를 장악하게 하였고, 정부 각 방면의 의견을 종합하고 조정하여 영화용 미사용 오리지널 필름 통제에 만전을 기하도록 하였다. 이 미사용 오리지널 필름통제협의회는 24인의 협의위원으로 구성되어 있는데, 이들이 일본영화계의 자재(資材)문제를 협의하고 결정한다. 그 인물들을 열거하자면, 먼저 정보국의 후쿠모토 류이치(福本柳一)[17] 제 4부장, 가와즈라 류조(川面隆三) 제 5부장, 시게나리(重成) 제 4부장 제1과, 후와 스케토시(不破祐俊) 제 5부 제2과장, 우에다(上田), 이나(伊那) 정보관, 기획원의 우치다(内田) 조사관, 이나미(稲波) 기사, 흥아원(興亞院)의 무라타(村田) 사무관, 대만(對滿)사무국의 오다와라(小田原) 사무관, 내무성 경보국(警保局)의 나카노(中野) 사무관, 이토(伊藤) 이사관, 대장성(大藏省)의 가와자키(川崎) 사무관, 육군보도부의 구로다(黒田) 중위, 해군성 군무국의 가라키(唐木), 요네다(米田), 문부성에서는 사회교육국의 오타(小田) 영화과장, 나카무라(中村) 사무관, 미쓰바시(三橋) 및 마쓰우라(松浦) 양 회사의 교육관, 그리고 상공성에서는 시라이(白井) 보도과장, 화학국의 이나미(稲見) 과장, 이리에(入江)와 사토(佐藤) 기사가 참가하여, 관계당국의 수뇌부를 총망라하였다.

그러나 이 위원회의 멤버에 조선영화와 관련하여 발언할 수 있는

17) 후쿠모토 류이치(福本柳一, 1896-1991)은 일본 내무관료, 실업가이다.

탁무성(拓務省)[18] 관계 관리들이 없는 것은 어떠한 연유인지 실로 적막한 느낌이다. 그리고 동시에 장래의 조선에 대한 자재(資材)문제에는 만반의 준비와 계략(計略)을 세워야 한다고 다시금 통감하였다.

추기(追記): 앞에서도 기술했듯이, 당초에는 탁무성에서 위원회로 직접 발언을 할 수 없었으나, 7월에 이르러 탁무성에서도 위원회 쪽으로의 출석이 허가되었다. 회합할 때마다 매번 조선 측을 위해 강경한 의견을 피력했다.

---

18) 탁무성(拓務省)은 식민지 및 이민 관계 사무를 관장한 구 일본 내각의 한 성(省)으로 1942년 폐지되었다.

5. 제작자협회의 진용을 정비하다
(1941년 2월 10일)

• • •

조선영화제작자협회는 정례회합을 매월 1회 주최하기로 결정하였는데, 미사용 오리지널 필름문제가 예상 밖의 난관에 부딪쳤다. 종잡을 수 없는 불투명한 미래는 물론이거니와 당장 눈앞에 놓인 제작도 어찌될지 알 수 없는 상황인지라 협회의 기능을 고도로 발휘할 필요성이 대두되었다. 한편, 당국에서는 영화제작 일원화의 근본 방침이 수립되기에 이르러, 2월 회의를 총독부 영화 검열실에서 전원 집합하여 협의를 실시하였다. 그 결과, 종래의 간사제(幹事制)를 폐지하고, 회계간사로 황국영화사(皇國映畵社)의 후루하타 세이조(降旗淸三)가 종래대로 지명하였으며, 별도로 상임창립위원 5명을 선임하였다.

그 결과, 조선문화영화협회의 쓰무라 이사무(津村勇), 조선영화주식회사의 최남주(崔南周), 고려영화협회의 히로카와 소요(廣川創用), 경성영화제작소의 야나무라 기치조(梁村奇智成), 경성발성영화제작소의 다카시마 긴지(高島金次) 등 5명이 선임되었다. 또, 새로운 회사 관련 문제의 진척과 관련하여, 신설회사 실현 후 연계되는 각 회사의 기계(機械) 및 기구(器具)들의 평가위원을 임명하고, 신설회사안을 작성하는 전문위원 등을 모두 전술했던 상임창립위원 중에서 선임하여 진용의 정비를 꾀하였다.

6. 당국의 알선으로 필름을 획득하다
(1941년 2월 23일)

• • •

필름의 배급 중지는 제작 업자로서는 전혀 예기 못한 일로, 이 정보
는 총독부 당국도 믿기 힘들어 직접 탁무성을 경유하여 정보국과 연
락하여 그 진의를 물어보았다. 그와 동시에 맹렬한 시위를 벌인 보람
이 있어 배급중지설은 정보국 관계 관리들에 의하여 부정되었다. 그
러나 일단 우선적으로 편법이지만, 2~3개월 단위로 매월 필요량을 신
청하고, 모두 탁무성을 경유하고 정보국의 승낙을 받아야만 하는 것
으로 일단락 지어졌다.

조선에서는 제작자협회를 정식으로 경유한 경우, 즉 각 회사별로
매월 제작기획의 내용과 필요량의 청구서를 협회에 제출하고, 일괄적
으로 협회를 통해서 총독부 도서과장에게 신청한 경우에만 인정되었
다. 당국에서는 각 회사의 기획과 실제 제작 진행 상황을 비교하여 공
평하게 배급을 하게 되어있다.

즉, 당국 정보국의 승낙을 얻은 미사용 오리지널 필름의 조선배급
량은 1개월에 네거티브 필름 3만 2천 피트(呎), 사운드 필름 2만 2천
피트(呎), 포지티브 필름 8만 7천 피트(呎)였다. 이 중 20퍼센트 전후
는 총독부 산하 제작 기구인 문서과 영화반에 배급되었고 나머지는
제작 업자에게 배급되었다. 현물(現物,실물(實物))은 후지필름(富士
フィルム) 경성출장소에 입하되었다. 경성출장소는 전술했던 순서에
입각하여 각 회사의 수량을 당국으로부터 통지받은 후, 각 업자에게

넘겨주었다.

　이 방법은 일시적인 조치로, 도서과 당사자로서는 상당히 손이 많이 가는 작업이었지만, 제1회 현물 배급은 1월분부터 행해졌고 2월 23일부터는 업자의 손에 필름이 들어가게 되었다. 이후 배급량은 6월까지 6개월간 당초 약속한대로 정해진 수량이 확실히 업자들의 손에 들어가게 된 것은 꽤나 큰 성공이라고 볼 수 있을 것이다. 이는 모두 당국 관계자들의 노력의 결과로, 과도기에 접어든 조선 영화계에 크게 이바지하였다.

7. 제작자협회의 현물평가협의
(1941년 3월 13일)

● ● ●

요즘은 업자 측의 자주적인 합동회사 설립이 제일 큰 문제이다. 어찌됐든 10개 회사가 모여 한 회사를 창립하게 되었는데, 그중에는 영화령 하에서 제작허가를 받을 수 있는 제작 설비와 기구(機構)를 구축하려는 당찬 포부를 가진 업자도 있고, 출자자라면 얼마든지 마음대로 골라잡을 수 있다며 기세당당한 사람도 있었다. 10개 회사 각각 의견과 추구하고자 하는 방향은 달랐지만, 당장 직면한 현 상황을 타개하기 위하여 협동을 필요로 한 것도 사실이다.

제일 먼저 상임창립위원과 자산평가위원이 짚고 넘어가야 할 문제는 각 회사가 희망하는 자사 평가치가 어느 정도이냐 하는 것이었다. 나쓰메 소세키(夏目漱石, 1867-1916, 일본근대문학의 대표작가)[19]의 말을 빌리면, "이치로만 따지면 타인과 대립충돌하고, 타인의 감정을 생각하면서 배려하면 결국 자신도 도움을 받게 된다(智に働けば角が

---

19) 나쓰메 소세키(夏目漱石, 1867-1916)는 소설가, 영문학자이다. 영국유학 후에 교사직을 그만두고 아사히 신문(朝日新聞)의 전속작가가 된다. 자연주의에 대립하고 심리적 수법으로 근대인의 고독과 에고이즘을 추구한다. 일본근대문학의 대표적인 작가로 소설 『나는 고양이로소이다(吾輩は猫である)』, 『도련님(坊っちゃん)』, 『산시로(三四郎)』, 『그 후(それから)』, 『행인(行人)』, 『마음(こころ)』, 『풀베게(草枕)』, 『명암(明暗)』등이 있다. 그의 소설 『풀베게(草枕)』의 모두 부분에 "이성만으로 생각하면 타인과 충돌하고, 타인의 감정을 생각하면서 배려하면 결국 자신도 도움을 받게 된다(智に働けば角が立つ情に棹させば流される)"말이 있는데, 저자 다카시마 긴지(高島金次)는 이를 이용하고 있다.

立つ情に棹させば流される)"라는 말도 있지만, 누구 하나 자사의 입장이 유리하다고 생각하지 않는 사람은 없었다. 3월 정기 모임을 위해 조선문화영화협회장 쓰무라 이사무(津村勇)의 자택에서 상임창립위원들이 집합한 것은 각사가 자체적으로 산정한 평가액을 협의하기 위함이었다. 그 날은 쓰무라 이사무(津村勇) 본인 이외에도 조선영화주식회사에서 최남주(崔南周) 사장, 제작부장 이재명(李載明)[20], 고려영화의 히로카와 소요(廣川創用), 경성영화의 야나무라 기치조(梁村智城), 회계간사에 후루하타 세이조(降旗淸三) 등 총 7인이 모였다.

그날 밤, 각사로부터 제시된 기계류의 평가액은 저자(著者)가 당초 예상했던 숫자와는 큰 차이가 있었다. 제시한 숫자를 다 더하면 무려 75만 수천 원에 달했다. 이외에도 두 세 개의 소규모 조직들의 견적을 더하면 대략 80만 원에 가까운 금액이 된다. 여러 차례 간담을 거친 결과, 이와 같은 거액이라면 아무리 업자들이 합동하여 하나의 회사를 창립한다 하더라도 그 절차가 쉽지 않다. 각사 모두 조금씩만 더 신중히 생각하여 모두 다 납득할 수 있는 금액으로 하자는 쪽으로 의견이 모아졌다. 75만 원이라는 금액은 문화영화협회의 37만 원, 경성영화

---

20) 이재명(李載明, 1908-1987)은 영화 기획과 제작을 담당했다. 전라남도 광주에서 출생하여 목포상업전수학교를 졸업했다. 이후 일본에 유학하여 니혼 대학(日本大學) 문과를 졸업한 뒤 동경에서 연출을 공부하였다. 귀국한 뒤 처음 기획을 맡은 영화는 이광수의 소설을 영화화한 『무정』(1939)이다. 1937년에 조선영화주식회사 지배인으로 입사했으며, 상당한 실세였다. 이재명은 1930년대 중반부터 영화 제작이 전문화, 분업화될 무렵에 등장한 최초의 본격적 영화 프로듀서였다. 1940년대 국책영화 『흙에 산다』(1942) 등을 기획했다. 황도학회 발기인을 맡았고, 1941년 잡지 「영화평론」에서 백철, 최인규, 허영과 좌담회를 가졌으며, 1942년에는 조선영화주식회사에 입사하여 기술과장과 촬영과장을 겸임하면서 전시체제 하의 영화계 재편 과정과 국책영화 제작을 하였다.

의 14만 원, 조선영화주식회사는 어림잡아 납입자본금 12만 원정도,
이것만으로도 벌써 63만 원에 달하며, 이 밖에도 고려영화 등이 있다.

　조선영화주식회사 사장인 최남주는 자기 소유의 광산을 매각하면
50만 원 정도의 여윳돈이 생기니 이를 출자하겠다는 언급도 있었으나
어느 누구도 이를 믿지는 않았다. 별고(別稿) '암중모색시대(暗中摸
索時代)'에 상세히 기술했듯이, 당시에는 말 그대로 여전히 제작업자
전부가 암중모색을 하고 있었고, 자기 위주의, 혹은 자사 위주의 생각
으로 장래를 계획하였기 때문에, 겉으로는 일견 평온한 듯해도 속으
로는 각 회사들이 현재 상황을 타개하기 위한 대책을 분주하게 준비
하고 있었던 것은 사실이었다. 물론 모든 사업이 통제 체제를 완성하
기까지 반드시 거쳐야만 하는 절차를 우리 업자들도 순차적으로 밟아
가고 있었다.

8. 각사의 암중모색시대 1

• • •

영화제작자협회는 1940년 말에 결성되어 1941년에 접어들어 당국의 임전(臨戰) 조치에 협력한 것은 기록상 분명하나, 1941년 초부터 6~7월까지의 약 반년간은 이를 총칭하여 암중모색시대라고 부를 수 있을 것이다.

조선영화령(朝鮮映畵令)에 의한 제작업 허가신청과 내외지(內地, 外地)에서 일관적으로 행해진 영화 신체제 강화라는 폭풍에 휩쓸려 매우 불안정한 상황이었다. 더군다나 이런 상황에서 과거에 안팎으로 서로 반목했던 업자들에게 어제까지의 감정을 전부 내다버리고 마치 깨달음을 얻은 성자들처럼 행동하도록 요청할 수 있는 상황도 아니었다. 힘을 빌리는데 시간이 걸리는 것은 어쩌면 당연한 일이었다. 그러나 업자들 중에는 자사의 경영에 상당한 자신감을 가지고, 금전적으로도 후원자를 두고 자력으로 제작기구의 완비를 계획하는 자들도 더러 있었다.

협회로써 동일한 행동을 취하고, 전면적인 합동을 결의하고 나선다고 하더라도, 이와는 별개로 새로운 돈줄을 찾아 이를 자사 발전의 밑거름으로 삼고자 하는 업자들도 나타났다. 하지만, 과도기에 이러한 현상은 어쩔 수 없는 일이며, 각사 모두 내면적인 사정이 있었을 테니 수긍 못 할 일도 아니다.

지금까지 과거 조선에 행해진 영화제작사업은 실로 참담하였다. 그러나 요 근래, 영화에 관심을 가진 일반 민중들 사이에서 조선영화 제작을 기업 차원으로 해야 한다고 생각하는 사람이 생기고 있다. 그 예로, 이번에 영화회사 사장에 취임한 다나카 사부로(田中三郞)는 2~3인의 주요 유력인사들과 함께 조선영화통제주식회사(朝鮮映畵統制株式會社)를 창립하겠다고 당국에 신청서를 제출하기도 하였고, 신의주의 유력인사 다다 에이키치(多田栄吉)를 중심으로 한 다이에이 영화회사(大映畵會社) 창립 신청서가 제출되기도 하였다. 이 두 회사는 장래 제작과 배급에도 종사하기 위한 목적으로 그 규모도 상당했다.

이 두 회사의 설립계획 외에도 제작업자들 사이에서는 조선문화영화협회의 쓰무라 이사무(津村勇)가 계획하고 있는 조선영화흥업주식회사(朝鮮映畵興業株式會社)가 있는데, 이는 경성 재계의 재력가 다가와 쓰네지로(田川常治)를 창립위원장으로 삼고, 자본금 2백만 원, 불입금 50만 원을 우선적으로 징수하여 현존하는 설비를 신설회사가 떠맡아 문화영화제작부문을 주로 담당하게 하는 계획이었다. 이 안은 정식으로 재무국에 서류가 제출되었고, 당국 심의가 끝나 경무국으로 회부되었다. 또, 히로카와 소요(廣川創用)가 주재(主宰)하고 있는 고려영화협회도 거의 비슷한 규모의 자본금으로 창립계획을 진행 중에 있었다. 한상룡(韓相龍), 박흥식(朴興植)[21] 등 반도 측의 재계, 실업계

---

21) 박흥식(朴興植, 1903-1994)은 한국 경제인이다. 일제강점기에 상징적인 조선인 재벌로 꼽혔고 1960년대까지 한국 경제계를 주도했으며, 그 후 여러 차례의 실패와 재기의 시도, 그리고 독특한 경영기법으로 많은 일화를 남겼다. 고향에서 미곡상, 지류도매업과 인쇄소를 경영하다가 1926년 상경했다. 이때 지류도매상에서 시작하여 1931년 화신백화점을 설립하고 사은경품판매, 연쇄점 운영 등 당시로서는 획기적인 경영방법을 통해 일본인 상업가를 능가하는 조선인 자본가로 성장했다. 1930년대 후반 화신무역을 설립하고 동남아와 멀리는 아프리카를 대상으로 해외무역을 시도하기도 했다. 제2차 세계대전에서 일본의 패배가 예측되던 1944년 조선총독부의 강권(强勸)으로 전투기 생산을 위한 조선비행기공업주식회사를

의 유력인사들을 발기인으로 한 이 서류는 당국으로 제출되었다. 이
밖에도 야나무라 기치조(梁村奇智城)도 개인이 경영하는 자사(自社)
를 아라이 하쓰타로(荒井初太郎) 계통의 유력인사를 내세워 법인을
조직하려는 안도 있었고, 업자들 중에 유일한 주식회사인 조선영화주
식회사도 대표이사에 장선영(張善永)을 참가시켜 제2차 불입금 12만
5천 원을 징수하고자 하는 계획도 있었다. 최남주 사장은 조선영화주
식회사 경영에 애를 먹어 죽을 지경이었지만, 7월 초에 앞에서 언급한
장선영(張善永)의 출자와 입사로 활기를 띠기 시작했다.

앞에서 말했듯이, 업자 이외, 혹은 업자연합의 회사 창립 책(策)들
이 상당히 활발하게 진행되고 있었는데 당국으로서는 그 어느 쪽도
내키지 않아 전부 보류를 시켰다. 이는 일본의 영화 신체제가 어떤 형
태로 결실을 맺을지 지켜본 후 조선의 그것과 비교할 필요가 있었기
때문이다. 하지만, 무엇보다도 당국을 움직일만한 업자들의 열의와 비
상시국 하의 영화개혁에 대한 이해가 불충분했기 때문으로 분석해 볼
수 있을 것이다.

또, 문화영화협회의 쓰무라 이사무(津村勇) 등은 필름제조 사업에
까지 눈을 돌려, 당시 교토(京都)에서 미사용 오리지널 필름 제조를
계획하고 있던 슈도(首藤) 모(某) 씨 등과 연락하여 자본금 1천만 원
을 영화제작, 배급, 미사용 오리지널 필름 제조의 세 부문을 동시에 경
영할 수 있는 입안(立案)을 마련하고, 교토에서 전문가를 경성으로 불
러드릴 정도였다.

그 뒤 당국은 조선의 제작 기구는 문화영화, 뉴스영화, 극영화를 모

설립하여 8 · 15해방 후 좌익과 노동자의 지탄의 대상이 되었다.

두 포함한 제작기구 1개 사의 설립이라는 근본방침을 결정하였다. 이 때부터 업자 사이에서는 자사 중심주의적 움직임이 활발해졌다. 그래서 전 업자가 출자하는 것이 아니라 한두 개 회사만이 합자하여 하나의 회사를 설립하려는 계획을 꾀하기 시작했다. 예를 들자면, 조선영화주식회사와 문화영화협회와의 합동 안(案)으로 최남주와 쓰무라 이사무(津村勇)의 회합이 있었던 모양이다. 구체적인 협의안은 알 수 없지만 계획은 꽤 진척을 보였다. 그러나 최남주가 현금 1만 원을 가방 안에 넣어 쓰무라 이사무(津村勇)에게 계약금을 건넸지만, 쓰무라 이사무(津村勇)가 이를 거절하여 일이 틀어졌다. 일본인 측 업자들만 합동하는 안(案)도 있었으나 이도 결국 실패로 끝나고 말았다.

9. 각사의 암중모색시대 2

● ● ●

암중모색이라는 말이 어울릴지는 모르겠지만, 조선영화주식회사는 최남주가 제일선에서 물러나고 장선영(張善永)이 전무이사(대표이사)로 취임하여 줄곧 합동문제에 관여하였다. 하지만, 그의 행동은 하나부터 열까지 전부 이상했다. 그는 자사 및 자기중심의 행동으로 일관하였고, 이윽고 미련 없이 영화계에서 은퇴하였다. 가능한 모든 방안을 무리하게 추진하다 실패한 것이기에 그로서는 아쉬울 것도 없을 것이다. 자기 소유의 수많은 재산을 배경으로 최선을 다했으나 결국 이렇다 할 결과를 얻지는 못하였다. 그러나 장선영(張善永)은 마지막까지 자사 중심의 신설회사 설립을 마음 한편에 두고 있었다. 또, 장선영(張善永)의 밑에서 일했던 영화인들도 자사 중심설을 퍼뜨리고 다녀서 물의를 빚기도 하였다. 그러나 무엇이 이토록 장선영(張善永)을 그렇게까지 자신감 넘치게 만들었을까. 거기에는 역시 그에 상응하는 이유가 존재한다. 하지만 거기까지 이야기를 해버리면, 청렴해야 할 영화통제의 역사에 오점을 남기게 될 뿐 아니라, 본의 아니게 다른 사람들에게까지 불똥이 튀게 되므로 생략하기로 한다. 어찌됐든 이 또한 암중모색시대의 쓰린 역사 중 하나이리라.

또, 4월경부터 제작자협회원의 필름 뒷거래문제라는 부산물까지 생산하였다. 조선영화주식회사의 한 사원이 미사용 오리지널 필름을 빼내어 매각한 것을 서대문경찰서의 경제경찰과가 적발하였는데, 결국 이 사건을 계기로 모든 업자에게까지 그 파장이 확산되었다. 협회원들의 대부분이 소환되어 취조를 받았고, 때로 유치장 신세를 지기도 하였다. 업자들 간에 서로 필름을 융통하고, 그것을 필름으로 변제(辨濟)하지 않고 필름 운반 운임(運賃)을 가산하여 현금으로 결제하는 경우가 많았던 것은 사실이었지만 그다지 큰 문제는 되지 않았다. 그러나 이 사건을 해결하기까지는 수일이 소요되었다.

그 후, 제작자협회가 확보하고 있었던 미사용 오리지널 필름을 황국영화사(皇國映畵社)에서 보관 중, 갑자기 분실되는 사건이 일어나기도 하였다. 이 필름을 황국영화사에 출입하고 있던 인물 중 하나가 몰래 빼돌려 조선영화에 매각한 사실이 차후에 드러났다. 그 남자는 만주로 줄행랑치기 바로 직전에 체포되었다. 부모가 시골에서 올라와 울며불며 사정한 끝에 겨우 돈으로 해결을 보았다. 모든 회사들이 영화계의 지각변동의 풍파 속에서도 실로 다사다난한 해를 보내고 있었다.

10. 각사의 암중모색시대 3

• • •

어느덧 5월, 돌연 고려영화협회는 해체되고 자본금 18만 원의 고려영화주식회사가 창립되어 회사 등록절차를 끝냈다. 고려영화는 원래 히로카와 소요(廣川創用)가 주재하던 회사로, 영화배급을 비롯하여 제작까지 손을 대, 최근에 문제가 되었던 『집 없는 천사(家なき天使)』[22](1941) 외에 다수의 조선영화를 발표하였다. 그러나 경영상의 문제로 출자자 측과 히로카와 소요(広川創用) 사이에서 여러 가지 문제가 일어나, 결국 히로카와 소요(広川創用)는 제일선에서 물러나 발언권 없는 일반 이사로 돌아갔고, 인원 물갈이를 단행하였다. 그러나 여기서 문제가 되는 것은, 영화령에 의한 제작허가는 고려영화협회를 대표하는 히로카와 소요(広川創用)에게 주어져 있었기 때문에, 신설회사의 대표자는 그 자격이 없는 것이다. 따라서 총독부의 영화당국에서는 아무리 수속을 끝냈다고 하더라도 이를 인정할 수가 없는 것이다. 또, 당연히 이러한 변혁을 행하기 위해서는 당국과 충분히 사

---

22) 『집 없는 천사(家なき天使)』(1941, 고려영화협회, 73분)은 향린원(香隣園) 고아원을 무대로 불우한 고아를 선도하는 계몽영화이다. 주인공인 명자와 용길은 친척집에서 더부살이를 하며 살아가다가 친척들에게 환멸을 느껴 집을 떠나게 되는데, 마땅히 갈 곳이 없다. 할 수 없이 동생 용길은 앵벌이를 하다 부랑자 조직에서 뛰쳐나와 길거리에서 생활하던 중 고아원 사업을 하는 성빈을 만난다. 성빈은 처남 인규의 도움으로 향린원을 건축하고, 용길은 그곳에서 생활하게 된다. 한편 용길의 누나 명자 역시 우연히 인규가 운영하는 병원의 간호사로 취직하고, 사고로 생명이 위독해진 동생 용길과 극적으로 재회하는 영화이다. 일본 국기를 향해 충성을 맹세하는 마지막 장면이 문제되어 친일영화로 비판을 받았다.

전 협의가 있어야만 했다. 이를 알고 있었던 히로카와 소요(広川創用)는 재빨리 고려영화을 떠난 후에 일본 하세가와 쵸(長谷川町, 현재 소공동)에 '조선영화문화연구소(朝鮮映畵文化研究所)'이라는 간판을 걸고 일을 시작하였으며, 또 그 후 조선군이 제작한 『그대와 나(君と僕)』[23](1941)를 배급하는 등 활동을 재개하였다.

원래 도서과의 사무관을 지냈던 구사부카 죠지(草深常治)도 출자자와 연고가 있어 조선으로 와 제작업자 일동을 초대하여 회사 창립까지의 경과보고를 하였다. 그러나 회사의 법인조직은 등록만 되어있을 뿐, 영화령에 의한 제작허가는 신설회사의 대표에게는 내려지지 않았다. 따라서 어쩔 수 없이 그 뒤로도 히로카와 소요(広川創用)의 이름으로 각종 수속이 진행되었는데, 결국 고려영화는 영화제작회사로서 완전한 기능은 발휘하지 못하고 해산할 운명을 맞이하고 만다.

---

23) 『그대와 나(君と僕)』(1941, 조선군부보도구(朝鮮軍報導部), 10권)는 일본 처녀와 식민지 청년의 사랑이야기 속에, 창씨개명을 한 조선 젊은이들이 천황을 위해 지원병이 된다는 내용을 다룬 작품이다.

11. 사장으로 거론된 인물들

• • •

통합문제가 거론될 때마다 문제의 초점은 중심인물로 누구를 추거(推擧)할 것인가, 당국이 과연 누구와 관계를 틀 것인가 하는 것이었다. 이것은 도서과장이 기존 혼다 다케오(本多武夫)[24]에서 현재의 모리 히로시(森浩)로 바뀌어 그 이해관계 및 사정, 정세에 따른 변화가 예상되기 때문이다.

제작업자 측에서 제일 처음 거론한 인물은 신의주 상공회의소 회장(新義州商工会議所会長) 다다 에이키치(多田栄吉)[25]였다. 이유는 영화 사업에 관심을 가지고 있다는 사실과 더불어, 그의 강건하고 호탕한 기질, 그리고 넓은 도량과 훌륭한 인격을 겸비했다는 재계의 평판

---

24) 혼다 다케오(本多武夫, 생몰년도 미상)는 1933년 조선총독부직속기관 보통시험위원(충청북도), 1935년 조선총독부직속기관 문관보통징계위원회 위원(함경남도), 같은 해에는 함경남도 내무부 학무과 이사관(理事官), 1937년 조선총독부직속기관 세무관서 경성세무감독국 경리부 사무관, 1939년 조선총독부직속기관 보통시험위원(충청북도), 1941년 조선총독부 경무국 도서과 사무관, 1941년 영화관계 현안을 해결하지 못하여 경질되어 같은 해 학무국 학무과장으로 자리를 옮겼다. 또 1942년 조선총독부직속기관 육군병지원자훈련소 교수(敎授), 1942년 조선총독부 사무관, 1943년 조선총독부직속기관 보물고적명승천연기념물보존회 위원, 1944년 조선총독부 서기관을 역임했다.

25) 〈8. 각사의 암중모색시대 1〉에서 "이번에 영화회사 사장에 취임한 다나카 사부로(田中三郎)는 2~3인의 주요 유력인사들과 함께 조선영화통제주식회사(朝鮮映畵統制株式會社)를 창립하겠다고 당국에 신청서를 제출하기도 하였고, 신의주의 유력인사 다다 에이키치(多田栄吉)를 중심으로 한 다이에이 영화회사(大映畵會社) 창립 신청서가 제출되기도 하였다. 이 두 회사는 장래 제작과 배급에도 종사하기 위한 목적으로 그 규모도 상당했다."에서 영화사 설립 안을 제출한 내용 중에 포함되어 있다. 다시 참조 바란다.

과 선 굵은 존재감으로 주목받았기 때문이었다. 이는 업자들 모두의 생각이라고 해도 과언이 아니었다. 그때 아라이 하쓰타로(荒井初太郎) 파의 중역이며 실업계 유력인사인 오히라 요시주로(大平嘉重郎) 가 거래처를 통해 서신으로 다다 에이키치(多田栄吉)에게 타진해보았다. 오오히라 요시주로(大平嘉重郎)는 사리사욕을 초월한 훌륭한 인격자이자 기품 있고 세련되며, 원만한 성격을 두루두루 갖춘 인재여서 업자들의 입장에서 깊은 사려를 가지고 행동하였다. 다다 에이키치(多田栄吉)로부터는 곧장 회신이 도착했는데, 빠른 시일 내에 경성으로 올라가 상세히 이야기하겠다는 내용이었다. 그러나 다다 에이키치(多田栄吉)는 배급과 제작을 함께 하는 회사라면 나서겠으나 제작 하나만으로 운영되는 회사라면 다소 어려울 것 같다는 의사를 표명하였다. 다다 에이키치(多田栄吉)와 미쓰바시(三橋) 전(前) 경무국장의 회견이 이루어진 것도 이 무렵이었다.

또, 방송협회장 간쇼 요시쿠니(甘蔗義邦)[26]도 영화 사업에 관심을 가지고 적극적인 태도를 보여, 업자들 사이에서는 한 때 유력한 후보자 중 하나였다고 한다. 이 밖에도 일본인 중에서는 다가와 쓰네지로(田川常次郎), 야나베 에이자부로(矢鍋永三郎, 조선식산은행이사(朝鮮殖産銀行理事))[27], 미타라이 다쓰오(御手洗辰雄)[28], 전(前) 학무국장이었던 하야시 시게키(林茂樹), 도미나가 분이치(富永文一)[29] 등이 있고,

26) 간쇼 요시쿠니(甘蔗義邦, 생몰년도 미상)은 1937년 7월 3일부터 1940년 5월 30일까지 조선총독부 경기도지사를 역임하였다.
27) 야나베 에이사부로(矢鍋永三郎, 생몰년도 미상)는 국민총력조선연맹의 문화상위원장(1941.7), 조선문인협회 명예총재(1941.8)를 역임하면서 당시 조선의 문인들을 배후 조종했던 인물이다.
28) 미타라이 다쓰오(御手洗辰雄, 1895‑1975)는 일본 저널리스트, 정치평론가이다.

반도인 중에는 박흥식(朴興植)의 출마를 기대하는 사람도 많았다.

혼다 다케오(本多武夫)가 도서과장을 역임할 당시에는, 이 중에서 야나베 에이자부로(矢鍋永三郎)와 하야시 시게키(林茂樹)가 상당히 유력했다. 그러나 야나베 에이자부로(矢鍋永三郎)는 당시 총력연맹(總力聯盟) 문화부장과 나카가와 광업(中川鑛業) 부사장이라는 요직(要職)을 겸임하고 있어 매우 곤란한 상황이었다. 또 하야시 시게키(林茂樹)는 전(前) 학무국장이라는 경력 덕에 문화부문의 지도자로서 손색이 없었으나, 사장이라는 지위보다는 명예회장이라는 자리에 앉히는 것이 어떻겠냐는 의견들이 당국에 있었던 모양이다. 동맹통신(同盟通信)의 기자(記者) 구마타니(熊谷)가 신설회사 사장으로 하야시 시게키(林茂樹)로 결정된 것처럼 보도하여 문제를 일으킨 것도 이 무렵이다.

다나카 사부로(田中三郎)를 언급하는 이들도 있었으나 극히 소수 의견이었다. 모리 히로시(森浩) 도서과장의 부임으로 야나베 에이자부(矢鍋永三郎)로 안(案)은 야나베 에이자부로(矢鍋永三郎)와 과장 간의 개인관계상 더 이상 문제되지 않았고, 하야시 시게키(林茂樹) 설(說)도 금방 사라졌기 때문에 인물 선정에 큰 난관에 봉착하고 말았다. 그 뒤 결국 다나카 사부로(田中三郎)가 출마를 선언했으나, 돌이켜 보면 그때까지 꽤 긴 시간이 걸렸고, 그동안 여러 가지 설들로 인하여 심기가 편치 않았던 재계 인사들도 많았을 것이라 생각한다.

---

29) 도미나가 분이치(富永文一, 생몰년도 미상)은 조선총독부 경기도지사(1934년 11월 5일-1936년 5월 21일), 조선총독부 학무국장(1936년 5월 21일-1937년 7월 3일)역임했다.

12. 백지 일원화를 공표
(1941년 7월 20일)

● ● ●

지금까지 영화통제 과정을 살펴보았다. 그러나 이제까지는 업자와 감독관청 역할을 수행하는 조선총독부 도서과와의 움직임만으로 영화통제의 추이를 파악할 수 있을 뿐이지, 사회적으로는 아직도 아무런 발신을 하지 않은 상태이다.

민중과 함께 살고, 대중과 함께 발전해 가는 영화계의 이러한 통제 문제와 관련하여 사회적으로도 그 내용과 경과, 그리고 장래에 대한 희망 등을 널리 알려야 한다는 의견이 업자들 사이에서 대두되기 시작하였다. 그리하여 7월 20일, 기쿠이 요릿집(喜久井茶寮)으로 경성부(京城府) 내의 주요언론기관의 영화관계자들을 초대하여 임전태세에 대한 반도영화의 입장을 공표하고, 이런 시국 하에서 반도영화 경영자들이 어떻게 행동하고 있는지를 보고하였다. 초대된 언론기관으로는 경성일보(京城日報), 매일신보(每日新報), 조선신문(朝鮮新聞), 조선일일신문(朝鮮日々新聞), 대조(大朝), 대매(大每) 등으로, 당일 제작자협회의 창립에서 당시까지의 경과 및 시국에 순응하는 입장에서 당국에게 백지로 일원화를 승인 · 제출했던 일, 그리고 당국의 요구에 따라 조선 독자적인 합동 회사 하나를 창립하는 안(案) 등을 인쇄한 서류를 배부한 후, 동의를 구하며 모두에게 협력을 부탁하기도 하였다.

다음 날인 21일과 22일에 거쳐 상임창립위원들은 분담하여 각 신문

사를 방문하고, 영화제작업자의 태도를 명시함과 동시에, 여론의 환기
와 각 방면의 협력을 부탁하였다.

13. 일본인 측 업자들만의 합동책
(1941년 8월 26일)

• • •

제작자협회원 10개 회사가 합동하여 하나의 회사를 창립하는 것은 협회의 방침으로 결정되어 있었지만, 앞의 '암중모색시대'에서 자세히 상술한 것처럼 다년간의 역사를 가지고 있는 반도영화인 측의 독자적인 행동들이 있기도 하여, 10개 회사 합동의 실현은 아직 멀게만 느껴졌다.

이 무렵 쓰무라 이사무(津村勇)가 있는 조선문화영화협회의 설비를 모체로 하여 일본인 업자들만의 합동을 먼저 실현시킨 후에, 점차적으로 반도 측을 참가시키는 방향으로 방향을 잡았으나, 아직은 시기상조가 아니냐는 의견에 부딪혔다. 이에 일본인 측 업자들이 다시 모여 협의한 결과, 현재 상황에 비추어 가장 합당한 방법은 역시 합동하여 신설 회사를 설립하는 것이라는 의견에 도달하여, 구체적인 협의를 위해 8월 26일에 자리를 가졌다. 하지만, 일본과 조선 양측의 관계 상, 오해를 불러일으킬 가능성도 있음으로, 우선 당국에 의견을 구하기로 결정하였다. 그리하여, 8월 28일에 여러 명의 일본인 측 이름이 적힌 서류를 작성한 후, 당국의 의견을 구하는 한편, 구두로 상세한 설명을 덧붙였다. 8월 28일에 제출된 서류는 아래와 같다.

의견서

일본영화계의 임전체제는 최근 빠르게 진행되고 있다. 조선에 있는 우리 영화제작자들도 시국에 순응하여, 신속하게 영화제작기구의 개혁을 단행하고, 총독정치와 표리일체가 되는 기관으로서 적극 협조하여 대통합 촉진에 한 걸음 나아가기 위하여, 일본 측 5개 제작회사를 하나의 조직으로 합동하기로 협의·결정하였다. 대통합 결의에 따라 창립되는 영화제작회사에 대하여 당국은 미리 영화제작의 인가를 내주길 바라며, 앞으로 적극적인 지도 및 감독을 바라는 바이다.

1941년 8월 28일, 일본인 측 제작업 5개 회사 대표
조선총독부 경무국장 미쓰하시 고이치로(三橋孝一郎) 귀하

별도로 각서를 첨부하였는데, 위와 같은 취지의 내용이니 생략하기로 한다.

그러나 일본인 측만의 합동책은 설령 그것이 업자 전체의 합동을 위한 첫 단추라 하더라도, 당시의 상황을 고려해 보았을 때, 실현이 지극히 어려웠다. 다만, 이 내용은 당시 대두된 하나의 사실임으로 기록해두고자 한다. 그러나 당국은 예전과 다름없이 10개 회사를 하나의 회사로 통합하려는 방침을 고수하였다.

II

신설회사 창립
연구시대

14. 제작자협회 창립사무소를 설치하다
(1941년 9월 1일)

• • •

제작자협회는 당국이 업자들의 모든 의견을 수렴하여 신설회사 안(案)을 제시해주기 바라고 있었으나 상임창립위원 일동은 9월 1일 총독부의 혼다 다케오(本多武夫) 도서과장을 방문하여 영화관계자들 입회하에서 협의를 진행하였다.

혼다 다케오(本多武夫) 과장은 '당국으로서는 아직 자재 확보조차 전망이 불투명하므로 확고한 방침은 결정되어 있지 않다. 그러나 업자들이 대국적 견지에서 시국에 즉각적으로 순응하는 정신으로 합동하여 신설회사를 창립하려는 것에는 찬성한다. 당국도 가능한 범위 내에서는 당연히 협조하도록 하겠다. 수뇌부에 해당하는 사장을 업자측에서 결정하되 차후 당국을 난처하게 만들 우려가 있는 인물일 경우에는 승낙할 수 없으므로 쌍방 간에 잘 연구해보도록 하자. 일단, 어찌되었든 업자 측을 중심으로 회사 안(案) 작성 및 모든 사무를 맡아주기 바란다.'는 취지의 발언을 했다. 업자측은 혼다 다케오(本多武夫) 과장의 뜻을 받들어 이참에 창립사무소를 세우자고 결정하고 과장의 승낙을 얻었다. 그 후에 히로카와 소요(廣川創用)가 경영하는 하세가와 쵸(長谷川町, 현재 소공동)에 있는 조선영화문화연구소의 방을 하나 빌려 간판을 내걸었다.

이달부터 기존에 회계간사를 맡고 있던 후루하타 세이조(降旗淸三)의 업무를 창립사무소의 상임간사인 본 저자가 이어 받았다.

15. 신설회사 창립안 작성을 서두르다
(1941년 9월 10일)

• • •

당국의 요구와 허가로 조선에 하나의 독자적인 영화제작회사를 창립하게 되었는데, 이를 구체화하기 위하여 협회의 창립위원들은 회합과 협의를 계속하였다. 그러나 자재(資材)를 일본에 의지해야 하기 때문에 당국은 신속하게 회사 창립 안을 작성하여 정보국에 제출하고 승낙을 구해야만 했다. 전술했듯이, 6월까지 미사용 오리지널 필름은 당국의 알선으로 순조롭게 배급되었으나 그 이후의 배급일정은 아직 결정되지 않은 채 현재에 이르고 있다. 더군다나 정보국 관계 관리가 흘린 정보에 의하면, 7월 이후에는 이마저도 급격히 줄어들 것이라고 한다. 네거티브 필름 3만 피트(呎), 사운드 필름 1만 5천 피트(呎), 포지티브 필름 7만 피트(呎) 정도로 대략 지금의 7할 정도가 된다고 한다. 그러나 아직 정보국에는 조선의 통제회사 안(案)은 제출되지 않은 상태이다. 하루라도 빨리 수치상으로 제시된 구체적인 안이 작성되지 않으면 안 된다. 이에 따라 8월 말부터 9월 초 사이에 수차례 협의회가 개최되어 9월 10일 마지막 회합 때 정식으로 제작자협회의 신설회사 창립 안이 결정되었다. 창립 안은 곧바로 인쇄에 들어가 9월 20일 당국에 제출하였고 당국의 심사를 기다리며 승낙을 기다리면서 미사용 오리지널 필름의 배급과 관련해서도 그 필요량 확보를 위하여 절충안을 제시하였다.

16. 주식회사조선영화협회(株式會社朝鮮映畵協會) 설립 취의서 (1941년 9월 10일)

• • •

임전체제 하에서 영화의 사명은 꽤 막중하다. 영화를 통해 민중을 지도해야하는 중책을 짊어지고 있는 영화인들은 여태껏 없었던 비상 사태에 직면하여 국책에 순응하여 영화신체제 확립을 위해 힘써야 하며, 이는 또한 국민으로서 당연한 의무이기도 하다. 조선의 영화제작 업자들은 진작부터 경영의 합리화를 목적으로 대통합을 꾀하고자 협의를 계속 진행하였다. 최근 내각 정보국을 비롯하여 관계 관청에서 영화의 임전체제와 관련한 활발한 움직임을 볼 수가 있는데, 이것은 우선적으로 자재(資材) 제한을 주목적으로 한다. 이 밖에도 영화가 가지고 있는 진정한 힘을 국책수행에 이용하여 영화를 통한 국민정신의 앙양(昻揚), 국민의 단결, 비상시국에 대한 환기 등을 기대하고 있다. 이는 적극적인 국책 표현 방법의 하나이기 때문에 일본영화사 이래 처음 있는 대전환점이라 생각해볼 수 있을 것이다.

일본의 강력한 영화신체제의 발족은 조선 영화계에 큰 자극을 가져다주었다. 반도영화는 당시 위급존망(危急存亡)의 기로에 서있었는데, 조선의 영화제작자들은 애국심과 영화보국(映畵報國)에 대한 일념에 불타 결코 일본 영화업자에게 뒤처지지 않겠다는 신념으로 과거를 뛰어넘어 반도영화를 임전체제로 더 무장시켜 대동단결할 것을 다짐하였다. 또 당국도 일본 영화계의 정세에 순응하는 반도영화의 장래에 관한 지시를 내리게 되었던 것이다. 이에 업자들은 모든 업자들을 아우를 수 있는 단일회사를 창립하여 당국의 지시에 따라 전시 하에서 영화를 통한 국책수행에 최선의 노력을 다하려고 한 것이다. 우리들은 물론이고 조선은 총독정치의 최고방침을 뼈대로 삼아, 조선만의 독자적인 국책영화 제작에 전념할 각오가 되어있으니, 당국도 이에 대한 지도와 회사경영에 관한 적극적인 도움을 주길 바라는 바이다. 새롭게 발족하는 조선유일의 영화제작회사는 현재 각 회사가 소유하고 있는 설비기구 및 기능을 모두 합칠 것이며 한층 더 새로운 설비를 갖추고 합리적인 과학경영의 결실을 맺을 것이다. 또, 회사의 경영에 추호의 걱정도 없이 문화의 진전과 더불어 순조로운 발전을 이룰 것을 믿어 의심치 않는다. 이상으로 신설회사 설립 취지를 마치며 이에 대한 찬조를 구하는 바이다.

1941년 9월 12일

17. 납입자금의 용도와 수지 계획

• • •

제1차 회사창립 안의 내용을 살펴보자면 대략 다음과 같다.

납입자금은 1차 납입금으로 1백만 원을 징수하기로 하고, 각 제작사의 기존설비 전부의 매수비를 대략 45만 원으로 잡았다. 다음으로 스튜디오는 제1스테이지가 2백 평 1동(棟), 제2스테이지가 1백 평 1동(棟), 이를 1평당 단가 500원으로 건설하고, 별도로 150평의 제작실을 1평당 단가 250원으로 건설한다. 이 건물은 모두 벽돌로 쌓고, 방음설비 및 배전공사, 제작실의 난방시설을 포함한 경비가 18만 7,500원, 그 외에 약 10만원의 추가기계 및 설비비가 있다. 그 주요내역은 3백 킬로와트의 변전설비 1만 7천 원, 각종 조명시설이 2만 5천 원, 그밖에 크레인(crane, 기중기), 무비올라(Moviola, 미국 Moviola사(社)가 만든 영화 필름 편집 장치), 그리고 사무실 설비비, 창립비, 등기료 등도 포함되며, 당분간 사용할 순수 영화제작 운반자금으로 23만 4500원을 계산에 넣었다.

또, 사업 수지 계획의 수입 총액은 61만 8,400원, 지출 총액은 51만 9,192원으로, 차액 9만 9,208원의 이익금을 계상하였으며, 그에 대한 처분의 각 항목은 1만 원의 법정적립금, 1만 원의 별도적립금, 6천 원의 임원 상여금, 2천 원의 창립비 상각금, 5천 원의 사원퇴직 수당기금, 6만 원의 배당금, 그리고 6천 208원의 후기이월금으로 이루어진다. 물론 회계연도는 1년이다.

18. 제작기획과 제작비, 경영비

• • •

상술했듯이, 안(案)으로 제출된 1년간 신설 회사의 총지출액은 총 51만 9,192원이었다. 제작기획 및 제작비, 회사경영 제반비용 등의 간접비 등의 지출을 근거로 산출한 것이다. 대략적인 산출근거는 다음과 같다.

먼저, 1년간 신설회사가 자력으로 제작할 수 있는 극영화 편수는 6편이다. 이를 다시 제작규모에 따라 특별작품과 일반작품으로 나눌 수 있는데, 특별작품은 2편, 일반작품은 4편이다. 특별작품은 1편당 직접비 3만 6천 원씩 2편을 총 7만 2천 원으로 제작하고, 보통작품은 1편당 1만 8천 원씩 2편을 총 3만 6천 원으로 만든다. 나머지 2편은 매년 다른 회사와 공동으로 1편당 3만 6천 원씩 계산하여 총 7만 2천 원으로 제작한다. 또, 문화영화는 1년에 필름 1권(卷)[30]길이의 작품으로 10편 이내로 제작하는데, 그 제작비는 직접비가 4만 1,400원이다. 그리고 조선뉴스(朝鮮ニュース)를 매월 2회씩 1년간 24편 제작하는데, 여기에 5만 2,992원이 필요하다. 이상이 각 영화제작의 직접비이다. 이외에도 스튜디오 비용으로, 1만 2천 원의 기계류 수리비 예산, 5천 원의 스튜디오 임차료, 1만 2천 원의 전력비, 5천 원의 상각비 등이 있다. 인건비는 스튜디오 관계자가 4만 6,800원, 연기자가 4만 4,400

---

30) 권(卷)은 영화 필름의 길이의 단위이다. 필름 한 롤에 감겨있는 것을 1권으로 계산한다. 보통 35mm필름 1,000피트(呎)를 한 롤로 계산하면 한 권은 305m이다. 8mm 필름일 경우는 4,000피트(呎)가 감겨 있다.

원, 본사 관계자가 4만 2,600원으로, 합계 13만 3,800원이다. 이 밖에
도 사무실비 8,400원, 세금 1만 2천 원, 보험료 5천 원, 출장 여비 1만
2천 원, 선전비 및 조사비가 1만 5,600원, 영업비 및 잡비가 2만 4천
원으로 계상되었다.

19. 각종 영화의 수입예산

• • •

수입금 61만 8,400원 중 7할은 극영화로부터 얻어지는 것이다. 그 중에서도 공동작품(Tie-up, 합동작품이라고도 함)은 1편당 10만 5천 원씩 2편에 21만 원을 수입예산으로 편성하고 있다. 꽤 신중한 자세라고 할 수 있다. 조선 자주적인 작품의 수입은 1편에 7만 5천 원으로 도합 15만 원이며, 이 두 작품의 시장은 일본, 만주, 중국으로 삼고 있다. 나머지 2편은 보통작품으로, 그 수입은 1편에 2만 8천 원, 합이 5만 6천 원이며, 문화영화 10편의 조선 내 배급 수입은 2만 원, 일본, 만주, 중국에의 배급권 양도 3만 원, 합이 5만 원이다. 여기에 작품 복사본 70개의 판매대금 5만 400원, 일본배급수입 1만 2천 원, 조선배급수입 5만 4천 원, 관청판매대금 · 16mm 촬영 인수 수입 · 작품 축소복사 수입 3만 원, 만영뉴스(滿映ニュース)의 조선 내 촬영 수수료 6천 원을 더한다. 여기서 문제가 되는 것은 복사본의 제작 수이다. 즉, 양화 필름 입수량이 수익 실현의 열쇠를 쥐고 있는 셈이다.

20. 첫 미사용 오리지널 필름 요구량

• • •

앞에서 설명하였듯이, 신설회사와 그 제작기획을 실현하려 할 때 가장 문제가 되는 것은 미사용 오리지널 필름이다. 본 기획안은 제작자협회에서 심의 결정한 최초의 창립안으로, 이때는 아직 정보국이 조선에 대한 미사용 오리지널 필름 할당을 결정하지 않고 있었다. 따라서 업자들은 필요량을 조선총독부 당국에 신청하였는데, 신설회사가 필요로 하는 필요량은 1년간 최소한도로 음화 필름을 21만 피트(呎), 유성 필름을 21만 5천 피트(呎), 양화 필름을 83만 피트(呎)였다.

먼저 극영화에서는 음화 필름 2만 피트(呎), 유성 필름 2만 5천 피트(呎), 양화 필름 6만 3천 피트(呎) 씩을 필요로 하였고, 보통작품에서는 음화 필름 1만 4천 피트(呎), 유성 필름 2만 1천 피트(呎), 양화 필름 6만 3천 피트(呎)를 요구하였다. 이는 복사본을 5편 만들 경우에 해당한다.

또, 문화영화는 1편에 대해 음화 3천 피트(呎), 유성 2천 6백 피트(呎), 양화는 복사본 9개일 경우 총 2만 1천 피트(呎)가 필요하다. 조선뉴스는 매월 2회 한 번에 8편을 발행하는데, 이를 1년으로 계산하면 음화 7만 2천 피트(呎), 유성 4만 8천 피트(呎), 양화 24만 피트(呎)는 최소한으로 필요하다.

위와 같은 숫자는 평시라면 전혀 문제가 안 되는 양이지만, 일본 내의 자재문제를 대하는 정보국의 입장 때문에 전 수량을 확보하는 데에는 많은 수고가 따를 것으로 예상되며, 동시에 조선의 열의를 강하게 보여줘야만 한다. 업자들은 위의 수량을 최소한도로 잡고 활발히 움직여야만 할 것이다.

또한, 경영상의 금융관계 수지는 점차 세세해져, 각 작품별 제작비 명세표와 인건비는 물론이거니와 연기자 채용 예정 수까지 포함되었다. 또, 별도로 연구한 '사규(社規)', '신설회사기구(新會社機構)' 등도 첨부하여 당국에 제출하였다.

21. 조선 할당 필름양의 결정 근거
(1941년 9월 15일)

● ● ●

조선에 할당하는 미사용 오리지널 필름은 1월부터 6월까지, 7월부
터 8월까지로 구분되는데 점차 감소하는 경향을 보였다. 그런데도 제
작자협회 신설회사안의 필요량은 음화 필름 21만 피트(呎), 유성 필름
약 21만 피트(呎), 양화 필름 83만 피트(呎)로 굉장히 많다. 총독부 관
계자들은 하루라도 빨리 탁무성(拓務省)에게 신설회사를 운영하는데
필요한 최소 필름양이 얼마인지 조사하고 보고하도록 해야만 했다.
이리하여 제작업자와 상관없이 총독부 당국의 독자적인 견해에 의한
미사용 오리지널 필름 소요량을 연구하기에 이른 것이다. 이에 따르
면 제작 편수는 1년에 8권(卷)짜리극영화 6편에 복사본 9개, 뉴스는
월 2회 발행에 복사본 8편이며, 이에 필요한 미사용 오리지널 필름의
1년 절대적 필요량은 음화 필름 약 12만 피트(呎), 유성 필름도 약 12
만 피트(呎), 양화 필름은 51만 7,500피트(呎)로 조사되었다.

정보국이 조선 제작업자들이 자체적으로 만든 청구량 대신에 총독
부가 연구한 수량을 기초로 한 것은 당연한 일이다. 미사용 오리지널
필름배급통제협의회(生フィルム配給統制協議會)가 총독부의 연구결
과를 기초로 할당량을 결정한 것 또한 당연한 결과일 것이다.

즉, 한달에 음화 필름, 유성 필름 각 8천 피트(呎), 양화 필름 3만 피
트(呎)로 최종 결정이 되었는데, 이는 총독부가 연구한 수치와 비교하
면, 양화 필름은 상당히 삭감되었으나 음화 필름과 유성 필름은 그리

큰 감소를 보이지 않았다고 할 수 있다. 때문에 조선영화는 앞으로 총독부 영화감독 당국이 적정한 이유를 찾지 않는 한, 배급량 증가를 기대하기는 어려울 것으로 보인다.

22. 도서과 관계자들의 상경
(1941년 9월 20일)

• • •

모든 업자들의 염원인 신설회사 창립안은 당국에 이미 제출되었으나, 이 계획안에 대한 심의 결과를 결정짓는 것은 바로 미사용 오리지널 필름이었다. 6월까지 음화 필름 3만 2천 피트(呎)를 배급하였는데, 7~8월의 2개월분은 음화 2만 7천 피트(呎), 유성 1만 5천 피트(呎), 양화 6만 7천 피트(呎)로 감소되었고, 9월분 이후부터는 더욱 감소될 것이라는 전망을 내놓고 있었다.

도서과 무라카미 마사쓰구(村上正二)[31] 사무관은 후선책을 위해 동경으로 상경하여 정보국 관계자들과 회담을 가졌고, 9월 26일에 개최되는 미사용 오리지널 필름통제협의회에 대한 사전 모임도 겸하였다.

한편, 제작자협회에서는 긴급 상임위원회를 개최하여, 쓰무라 이사무(津村勇), 야나무라 기치조(梁村奇智成), 장선영(張善永), 히로카와 소요(広川創用), 후루하타 세조(降旗清三), 그리고 저자까지 총 6인이 협의한 결과, 히로카와 소요(広川創用)를 상경시키기로 결정하였다.

그러나 정보국의 통제협의회 결과는 의외였다. 앞으로 조선에 할당하는 필름의 수는 음화, 유성 모두 매월 8천 피트(呎)씩, 양화는 3만 피트(呎)로 결정되었다. 무라카미 마사쓰구(村上正二) 사무관은 돌아

---

31) 무라카미 마사쓰구(村上正二, 생몰년도 미상)은 1938년 조선총독부 총독관방 심의실, 1941년 조선총독부 경무국 도서과 사무관을 역임했다.

온 후에 당시의 상황을 이렇게 이야기 하였다.

통제협의회에는 탁무성의 이이지마(飯島) 사무관과 함께 저도 출석했습니다. 그리고 온 힘을 다해 조선의 요구는 흥정해서는 안 되는 최저필요량이라고 역설하였습니다. 그러나 만주 등은 필름 획득에 관동군 장교 등이 나서서 교섭 중에 있고, 중국도 이와 비슷합니다. 그에 비하면 조선은 완전히 불리한 입장입니다. 결과적으로만 보면 정말 아쉽기 그지없습니다. 이번에 정해진 수량이 앞으로 새로운 기준이 될 것이라 생각되기는 하나, 11월 이후에 협상의 여지가 아예 없는 것은 아닙니다.

또, 상경중인 히로카와 소요(広川創用)로부터 저자의 집으로 매일 밤 전화가 왔는데, 이번에 정해진 필름양은 절대적인 수치가 결코 아니므로 이를 바탕으로 신설회사안을 작성하는 것은 이르다고 합니다. 그러나 업자측이 제출한 신설회사안의 미사용 오리지널 필름 소요량은 음화, 유성 모두 약 2배, 양화는 약 3배 안팎으로 필요로 하고 있기 때문에 당연히 수정이 조금 필요할 것이라고 덧붙였습니다.

23. 노부하라(信原) 문서과장에게
상경할 것을 진정(陳情)하다
(1941년 9월 24일)

• • •

정보국과 군부를 중심으로 한 번에 정리하려 했던 영화계 임전체제는 생각보다 결코 쉽지 않아, 당사자들도 무척 애를 먹어야만 하였다. 그러나 후지필름(富士フィルム)은 완전히 정보국의 지배하에 들어가 영화제작의 실권을 빼앗긴 이상 어찌할 수는 없다. 조선 또한 시시각각 들어오는 일본의 정보에 일희일비하는 것 말고는 손 쓸 방도가 없었다. 그러나 당국의 명령을 기반으로 제작자협회에서는 통합에 의한 신설회사 설립안을 작성하여 제출한 상태다. 이 설립안에는 필름양이 많이 필요한 근거와 사용처를 적어놓고 있고, 당국에도 강력히 요구하고 있다. 이 때 총독부는 마땅한 사람을 선임하여 상경할 것을 요청했는데, 이는 조선에 대한 정보국의 방침을 이해시킴과 동시에 조선의 사정도 들을 목적에서였다. 그 결과 촬영설비를 가지고 있고, 자재 문제에 관심도 있는 노부하라 세이(信原聖) 문서과장을 보내기로 결정하여, 9월 24일 제작자협회 전원의 이름을 내걸고 다음과 같은 진정서를 작성하였다.

조선총독부 문서과장 노부하라 세이(信原聖) 귀하

삼가 아룁니다. 조선의 영화 임전체제와 관련하여 이미 서류를 통해 계획안을 보내드린 것을 알고 계시리라 믿습니다. 그러나 영화제작에 필요한 미사용 오리지널 필름의 확보와 관련해서 아직 정보국 및 관계자분들의 조선에 대한 방침이 결정되지 않았습니다. 조선에 대한 배급방침의 조속한 결정이 필요하다고 생각되는 바, 이번 기회에 조선의 실태를 당국에게 충분히 인식시키고 선처를 구함과 동시에 총독부 당국의 영화정책을 세세히 일본 측에게 알리고 자재확보를 실현시키기 위하여, 업무가 바쁘신 와중에 죄송합니다만 동경에 가서 찾아뵐 것을 희망하는 바입니다.

1941년 9월 24일 조선영화제작자협회원 일동

24. 업자 측 회사 창립 최종안 제출
(1941년 10월 1일)

• • •

내각 정보국의 조선에 대한 미사용 오리지널 필름 배급 수량의 결정과 함께 조선영화의 제작 편수의 범위가 확실해져, 배급되는 자재를 기준으로 한 신설회사 설립이 허가되었다. 이에 따라, 1941년 9월 12일 제작자협회로부터 총독부 당국에 제출한 회사창립안은 전면적으로 수정되어야만 하였다. 당국으로부터는 미사용 오리지널 필름 배급량, 즉 음화 필름 1개월 분량 8천 피트(呎), 유성 필름 8천 피트(呎), 양화 필름 3만 피트(呎)를 제작 · 운영 가능한 신설회사안을 수립하여 제출할 것을 요구받았다.

이에 대하여 협회 측 창립상임위원은 거듭 회합을 거쳐 새로운 창립안을 궁리한 결과, 제작자 측 최종안을 당국에 제출하였다. 내용면에서 제일 처음의 창립안과 다른 점은 자본금을 300만 원으로 계상하여 장래의 발전에 대비하는 한편, 자재의 할당량 감소에 따라 첫 납입 자금을 자본총액의 1/4인 75만 원으로 기재했다는 점이다. 또, 납입자금의 용도도 기존설비 매수비 45만은 그대로이나 스튜디오 가건축비로 7만 5천 원을 잡았고, 추가기계 및 설비비도 전 창립안의 약 절반가량인 5만 1천 원으로 삼았다. 자동현상설비 등은 다음 회계연도로 넘겼으며, 운반자금으로 15만 6,650원을 계상하였으나 부족할 시에는 차입금으로 충당하기로 하였다. 또, 수지 총예산도 필연적으로 감소할 수밖에 없어, 수입 47만 9,300원, 지출 40만 1,860원, 차액 이익금은 7

만 7,440원이 되었다.

수입을 살펴보면, 1년간 극영화 6편 제작은 저번의 예상과 동일하기 때문에 수입에 영향을 미치지 않았으나 복사본의 수, 뉴스, 문화영화는 자재 삭감 탓에 그 수입도 감수해야만 하였다. 조선뉴스는 1년 12편의 총수입으로 3만 3천 원을 계상하였고, 문화영화는 정보국의 지정대로 연 5편 제작, 수입 1만 6,500원을 기대하고 있다. 이외에도 16mm 7,800원, 만영뉴스 국내 촬영 수수료 6천 원을 총수입예산으로 삼았다.

지출 40만 1,860원 중에서 극영화 제작예산은 전과 같으나, 조선뉴스 20편 제작 실비를 8,820원으로 줄였다. 이에 따라 스튜디오 관련 각 항목의 비용들도 모두 예산을 삭감하였고, 인건비도 대체적으로 1할 전후로 삭감을 단행하였다.

한편, 어쩔 도리가 없는 미사용 오리지널 필름 사용량은 각 종류 모두 사용률을 줄여야 했다. 극영화는 7편 평균사용량 6,400피트(呎), 그리고 음화 필름은 1만 880피트(呎)씩 합이 6만 5,280피트(呎), 유성 필름은 1편당 1만 880피트(呎), 양화 필름은 4만 2,880피트(呎)를 사용한다. 또, 조선뉴스는 음화 및 유성이 각각 1,600피트(呎)씩, 복사본 5편 5,600피트(呎) 정도가 매월 사용된다. 그리고 문화영화 5편의 평균사용량은 조선뉴스와 같은 비율로 삭감하였다. 이를 다 더해서 1년 치로 계산하면, 음화 필름과 유성 필름이 9만 6천 피트(呎) 중 9만 3,500피트(呎), 양화 필름은 36만 피트(呎) 중 35만 6천 피트(呎)를 필요로 하게 된다.

이 업자 측 최종안은 그 경비를 최대한 줄인 것으로, 이 수치대로 회사를 경영하기에는 큰 무리가 따르고, 종업원의 대우, 기계설비에도 당연히 소홀해질 수밖에 없다. 그러나 미사용 오리지널 필름의 수량을 위와 같이 한정해 놓은 이상, 약간의 희생은 어쩔 도리가 없다. 이는 희생을 감수한 시국적 판단에 의한 계획안이었던 것이다.

업자측이 제출한 최종안은 장래 다소 수정이 가해지더라도 신설회사 경영안의 기초가 될 것이 틀림없었다. 당국은 본 최종안을 접수함과 동시에 본격적으로 회사창립안을 심의하기 시작하였고, 현재는 미사용 오리지널 필름 할당 수량 결정과 회사 창립의 구체적인 연구를 궤도에 올려놓았다.

25. 총독부 촬영반 이양(移讓)에 관해 진정하다
(1941년 10월 7일)

• • •

영화통제의 결실이라 부를 수 있는 조선 유일의 영화제작기관을 실현시켜야 하는 제작 업자로서 한가지 생각해봐야하는 문제는, 조선총독부 문서과(현재의 정보과) 소속의 한 기관이라 할 수 있는 영화제작기구에 대한 것이었다. 물론 이 기구는 당국에 예전부터 있었던 것으로, 단편 촬영을 주로 하였으며, 하나같이 총독정치의 선전용이었다는 것은 굳이 말할 필요가 없을 것이다. 그러나 그 기계설비들은 신식 녹음기를 시작으로 상당히 잘 갖추어져 있고, 종사하고 있는 인원도 10명 이상이다. 현재 총독부가 지도적 입장에 서서 영화통제를 단행한 신설영화회사가 총독부의 방침을 따르는 반(半)정부적 존재라 한다면 굳이 총독부 내에 독립된 촬영제작기관을 또 둘 필요가 없어진다. 업자들 사이에서는 마땅히 신설영화제작회사에게 이를 인계해야한다는 의견들이 점차 짙어져갔다.

더구나 일본 각 관청의 제작 기구를 전폐하자는 사안이 내각 차관회의에서 결정되어, 이 여론에 한층 박차를 가했다. 또, 미사용 오리지널 필름 배급 상황만 보더라도 총독부의 이 설비는 완전히 유휴설비가 될 수밖에 없는 상황이었다.

영화제작자협회의 상임창립위원들은 이 문제를 심의하여 수차례에 거쳐 문서과장 노부하라 세이(信原聖)와 회담을 가졌고 의견을 교환하였다. 노부하라 세이(信原聖) 과장은 필름 입수가 곤란하기 때문에

이 기구의 장래에 대해서는 상당히 고심을 하고 있다고 하였으나, 업자 측의 폐지 요구에 대해서는 이렇다 할 명확한 입장 표명이 없었다. 10월 7일 상임위원이 본 문제에 대해 당국으로 제출한 문서를 아래와 같이 소개한다.

문서과 영화촬영반 건에 대하여

임전체제 하에 영화 국책사업의 일환으로, 당국의 알선을 통해 단일 영화회사를 창립하게 된 것에 대해서 깊은 감사의 마음을 표합니다. 위 영화회사는 두말 할 것 없이 관민이 하나 되어 협력하고, 영화를 통해 비상시국 상황을 조선 대중에게 인식시킴과 동시에 시대에 맞는 건전 오락을 제공하는 것을 목적으로 합니다. 이것이 가능할 수 있도록 적극적인 지원을 아끼지 않은 당국에 다시 한 번 감사드립니다.

이번에 이렇게 진정서를 제출하게 된 것은 일본 관청 영화 폐지의 추세에 맞추어 문서과 영화촬영반의 폐지를 검토해 주십사 하는 이유에서입니다. 물론 일본의 이런 움직임은 각 부서의 차관회의의 결과에 따라 결정된 사항으로, 각 부서 최고 수뇌부의 결정에 상응하며, 시국 하의 자재 문제 상 관청 영화 폐지는 당연한 조치라고 사료되는 바입니다. 물론 우리는 단순히 일본의 사정에만 기초하여 이런 말씀을 드리는 것은 아니며, 조선의 특수성을 살펴 별도 문서로 폐지의 이유를 적어 동봉합니다.

1941년 10월 7일
영화합동상임창립위원 연명(連名)

이 진정서에 첨부된 서류, 즉 문서과 영화촬영반 폐지에 관한 이유를 적은 서류에는 꽤 거침없는 의견들이 적혀 있었는데, 당시 영화통제에 따라 합동의 열쇠를 총독부 영화관계부서에 위탁하고 있는 업자들이라고는 하나, '정론은 정론이다. 당당히 할 말은 하자.'라는 무사도적 기개가 담겨 있었다. 내용은 대략 6가지 항목으로 나뉜다.

먼저 첫 번째는, 당국의 영화정책에 따라 조선에 단일 영화회사가 실현된다. 이는 총독부의 시정방침을 뼈대로 하며, 당국은 이 회사의 경영, 기획에 발언권이 있다. 과거는 어찌 되었건 앞으로 관민 각각의 목적을 같이하는 기관을 가질 필요는 없다. 관민의 대립은 국책에 역행하는 것으로, 정치의 중점주의(重點主義)적 입장에서 보더라도 폐지함이 마땅하다.

두 번째는 군사기밀 상 군부가 촬영반을 특설하는 경우는 물론 예외이나 정치관청의 경우는 특수성을 가지고 있는 만주국에서조차 그 예를 찾아볼 수가 없다. 제국의 세력권 중에서는 조선총독부가 유일하며 당초 세워졌던 시대와는 그 정세도 판이하게 달라졌다.

세 번째는 당국에서는 촬영반 이외에 수만에 달하는 비용을 투자하여 녹음설비까지 신설하고 있으나 영화자체가 현재 대변혁을 맞이하고 있는 형국에, 현재와 같은 방침을 고수하는 것은 그 정도가 심하다고 생각된다. 게다가 민간영화제작업자는 모든 것을 백지로 돌려야하는 큰 희생을 각오하면서도 국책적인 시각에서 통제 산하로 들어오려 하고 있다. 신설회사는 당국의 지휘를 기초로 하는 회사이다. 당국 총독부의 영화촬영기구도 그러하다.

네 번째는 기획 및 기술에 있어 관청의 사람들보다 민간영화인이 뒤질 것이라고는 생각하지 않는다. 현재 민간영화인은 소정의 시험을 통과해야만 그 실무에 투입될 수 있는데, 문서과 촬영반은 관청인 탓에 그 자격(등록)이 있는 자들이 들어갈 수 없다. 그리고 공무원과 민간영화인의 의지 또한 다르다.

다섯 번째는 영화령에 따라 영화 제작 착수 전에 당국의 사전검열을 받고, 그 후 제작에 착수하기 때문에 관청에서 필요로 하는 기획안은 신설 통제회사에게 제작하도록 맡기면 된다. 그리고 특별히 지도가 필요한 경우에는 입회하에 세부적인 것을 살피면 되므로 별개의 기관을 막대한 예산으로 전유하고 있을 필요가 없다.

여섯 번째는 군사기밀 관계상 육해군만은 특수의 촬영설비를 가지고 있다고 생각되며, 녹음, 현상은 민간에 맡겨야 한다고 생각한다. 그리고 조선에서는 현재 군관계의 것들도 민간에게 하명하고 있다.

대략 위와 같은 내용을 제출하였으나, 당국이 즉각 그 존폐를 결정할 리가 없다. 하지만 이 문제는 언젠가 장래에 다시 거론될 것으로 생각된다.

26. 관민 영화관계자의 동경 행
(1941년 11월 20일)

• • •

신설회사안은 미사용 오리지널 필름 배급량을 그 기초로 삼고 있다. 소위 제 2안을 최종안으로 작성하여 당국에 제출, 심의를 부탁함과 동시에 자본관계 및 수뇌부 선정에 대하여 당국 및 업자들이 각각 생각을 해보기로 결정하였으나, 제작기구의 일원화에 관한 정보국의 정식 승낙을 얻을 필요가 있었고, 앞으로의 미사용 오리지널 필름 증가 문제에 관해서도 예비교섭에 들어가야만 했다. 당시 일본에서는 영화배급기구의 정비에 관해 점차 그 안들이 구체화되었는데, 조선에서도 배급통제 문제가 대두되어, 총독부 도서과에서는 시미즈 쇼조(淸水正藏) 통역관을 상경시켜 당국과 교섭을 시도하게 되었다. 여기에 업자측도 동행하게 되어, 배급조합을 대표하여 유나이티드 아티스트 영화회사 조선대리점 고인문(高仁文) 씨, 제작자협회를 대표하여 저자가 상경하게 되었다. 제국호텔(帝國ホテル)을 본부로 삼고 약 10일간 체류하며 정세를 살폈다.

이 달 6일, 즉 10월 6일에 미사용 오리지널 필름배급통제협의회가 정보국에서 개최되었는데, 이 협의회에서 조선에 할당되는 11월분의 배급을 보류하겠다는 발표가 났다. 이유는 다음과 같다.

조선에서 이미 제작자에 대한 통제를 실시했다고 누군가가 발언하였기에, 이를 기반으로 미사용 오리지널 필름을 공급하고 있었으나 아직 통제가 실현되지 않은 듯하다. 일본에서도 각 제작회사에게 직접배급을 인정하지 않고 있으므로 당연히 조선에 대한 11월분의 공급도 보류한다.

이를 들은 탁무성의 경무과장은 다음과 같이 반문하였다.

통제실현에 대해서는 약간의 오해가 있다고 생각한다. 그러나 정보국에서 통제회사의 설치를 조건으로 한다고 한 것은 조선의 독자적인 제작업자의 통제기구를 용인한다는 것으로 해석할 수 있지 않은가.
그러나 이에 대해 정보국에서는 배급기구에 대해서는 확실하지 않으나 제작회사의 설립에 대해서는 승인할 것이라 답했다. 이것이 정보국이 조선 독자적인 제작 기구를 승인하는 의향을 확실히 밝힌 첫 언급이었다.

III

제작 통제
실행기에 접어들다

27. 총독부 도서과장의 경질
(1941년 11월 26일)

• • •

조선총독부 경무국 도서과장의 경질은 영화통제 일원화를 위해 힘쓰고 있는 업자들에게는 상당한 관심거리였다. 1940년 9월 2일 도서과장의 자리에 앉은 혼다 다케오(本多武夫)는 영화 관련 현안을 마무리 짓지 못하여 1941년 11월 26일부로 학무국(學務局) 학무과장으로 자리를 옮겼다. 후임의 발령이 늦어져 약 보름간 후루카와(古川) 보안과장이 이 자리를 겸임하였다. 그 후 12월 8일 우연이라고는 하나 태평양전쟁 발발 당일에 당시 함경북도 경찰부장이었던 모리 히로시(森浩)가 바로 이 자리에 발령되었다.

모리 히로시(森浩) 도서과장은 발령받자마자 즉각 부임한 것으로 기억한다. 그 후 업자들은 모리 히로시(森浩) 도서과장을 중심으로 새로운 구상 하에 영화통제의 결실을 맺으려 시도한다.

그러나 상식적으로 생각하면, 도서과장의 경질로 인해 영화관련 현안들이 백지로 돌아가 버렸기 때문에 근본적인 방침은 변하지 않더라도 새로 부임한 과장이 좋은 방책과 순서를 정해 일을 진행시키는 것은 당연한 절차였다. 그래서 모리 히로시(森浩) 도서과장이 어떤 생각을 가지고 있고 어떤 방향으로 나아갈 것인지를 업자들로서는 기다릴 수밖에 없었다.

제작업자측의 상임창립위원과 모리 히로시(森浩) 도서과장의 회견은 그 후 거듭 이루어졌는데, 모리 히로시(森浩) 과장은 꽤 적극적인 자세로 성실하게 업자들의 의사를 묻는 등, 당국과 업자들이 하나 되어 유종의 미를 거두려 노력하였다. 이렇게 현안 문제들은 점차적으로 궤도에 올라가고 있었다.

28. 태평양전쟁 발발에 대처하다
(1941년 12월 8일)

• • •

1941년 12월 8일 영·미에 대한 선전포고를 한 날이다. 이 날이야 말로 절대 잊을 수 없는 대동아민족 개방의 첫날이라 할 수 있다. 전파 는 개전벽두에 하와이 진주만에서 혁혁한 일본국 해군의 전과를 전했 고 시시각각 들어오는 전투정보는 조선 민중을 흥분시켰다.

국민 한 사람 한 사람이 임전결의를 다져야 하는 긴급비상시국에 조선영화의 새로운 발전을 목전에 두고 넋 놓고 기다릴 수만은 없었 다. 영화제작자협회는 즉시 상임위원회를 소집하여 당국에게 우리 의 의견을 피력하고 신속하게 영화합동을 실현하자는 데 의견을 모은 후, 즉각 진정서를 작성하여 영화합동상임위원의 서명을 한 뒤 대표 자가 당국에 출두하여 관계자와 직접 대면하였다.

진정서

일본은 드디어 미·영에 선전포고를 하였다. 그리고 황공하옵게도 대조칙을 발표하시어 "짐의 백성들은 각자의 본분을 다해 억조일심 (億兆一心) 국가총력을 다해 전쟁의 목적을 달성하도록 하라"라고 선 언하셨습니다. 미나미(南) 총독각하께서는 또한 포고를 내시어 "국가 의 이름으로 직역봉공(職域奉公)과 신도(臣道) 실천에 최선을 다할 것"을 요망하였다. 우리가 업으로 하는 영화를 통해 이러한 초비상시국에 임하는 태도를 2400만 조선민중에게 인식시켜야 할 시기가 드디어 온 것입니다. 폐하의 신하로 성지(聖旨)를 봉체(奉體)하고 총독각하의 마음을 진심으로 헤아려 진정한 직역봉공의 멸사(滅私)정신으로 최선을 다할 시기가 다가왔으니, 이에 화급히 영화제작합동의 실현을 기하여 즉각 조선 대중을 지도하는 대임을 맡아야 할 것으로 압니다.

　당국에서 신속히 검토하시어 하루라도 빨리 실현될 수 있도록 도와주실 것을 진정합니다.

1941년 12월 10일
회사명 및 대표자명
조선총독부 경무국장 귀하

29. 다나카 사부로(田中三郎)의 출현과 그의 동경 행
(1942년 2월 20일)

• • •

신설회사에 대하여 제작업자들이 해야 할일은 거의 끝난 상태였다. 이제 남은 문제는 당국이 신설회사 창립을 누구에게 위탁할 것인지, 그리고 그것이 구체화 되었을 때 10사 통합의 정신을 얼마만큼 발휘할 것인지, 또, 기계와 설비의 접수방법을 어떻게 할 것인지 등과 같은 최종적인 사안들만이 남았다.

저자는 전후(前後)의 정세를 살핀 결과 경성상업회의소(京城商業會議所)[32] 부회장 다나카 사부로(田中三郎)가 출마할 것으로 내다보았다. 물론 진작부터 다나카 사부로(田中三郎)는 그 이름이 거론되고 있었는데, 저자는 제작업자를 대표하여 현재의 상황을 타개하기 위하여 다나카 사부로(田中三郎)라는 새로운 카드를 사용해 본격적인 협의를 시작하였다. 그리고 업자를 대표해서는 조선문화영화협회(朝鮮文化映畵協會)의 쓰무라 이사무(津村勇)가 의견 타진을 위해 동경에 가기로 결정되었다. 다나카 사부로(田中三郎)는 쓰무라 이사무(津村勇)와 회견 후 당국의 의지를 살피기 시작했다. 그리고 다나카 사부로(田中三郎)는 업자가 추천하는 훌륭한 사람이라면 당국으로서도 불평은 없을 것이라고 말하였다.

---

32) 경성상업회의소(京城商業會議所)는 1905년(광무 9) 일본의 금융·상업에 대응하여 서울의 상인들이 설립한 민족상인단체인 한성상업회의소(漢城商業會議所)의 전신이다. 결국 1915년 7월 '조선상업회의소령'이 공포됨에 따라, 그해 10월 경성상업회의소가 설립되었는데 이에 흡수되었다.

아니나 다를까 모리 히로시(森浩) 도서과장은 다나카 사부로(田中三郎)의 출두를 원하여 2월 20일에 회담을 가졌다. 다나카 사부로(田中三郎)는 회답을 보류한 채로 3월 1일 동경으로 출발했다. 그동안 제작업자와 모리 히로시(森浩) 도서과장의 회견을 통해 당국이 다나카 사부로(田中三郎)에게 회사 창립을 위촉하려 한다는 방침이 밝혀지면서 업자측에서는 다나카 사부로(田中三郎)를 두고 갑론을박이 이어졌고 결국에는 찬반의견이 엇갈렸다. 그러나 원래 중심인물의 천거를 당국에게 일임하고 있었기 때문에 이러쿵저러쿵 논의를 계속한다 한들 어쩔 도리가 없었다. 다나카 사부로(田中三郎)가 가령 이상적인 인물이 아니라 하더라도 졸속주의(拙速主義)로 일처리를 하지는 않을 것이며, 다나카 사부로(田中三郎) 씨가 그렇게 사리분별 없는 인물도 아니기 때문에, 이렇게 된 이상 우리가 좀 더 신의를 가지고 그를 지지하되 최초의 방침대로 당국에게 전부 위임하지는 말자는 쪽으로 의견들이 모아졌다.

동경에 체류 중이었던 다나카 사부로(田中三郎)가 경성으로 돌아와 봐야 그의 태도를 분명히 알 수 있을 것이라고 내다보았으나, 다나카 사부로(田中三郎)의 귀성은 예정보다 늦어졌다. 11일에 되서야 그에게서 "시모노세키-부산(關釜) 연락선을 타기 위해 16일에 동경을 떠날 것이다. 자초지종은 돌아가서 당국과 의견을 조율한 후에 정식으로 발표하겠다."라는 전보가 모리 히로시(森浩) 과장 앞으로 전해졌다. 3월 19일 다나카 사부로(田中三郎)는 귀성하자마자 모리 히로시(森浩) 과장과 회견한 후, '기존 업자 접수'라는 골치 아픈 문제는 당국의 책임 하에 이루어졌으면 한다고 덧붙였고, 현안이었던 회사중심인물은 다나카 사부로(田中三郎)로 결정되었다.

30. 제작자협회의 유지비
(1942년 3월 23일)

• • •

제작자협회가 결성된 1940년 12월부터 다나카 사부로(田中三郎)가 신설회사를 접수하기로 결정한 1942년 5월 31일까지, 18개월 간 협회 유지를 어떻게 행했는지 기록할 필요가 있을 것 같다. 먼저 결성 당시는 설비가 필요한 업자와 필요하지 않은 업자를 구별하여 기금을 징수하였고, 매월 회비 5원을 걷어 회합의 경비로 사용하였다. 그러나 통제 문제가 대두됨에 따라 각종 회합과 진정(陳情)이 빈번해져 경비도 늘어날 수밖에 없어 각 회사에게 이를 할당하여 여러 차례 경비를 거출하였다. 황국영화사의 후루하타 세이조(降旗淸三)가 회계간사로 임명된 후의 금액은 3,100원이 되었고, 협회창립에서 해산까지 총계 7,250원을 사용하였다.

이 경비는 창립 임시사무소 경비, 각종 인쇄물, 고용인 급료, 연회비, 여비 등으로 사용되었는데, 장래 당연히 신설 회사로부터 돌려받을 심산이어서 각 사는 이를 기계류 평가사정에 포함하여 계산 한 것이었다. 지금 각 회사의 경비 부담액을 살펴보자면, 히로카와 소요(広川創用)가 1,150원, 야나무라 기치조(梁村奇智成)가 1,150원, 쓰무라 이사무(津村勇)가 1,050원, 다카시마 긴지(高島金次)가 1,100원, 장선영(張善永)이 850원, 후루하타 세이조(降旗淸三)가 700원, 김갑기(金甲起)가 500원, 구보 요시오(久保義雄)가 250원, 이병일(李柄逸)이 300원, 구니모토 다케오(國本武雄)가 100원 등이 있다. 그 외에 제작자협회에서 탈퇴한 조선예흥사(朝鮮藝興社)가 100원을 지출했다.

저자는 3월 23일 모든 업자들과의 회합에서 지금까지의 수입지출 결산을 보고한 후 승인을 요청하였고 명세서를 일동에게 배부하였다.

31. 제작업자대표의 선정
(1942년 3월 29일)

• • •

총독부 당국이 신설회사 창립의 수뇌부에 누구를 앉힐 것인가는 아직 의문 사항이나 제작업자는 그보다 먼저 당국에게 요구사항 한 가지를 내세웠다. 업자 측은 '업자 중에서 신설회사의 우두머리에 설 사람'의 리스트를 몇 명 뽑아서 당국에 제출했는데, 당국은 절충하기로 해놓고는 어느 누구도 적임자로 선정하지는 않았다.

그리하여 앞에서 언급한, 경성상업회의소(京城商業會議所)의 부회장 다나카 사부로(田中三郎)가 결국 출마를 결심하였다. 원래 다나카 사부로(田中三郎) 씨는 3~4년 전에 배급과 제작을 주로 하는 회사를 창립할 계획을 가지고 당국에 신청서까지 제출한 상태였으니 전부터 아예 생각을 하지 않았던 것은 아니다.

한편 모리 히로시(森浩) 도서과장은 배급통제를 앞두고 4월 1일부로 일본의 새 기구에서 일을 시작하는 등 바쁜 나날을 보냈다. 그리고 이에 따라 조선도 배급방법의 변혁을 목전에 두고 있었기 때문에 제작회사의 문제에만 전념하는 것은 곤란하였다. 도서과장은 4월 1일 조선을 떠나기 전, 그러니까 배급 문제 때문에 상경하기 전에 여러 번 다나카 사부로(田中三郎)와 회견을 하여 그의 출마를 타진하였다.

3월 29일에는 총독부 경무국 영화검열실에서 긴급총회를 개최하여 제작업자 전원이 출석한 가운데 서로 정보를 교환하며 구체적인 문제에 대하여 긴밀히 협의하였다. 이참에 종래의 창립위원 및 상임위원은 전원 사직하고, 교섭 과정의 일체를 간단하고 명쾌하게 하기 위하여 모든 업자를 대표하는 1명을 선정하여, 그 대표가 앞으로 총독부측의 다나카 사부로(田中三郎)에게 의견을 개진하기로 결정하였다. 협의 결과 전원 일치하여 창립상임위원이었던 저자가 그 중책을 행하게 되었다. 저자는 또 한명의 대표를 선임하도록 요청했으나 결국 받아들여지지 않았다.

32. 다나카 사부로(田中三郎), 처음으로 입을 떼다
(1942년 4월 8일)

• • •

다나카 사부로(田中三郎)는 모리 히로시(森浩) 도서과장과의 여러 번의 회견 후 회사 창립의 의지를 다지는 한편, 동경에 있는 학창시절의 친구들과 영화 사업의 파트너를 만나기 위해 '조선영화의 제작과 경영이 가능한지의 여부'에 대하여 여러 사람들에게 정열적으로 타진하고 다녔다. 동맹통신(同盟通信) 4월 8일자를 보면, 다나카 사부로(田中三郎)는 연예기자와의 인터뷰에서 아래와 같이 심경을 밝히고 있었다.

신설회사의 창립은 모리 히로시(森浩) 도서과장이 돌아올 때까지 일단 기다리는 중이나 일은 급속도로 구체화되고 있다. 그리고 설비 중에서 활용 가능한 것은 활용하는 것을 원칙으로 하지만 역시 새로운 설비에 상당한 자본투자가 필요할 것이라 생각한다.

지금까지의 방식대로라면 조선영화는 채산성이 부족할 것이다. 앞으로 자매회사인 배급사도 창립되므로 신설회사는 배급사에 출자함과 동시에 사원 이사를 배급사에 보내 상당한 발언권을 부여하여 자매회사와의 협력 관계를 높여 채산성을 끌어올릴 것이다.

기존업자에 대한 조치는 전부 총독부 당국에게 맡기고 나는 직접적으로 관여하지 않을 것이다. 개인적으로는 신설회사의 미래를 위해서도(이 부분의 의미는 불분명하지만) 업자들은 대승적 차원에서 너무

기득권을 운운하지 말고 서로 협력하는 관계를 맺기를 바라고 있다.

규모는 작지만 국책회사이고 조선의 문화에 미칠 영향도 크다. 뿐만 아니라 주식회사인 이상 채산성 또한 소홀히 할 수 없는 문제이므로 회사 경영 수뇌부에는 초심자가 아닌 경험이 풍부한 사람이 꼭 필요할 것이다.

기술진은 조선 현지인을 쓸 것을 우선으로 하나 어디까지나 국책사업이지 구제(救濟)사업이 아니므로 이점은 유념해주었으면 한다.

이 말에서 알 수 있듯이, 배급사에 관한 문제들, 매수에 관한 문제들 등 중요한 사안에 대해서는 이미 그 틀을 잡아놓은 듯 보였다. 전후 사정을 따져보았을 때 다나카 사부로(田中三郎)의 출마는 이미 확고부동했던 것으로 비춰진다.

33. 각 회사 기계류의 사정(査定)을 개시하다
(1942년 4월 29일)

• • •

다나카 사부로(田中三郎)의 출마와 더불어 당국은 제작자협회원 10개 회사 중 기계 설비를 필요로 하는 측의 기계 조사에 착수하기로 하였다. 조사관으로는 다이에이(大映)의 기계과장 요코타 다쓰유키 (橫田達之)[33]가 일본에서 건너왔다. 그는 다나카 사부로(田中三郎)가 영화계 지인에게서 추천받은 사람으로, 총독부에서도 그의 인격을 조사한 후 적임자라고 인정하였다. 그 후 정식으로 모리 히로시(森浩) 도서과장이 다이에이(大映)에게 연락하여 요코타 다쓰유키(橫田達 之)를 정식으로 초빙하였고 그에게 조사를 의뢰하였다.

요코타 다쓰유키(橫田達之) 기계과장과 당국은 사정(査定) 기본방침에 대하여 협의하여 다음과 같이 결론을 내렸다.

一, 각종 기계들의 내부거래가격과는 상관없이 사정(査定)한다.
一, 기계 내부의 파손 혹은 고장의 정도는 일일이 분해하지 않으면 알 수 없으므로 분해, 해체를 필요로 하는 기계류에 대해서는 어느 정도 수리비(사정비용의 10% 정도)의 견적을 낸 후 사정비용에서 제한다.

---

33) 요코타 다쓰유키(橫田達之, 1902 - 1995)는 일본 영화촬영기사 및 촬영감독이다. 1921년부터 1961년까지 총 109년 이상의 영화촬영을 담당하였다.

一, 모든 기계류, 기구류는 중고품으로 취급한다.
一, 사정 당일에 해당 품목이 현장에 없을 시에는 품명, 사용연수 등을 직접 듣고 조사할 수밖에 없으므로 될 수 있는 한 조사 당일에 모든 물건을 배치할 수 있도록 한다.

위와 같은 방침으로 각 회사의 사정이 행해지기로 결정되었는데, 사정의 기초가 되는 각 회사별 기계 대장은 여태까지 각 회사가 제작자협회에 보내준 목록에 의하여 파악되었을 뿐이었다.

조사는 4월 29일부터 수일간 다이에이(大映)의 기계과장 요코타 다쓰유키(橫田達之)와 도서과 이케다 구니오(池田國雄)에 의하여 순차적으로 진행되었다. 5월 5일에는 각 회사의 건물 사정이 건축 전문가에 의하여 이루어졌다. 또, 지방에 본사가 있는 촬영소에 대하여서는 날을 따로 잡아 요코타 다쓰유키(橫田達之), 이케다 구니오(池田國雄)가 직접 출장 조사하여 사정을 완료하였다.

결국 당시의 상황으로 볼 때 각 사의 기계류의 사정은 요코타 다쓰유키(橫田達之) 기계과장의 재량에 달린 셈이었지만, 요코타 다쓰유키(橫田達之)는 저자에게 자신의 심경을 다음과 같이 밝혔다.

한두 개를 제외하고는 모든 기계들이 다 조잡했습니다. 용케도 그런 환경 속에서 제작을 계속하고 있군요. 그에 비해 조선의 기술자들은 매우 훌륭한 소질을 갖추고 있었습니다. 조사의 결과에 대해서는 업자 측에서 불만이 나올지도 모르겠지만 총독부에서 위탁받은 일이므로 사심이 개입할 여지가 없었습니다. 저도 조사관 이전에 기계를 다루는 기술자이니 기계를 사랑하는 업자들의 마음은 충분히 이해합니다만 도저히 양심을 어길 수는 없었으니 말이지요. 수리하거나 개조하면 사용 가능한 것들도 많았습니다. 이에 따라 공정한 조사를 행하였으니 의견이 필요하면 언제든지 말씀해주십시오.

34. 전체업자와 다나카 사부로(田中三郎) 씨의 정식회견
(1942년 5월 14일)

• • •

조선영화제작자협회는 지난 3월 29일 총독부의 긴급총회에서 저자
를 제작자대표로 선정하여 다나카 사부로(田中三郎)와 당국과의 절
충 임무일체를 위임하였다. 때문에 저자는 요 근래 매번 그와 연락을
하였고 연일 창립사무소에 출근하여 업무를 보았다. 업자대표라고는
하지만 각 회사의 매수 가격과 관련된 중대한 문제였기 때문에 저자
의 개인적인 생각대로 일을 진행할 수 있는 문제가 아니고 어느 정도
의 예비절충이나 업자 측의 의지 및 현 상황을 전달하는데 최선을 다
하였다. 가격결정전에 다나카 사부로(田中三郎) 씨와 협회 측 업자 일
동을 회견시켜 어느 정도 쌍방이 생각하는 바를 충분히 이야기를 나
누고 또 회사로서도 매수에 관한 한 각자의 의견을 내주리라 희망하
고 있었다. 또, 총독부에서는 조사 및 매수에 관하여 일련의 기준을 세
워놓긴 하였으나 오해가 생길만한 부분에 대해서는 충분히 논의할 필
요가 있었다.

그리하여, 5월 14일 반도호텔(半島ホテル)에서 당국의 알선과 총독
부 모리 히로시(森浩) 도서과장의 주최로 다나카 사부로(田中三郎)와
전체 업자측이 처음으로 회합을 하였다. 총독부에서는 모리 히로시
(森浩) 도서과장, 무라카미 마사쓰구(村上正二) 사무관, 시미즈 쇼조
(清水正蔵) 통역관, 이케다 구니오(池田國雄) 등이 출석하여 다나카
사부로(田中三郎)와 대면하게 되었다.

먼저 모리 히로시(森浩) 도서과장이 다나카 사부로(田中三郎)를 소개하고 신설회사를 창립하기까지의 경과를 보고하였다. 그 후 다나카 사부로(田中三郎)는 업자 측과의 회견이 늦어진 점을 사과함과 동시에 업자들의 협력을 요청하였으며, 매수 방법 등의 구체적인 사항에 대해서는 당국에게 전부 일임하겠다고 언급하였다.

저자는 업자 대표로서 질문을 하였다. 신설회사는 어디까지나 10개 회사의 통합의 연장이므로 그 자본계통이 명확해야 한다는 것을 먼저 언급하였다. 그 다음으로 기계 설비 매수문제에 대해서는 그 설비의 평가를 오로지 그 기계 자체만을 보고 하는 것인지 아니면 그 회사의 업적 등을 고려하여 계산하는지를 물었고, 인사문제에 대해서는 사장의 의견 등을 묻는 형식을 취하여 어느 정도의 언질을 얻을 수 있었다. 기계 평가 문제에 대해서는 담당자인 이케다 구니오(池田國雄)가 평가 방법에 대하여 설명을 하였다.

저자는 출석한 각 회사 대표에게 각각 질문이 있으면 이 자리에서 충분히 물어보는 것이 좋으니 질문하라고 질문을 유도하였으나, 이런 중요한 회합에서 질문을 한 사람은 저자와 고려영화협회 대표 히로카와 소요(広川創用) 둘 뿐이었다. 그 뒤로 다양한 잡담들이 오갔고 일동은 만찬을 가졌다. 그 후에 별실에서 환담이 있었으나 다나카 사부로(田中三郎)가 자리를 뜬 후, 저자는 업자일동에게 업자대표로서의 임무도 끝났으니 오늘 부로 업자대표를 사임하겠다는 뜻을 밝히고 자리를 파하였다.

이 날 저자는 각 회사 대표로부터 다양한 의견들이 있을 것이라 기대했으나 실제로는 그렇지 않아 저자는 크게 실망할 수밖에 없었다.

35. 매수가격 결정에 대한 의견서 제출
(1942년 5월 19일)

• • •

5월 16일 총독부 당국으로부터 각 제작 업자에 대한 인수가격이 정식으로 발표되었다. 물론 이에 바로 만족하는 회사는 없었다. 이는 무라카미 마사쓰구(村上正二) 사무관이 조선총독부 영화관계자(도서과 시미즈 쇼조(清水正蔵) 통역관, 도서과 직원 이케다 구니오(池田國雄), 히루타 요시오(晝田義雄))들과 함께 회견을 가진 후 결정한 금액으로, 저자가 각 회사들로부터 들은 바로는 당초 제작업자가 예상한 금액의 절반 정도에 불과하였다. 이틀 전인 14일에 반도호텔에서 가진 다나카 사부로(田中三郎)의 정식회견은 앞에서도 말했듯이, 그는 인수가격에 대해서는 일체 당국에게 맡긴다는 소극적인 태도를 취하였다. 당국도 다이에이(大映)의 요코타 다쓰유키(横田達之) 기계과장의 감정을 기준으로 하여 매긴 액수라 일단은 타당하다는 입장을 취하고 있었다. 그러나 제작업자들로서는 기계들이 싸구려 취급당하는 것이 몹시 불쾌했다. 업자들은 자신들의 거센 반발을 전하고자 급하게 18일 정오에 조선호텔에 전원이 모여 인수가격 인상을 위한 의견을 조율하기로 하였다. 결국 전면적으로 이번 인수가격에는 납득할 수 없다는 데 의견이 일치하여 구체적인 대안으로 당국에 의견서를 제출하기로 결정하였다. 창립사무소에서 정리된 의견서를 우선 제작한 후 각 제작업자들마다 서로 의견과 희망사항이 다르므로 각 회사별 의견서도 작성하였다. 다음날 19일에 다시 모여 제작자협회에서

작성한 의견서에 각 회사별 의견서를 첨부하여 모리 히로시(森浩) 도
서과장에게 제출하였다. 그 의견서의 내용은 대략 다음과 같다.

의견서

신설 영화제작회사 설립의 기초가 되는 재선(在鮮) 영화제작업의
접수가격은 5월 16일 모리 히로시(森浩) 도서과장 대리 무라카미 마
사쓰구(村上正二) 사무관에게서 개별적으로 당국안의 발표를 받았습
니다.
이에 업자 일동이 모여 이 수치를 합계한 결과, 일금 101,100원(창
립 임시 지출금 7150원을 포함)으로 판명되었습니다.

결 론

조선에서 영화합동은 일본의 영화 신체제 발표로부터 10개월 이전
즉 1940년 12월에 이미 당국에 의지를 표명한 이래 오직 실현을 위해
매진하여 최근 다나카 사부로(田中三郎) 씨를 사장으로 추대하였다.
이에 당국과 다나카 사부로(田中三郎) 씨를 지지하며 각 사의 자산,
기계, 기구의 사정을 완료하고 신회사가 접수하는 방법, 범위, 가격의
발표를 보았으나, 이 매수 금액 및 매수 물건의 범위가 한정되어 있는
점은 매우 큰 불만이다. 10사 통합 통제 조직의 정신은 매몰되고 영리
회사를 만들려는 강력한 자본력으로 다년 간 문화나 경제력이 부족한
조선 대중을 위해 영화제작에 각종의 악조건을 이겨내며 오늘에 이른
업자의 존재를 무시한 것으로 과거의 노력에 대한 이해가 너무나 부

족한 일방적인 숫자라고 단정하지 않을 수 없는 기계류의 가격사정에
서 업자들 사이에 여러 의견이 있었다. 그럼에도 불국하고, 당국의 사
정을 신뢰하기로 했지만 앞의 매수가격에 대하여서는 그 중에 포함되
지 못한 각 사의 업적 및 손실보전액에 대해 상당액의 증가를 희망합
니다.

또한 각 사 별로 희망하는 의견은 별지와 같습니다.

당국의 이해있는 선처를 기대함과 동시에 새로이 각종의 호조건을
획득하여 앞으로의 발전을 약속하고 본 영화 사업을 주재하시는 다나
카 사부로(田中三郎) 씨에 대해 대승적 견지에서 현 제작업자에 대한
원만한 해결을 도와주시기를 희망합니다.

1942(1943)년 5월 19일

전 제작업자 서명 날인

조선총독부 경무국 도서과장 모리 히로시(森浩) 귀하

결국, 조정가격은 당국을 신뢰하는바 그대로 인정하긴 하겠지만, 각
회사들이 경제적으로 치명적인 타격을 받을 것이므로 그 실적들을 참
작하여 증액해주길 희망한다는 내용이다. 그러나 각 회사별로 희망사
항이 조금씩 달랐다. 그 주요한 사항들을 잠깐 짚고 넘어가기로 하자.

조선영화주식회사(朝鮮映畫株式會社)

현재 책정된 인수가격에는 영화제작기계류만을 포함하고 있는데,
그 대상에 우리의 의정부 촬영소가 포함되지 않은 것은 우리로서는

그 타격이 막대하다. 뿐만 아니라, 기계류의 책정가도 우리가 기대했던 것과는 많이 다르다. 요코타 다쓰유키(橫田達之)를 신뢰하지 않는 것은 아니나, 개별적으로 활동하는 전문가에게 다시 한 번 감정을 부탁하는 것이 어떠한지. 현재 일하고 있는 직원들의 인계는 어떤 방법으로 할 것인지. 전원을 채용한다면 불만은 없지만, 만약 그렇지 아니한다면 선후책을 강구해주기 바란다.

고려영화협회(高麗映畫協會)

당사는 1935년 창업한 이래로 영화제작비에 35만원, 간접비에 50만 원 등 총 85만원을 투자하였는데 그 회수액은 고작 50만원에 지나지 않는다. 영화제작비로 투자한 35만원은 고려되지 않았다. 또, 1940년 12월 통제준비 개시 이후의 인건비 3만 6천원, 촬영소 유지비 9천원도 누락되어 있다. 이번 사정에는 기계류만 상정해서 계산하고 나머지 촬영설비가 포함되지 않았는데 이도 납득하기 어렵다. 과거의 실적을 참작하여 가격을 10만원 증액해주길 바란다.

조선문화영화협회(朝鮮文化映畫協會)

본 협회의 기계류는 1940년 1월에 동경에서 20만원으로 매수하였다. 촬영설비, 녹음, 현상 등에 사용되는 건물과 전력 배선공사비 만으로도 2만 5천원을 필요로 하며, 영화제작 실적은 조선뉴스(朝鮮ニュース) 및 다수의 문화영화 등이 있다. 조선에서 25년간 선전영화제작에 힘써온 것을 살피어 부디 인수가격을 재검토 해주기 바란다.

이번 신설회사의 설립과 함께 이제까지 천직이라고 생각하며 종사해온 영화일과도 작별하게 되니 이 점도 고려대상에 넣어주기 바란다.

경성영화제작소(京城映畵製作所)

본사의 설비는 1940년 봄 전 경영자로부터 5만 7천원에 매수한 것이나 설비를 늘리기 위하여 1만원을 추가 투자하였다. 이는 본사의 후원자가 출자한 것으로 이 설비는 담보로 공정증서까지 작성한 것이다. 이 밖에 경영자 본인이 5만 5천원을 유지비 및 기타로 투자하였다. 시국에 즉각적으로 순응한다는 차원에서 이번의 통합에는 찬성하며 매겨진 금액도 어느 정도는 이해하고 있으나 예상을 훨씬 못 미치는바 적어도 후원자의 출자액만이라도 변제할 수 있기를 바란다. 경영자 본인의 손실은 조금도 개의치 않겠다.

다른 회사들도 각자의 의견서가 있으나 주목할 만한 사항은 이 정도이므로 생략하도록 하겠다. 어쨌든 제작자협회 전원이 작성한 이 의견서들은 5월 19일 오후 2시에 당국에 제출되었다.

36. 각 회사의 매수가격을 결정하다
(1942년 5월 30일)

• • •

5월 16일 무라카미 마사쓰구(村上正二) 사무관의 인수가격 발표가 있은 후 5월 19일에 제작자협회의 의견서가 제출되었다. 당국에서는 이 의견서를 바탕으로 재검토를 진행하였으나 다이에이(大映) 기계과장 요코타 다쓰유키(横田達之)의 감정을 통해 이미 그 금액이 정식으로 결정된 것이므로 업자 측의 진정을 받아들여 증액하는 것은 관청의 도리 상 있을 없다는 방침을 고수하여 현재의 금액대로 집행하기로 결정하였다. 그러나 신설회사와 구 업자들 사이를 조정하는 입장에서 권위를 앞세워 원칙만을 내세우며 고집을 부릴 필요도 없었다.

그 뒤 당국은 공평한 태도를 견지하면서도 다나카 사부로(田中三郎)에게 증액을 고려하는 방책을 내비추었다. 그간 당국과 다나카 사부로(田中三郎) 사이에 어떤 의견들이 오갔는지는 알 수 없으나 5월 30일에 재차 당국으로부터 각 업자들에게 출두 통지가 내려졌다.

이 날도 도서과 영화검열실에서 각 회사별로 회견이 이루어졌다. 인수가격 외에도 각 회사의 업적, 인적 자원 등도 고려하여 최저 10퍼센트에서 20퍼센트의 증액이 결정되었다. 말하자면 해산수당을 증액이라는 명목으로 만들어 덧붙인 것이었다. 또, 이것 최종적으로 당국이 내린 결정이라고 못 박았다.

그러나 업자 측에서는 이 매수가격은 기계류의 감정만 고려된 것일뿐 촬영소 등의 건물과 그에 부속된 설비는 고려되지 않았다고 반대하고 나섰다. 그러나 당국에서는 신설회사로서는 그러한 설비가 필요 없기 때문에 어쩔 수 없다고 반박했다. 또, 당국은 이 감정액은 앞에서 말했듯이 절대적인 것이므로 빠른 시일 내에 매수승낙서를 제출해달라고 요구하였다. 그러나 업자들은 "그렇다면, 모리 히로시(森浩) 도서과장과 만난 진의를 들은 후에 제출하겠다."고 하였다. 그러자 모리 히로시(森浩) 도서과장 이하 모든 관계자들은 다음날 31일에(일요일임에도 불구하고) 총독부에 출근하여 회견을 가지기로 하였다.

37. 매수 문제에 종지부를 찍다
(1942년 5월 31일)

• • •

5월 31일 지금까지 문제시 되어왔던 매수 문제에 대한 마지막 회합이 총독부 도서과 과장실에서 진행되었다. 당일은 일요일이었으나 오후 2시에 모리 히로시(森浩) 도서과장 이하 영화관계자들이 전원 출석하였다.

과장실에서의 개별 회견은 총독부 도서과 과장실에서 오후 2시부터 오후 6시를 넘어서까지 진행되었다. 업자들은 별실에서 순서대로 기다렸다가 차례차례 과장실로 들어갔는데 간간이 흥분한 업자들의 목소리가 옆방으로 들리기도 하였다. 결국 10개 사 전부 매수 문제에 납득하지는 못하였고 조선영화주식회사와 고려영화협회만 개별행동을 취하였다. 그러나 고려영화협회는 매수가격에는 불만이라 승낙할 수 없지만, 영화계 통합의 정신과 신설회사 창립을 위한 협력 차원에서 기계류는 제공하기로 한다는 의외의 태도를 취하였다. 각 회사별 의견은 다음과 같다.

조선영화주식회사

조선영화주식회사는 대표이사 장선영(張善永) 씨가 출두하였다. 당사는 자신들의 소유인 의정부 촬영소를 매수해주길 강경하게 요청하였으나 결국 받아들여지지 않았다. 따라서 기계류에 대한 매각을 전면적으로 거부하였다. 기계류의 가격 감정에도 불만이 있었지만 의정부 촬영소와 그 부대시설을 배제하고 매수를 한다는 것은 치명적이었을 것이다.

고려영화협회

고려영화협회는 히로카와 소요(廣川創用) 씨와 출자자 오덕섭(吳德燮) 씨가 출석하였다. 앞에서 말했듯이 무조건적으로 기계류를 신설회사에 제공한다는 것이다. 이는 당국도 미처 예상치 못한 의견이었다. 모리 히로시(森浩) 과장은 신설회사는 영리회사이므로 군이 그럴 필요가 없으며 부족하나마 매수금을 받고 원만하게 인수 과정에 협력해 달라 부탁하였으나 끝까지 그 뜻을 굽히지 않았다. 그리고는 무상제공이라는 의미의 글과 함께 승낙서에 날인하였다. 그 뒤로 승낙서에 따라 무사히 기계류가 신설회사로 옮겨졌다.

조선문화영화협회

대표자 쓰무라 이사무(津村勇) 씨가 출석했다. 그는 이미 매수가격에 불만을 나타냈으나 정세가 정세이니만큼 그 뜻을 굽혀서 승낙서에 날인하였다. 단, 기존 종업원들에 대한 문제에 대해 선처해줄 것을 당부하였다.

경성영화제작소

대표자 야나무라 기치조(梁村奇智成) 씨도 감정가격에 상당히 강
경하게 대응하여 대면이 장기간 이어졌으나 결국 승낙하였다.

이 밖에 남은 회사(명보영화(明寶映畵), 선만기록(鮮滿記錄))들도
승낙을 하여 드디어 매수에 대한 문제가 일단락 지어졌다. 평양의 동
양토키촬영소(東洋トーキー撮影所)는 나중에 해결하였다. 또 설비를
갖지 않은 3사에 대한 당국의 방침도 결정하여 이 날을 끝으로 대 난
관인 매수문제를 전부 해결하게 되었다.

38. 다이에이(大映)의 감독 다구치 사토시(田口哲)의 입성 (1942년 6월 8일)

• • •

다이에이(大映)의 제2촬영소 감독인 다구치 사토시(田口哲)[34]는 6월 23일에 경성으로 들어왔다. 다구치 사토시(田口哲)가 다나카 사부로(田中三郎)의 신설회사 창립에 대해 발언한 이유는 다구치 사토시(田口哲)의 아버지와 다나카 사부로(田中三郎)가 우연히도 면식이 있었기 때문이었다. 다구치 사토시(田口哲)는 닛카쓰(日活)[35]에서 『장군과 참모와 병사(將軍と參謀と兵)』[36](1942)를 계기로 일약 명감독이 된 신진 영화인인데, 그는 경성중학교 출신으로 경성에서 쭉 자라왔다. 그렇기 때문에 다나카 사부로(田中三郎)는 다구치 사토시(田口哲)에게 조선으로 들어올 것을 재촉하여 영화경영의 지혜를 빌리기로 한 것이다. 그러나 그는 이미 다이에이(大映)에 소속이 되어 있기 때문에 적극적인 발언을 할 처지가 아니었으며, 그저 한 사람의 영화인

---

34) 다구치 사토시(田口 哲, 1903-1984)는 일본 영화감독, 각본가이다. 1932년부터 1961년까지 51편의 영화감독, 각본과 원작을 담당하였다.

35) 닛카쓰(日活, 일본활동사진주식회사(日本活動寫眞株式會社)'의 약칭)는 국가 당국의 요청으로 1912년 9월 10일에 요코타 상회(橫田商會, 1903년 6월-1912년 9월 합병), 요시자와 상회(吉沢商會, 설립년도 불명-1912년 9월 합병), 후코호도(福寶堂, 1910년 7월-1912년 9월 합병), 엠· 바테-상회(M·パテー商会, 1906년 7월-1912년 9월 합병)의 4개의 일본 활동사진회사가 합병하여 창립한 회사이다.

36) 『장군과 참모와 병사(將軍と參謀と兵)』(1942, 닛카쓰 다마가와 촬영소(日活 多摩川撮影所), 109분)는 일본의 국책영화로 중국 산서성(山西省)에서의 포위섬멸전(包圍殲滅戰)을 그린 영화이다.

으로서 자신의 생각을 이야기한 것에 불과했다.

저자는 다구치 사토시(田口哲)가 경성에 있는 동안 수차례 신설회사 창립 안에 대하여 회담을 가졌다. 다나카 사부로(田中三郞)는 다구치 사토시(田口哲)로부터 지혜를 빌릴 뿐 아니라, 다이에이(大映)를 그만두고 조선으로 건너와서 일해 달라고 몇 번이고 부탁했다고 한다. 그러나 그러기에는 다소 무리가 있다. 하지만 일을 좋아하는 그는, 1년에 한 편 정도는 다이에이(大映)의 허락 하에 조선으로 건너와 꼭 작품을 만들고 싶다는 뜻을 비쳤다.

다구치 사토시(田口哲)와 저자 사이의 수차례의 회견의 내용은 자세히 밝힐 수 없으나 조선영화인을 위하여 도움이 되고 싶다는 호의적인 태도를 보여주었다. 나카다 하루야스(中田晴康)[37]가 반도호텔에서 창립에 관한 일을 하고 있을 때, 다구치 사토시(田口哲)도 함께였다. 그 때 그가 보여줬던 헌신적 노력은 조선영화 혁신에 일조했음에 틀림없다. 그러나 몇 번이고 말하지만, 그는 다이에이(大映) 사원으로 조선에 온 것이 아니라, 한 사람의 영화인으로서 온 것이기 때문에 그에 대한 자세한 이야기는 피하도록 하겠다.

---

37) 나카다 하루야스(中田晴康, 생몰년도 미상)는 일본 각본가이다. 1949년부터 1951년까지 6편의 각본과 원작을 담당하였다.

39. 영화인야구단의 탄생
(1942년 6월 15일)

● ● ●

하세가와 쵸(長谷川町, 현재 소공동)의 제작자협회 창립사무소에는 매일 많은 영화인이 찾아온다. 협회의 창립상임위원과 총독부와의 교섭경과보고, 혹은 다나카 사부로(田中三郎)와의 의견 교환 등은 조선 영화인들로서는 굉장한 관심이었기 때문이다. 대체 언제 신설회사에서 일할 수 있게 되는 것인지, 아니 그보다도 과연 신설회사 산하에서 일할 수 있을지 그 자체를 걱정하는 자들이 많은 모양이다. 다혈질 영화인들은 크게 분개하고 돌아가기도 했으며 그와 반대로 태연하게 기다리자는 신중파들도 있다. 그러나 생각해보면, 신설회사 창립은 꽤 오래전부터 논의되어 왔었고 그에 따라 현재 각 회사들은 제작을 중단한 터라 영화인들의 밥줄은 끊긴 상태인 것이다.

이러한 와중에 언제부터인가 영화인야구단을 조직하자는 이야기가 나오기 시작했다. 저자는 젊은이들의 활력을 펼치고 건강한 정신을 표출할 수 있다는 이유로 이 의견을 지지하였다. 이리하여 곧 영화인야구단이 탄생하게 되었다. 장비 구입에 상당한 경비가 지출되어야만 했지만 저자와 히로카와 소요(広川創用)가 없는 돈이지만 적게나마 100원씩 모았고 부족한 부분은 후원자 두세 명에게 부탁하여 결국 도구를 전부 갖출 수 있게 되었다.

단장에는 저자, 주장에 히로카와 소요(広川創用), 감독에 이병일(李

炳逸), 매니저에 김정혁(金正革)[38], 응원단장에 김한(金漢)[39]이 각각 선출되었고, 촬영, 연출, 연기 부분에서 20명 정도의 단원이 모였다. 응원단은 문예봉(文藝峰)[40], 김소영(金素英)[41] 등 예쁜 연기자들을 내세운 대단한 멤버들이었다.

저자는 야구를 통해 영화인들의 친목을 다지고 각기 흩어진 마음을 조금이라도 추스릴 수 있고 여전히 부족한 팀워크를 다질 수 있다는 의미에서 그리 쓸데없는 짓이라고는 생각하지 않았다. 또, 건강을 위

---

38) 김정혁(金正革, 1915-몰년도 미상)은 한국의 시나리오 작가이며 소설가이다. 창씨개명은 나쓰메 다다시(夏目正)이다. 본명은 김정혁(金貞赫)이다. 1933년 일본 소피아 대학(上智大學) 신문연구실 연구원으로 활동했으며 1935년 「동아일보」신춘문예에 단편소설 『이민열차』를 가작으로 입선시키며 등단했다. 1939년 조선총독부의 후원으로 결성된 조선영화인협회의 임원을 지냈다. 광복 후에는 조선영화건설본부 서기장을 맡은데 이어 좌익 계열의 단체인 조선영화동맹 결성에 참가했으나, 함께 이 단체에 참여했던 김한, 독은기, 문예봉 등 월북 배우들과는 달리 북조선으로 가지 않고 남한에 남았다. 이 무렵 발간한 『조선영화사』(1946)는 한국 초창기 영화의 역사와 관련된 중요한 자료 중 하나이다. 이후 『밤의 태양』(1948)과 『안창남 비행사』(1949), 두 편의 영화 시나리오를 썼다. 이 가운데 『밤의 태양』은 경찰 홍보 성격이 강한 국책영화이다. 미국 공보원 영화고문 직함을 갖고 있던 중, 한국 전쟁 개전 초기에 실종되어 북조선으로 납치된 것으로 알려졌다.

39) 김한(金漢, 1909-몰년도 미상)은 한국 영화배우 겸 미술인이다. 창씨개명은 호시무라 요(星村洋)이다. 김한은 배우로 활동할 때 사용한 예명이며 본명인 김인규(金寅圭)로도 알려져 있다. 중학교 재학 중 학생 운동에 참가했다가 퇴학당한 뒤 이경손을 통해 영화계에 입문하였다. 이경손은 『숙영낭자전』(1928)을 제작하면서 김한을 미술부에 채용했다. 1928년에 일본으로 유학을 떠나 동경미술학교 도안과에서 수학했다. 동경유학시절에도 영화에 뜻을 두고 있다가 1931년 무렵 방학을 이용하여 귀국했을 때 『방아타령』(1931)의 미술감독을 맡고 출연까지 겸하면서 배우가 되었다. 동경에서는 무대미술 분야에 전념하다가 1933년 귀국하여 홍해성이 주도한 극예술연구회에 참여했다. 1937년 서광제, 이규환, 문예봉 등과 성봉영화원을 세우고 『군용열차』(1938)에 출연했고, 1939년 신경균이 연출한 영화 『처녀도』(1939)에서는 목장에 휴양차 내려왔다가 목장 주인의 딸과 사랑에 빠지는 남자 주인공 역을 맡았다. 그 외 『승리의 뜰』(1940)과 『병정님』(1944)에 출연했다.

해서도 좋은 방안이었음에 틀림없었다.

첫 시합은 경춘연선(京春沿線) 퇴계원(退溪院) 운동장에서 금룡구
락부(金龍俱樂部)와 가졌다. 이 날에는 많은 영화인들이 그 모습을 드
러냈는데, 뜨거운 초여름의 태양아래서 각자 그 실력들을 발휘하였다.
저자는 이 모습을 바라보며 굉장히 흐뭇하였다. 어떠한 사심도 없었
던 즐거웠던 하루였다. 그 뒤 경성일보(京城日報)와도 시합을 가졌고,

---

40) 문예봉(文藝峰, 1917-1999)은 한국 영화 초창기인 1930년대 인기 여배우로 활동
하다 월북해 북한 영화계를 움직인 대표적인 인물 가운데 한 사람이며 북한 최초
의 공훈배우였다. 창씨개명은 하야시 조겐(林丁元)이다. 연극인인 아버지를 따라
배우양성소에 입학하고 15세의 어린 나이에 연기자 생활을 시작했다. 1931년에 조
직된 극단 '연극시장'에 참여하는 등 처음에는 연극배우로서 활동했으나 목소리에
자신이 없어 영화에 관심을 두었다고 한다. 1932년 이규환 감독의『임자 없는 나룻
배』(1932)에서 주인공인 뱃사공(나운규 분)의 딸 버역으로 영화계에 데뷔하면서
인기 배우로 발돋움했다. 최초의 발성영화인 이규환의『춘향전』(1935)과 홍개명
의『아리랑고개』(1936),『장화홍련전』(1937), 나운규의『나그네』(1937), 안종화의
『인생항로』(1937), 김유영의『애련송(愛戀頌)』(1939) 등 다수의 작품에 출연해 대
중적인 사랑을 받았다. 1940년대 이후부터는『지원병』(1941),『신개지』(1942),『망
루의 결사대』,『조선해협』(1943),『사랑의 맹서』(1945) 등에 출연했다.
41) 김소영(金素英, 1914-몰년도 미상)은 한국 영화배우이다. 본명은 김혜득(金惠得)
이며 창씨개명은 가네 게이토쿠(金惠得)이다. 1925년에 배화여자고등보통학교를
다니다가 1929년 경 중퇴했다. 이 무렵 가세가 기울면서 배우가 되어 생활 전선에
뛰어들었다. 1927년『뿔빠진 황소』(1927)로 영화계에 데뷔했다는 기록이 있으나
본인의 회고록에는『방아타령』(1931)이 데뷔작이라고 기록되어 있다. 이후 무성
영화 시대를 대표하는 여배우 중 한 명으로 활동하면서 토월회와 낭만좌, 동양극
장 등 당대 연극계를 이끌었던 극단에서 연극배우 활동도 병행했다. 1930년대 후
반 안석영 연출의『심청』(1937), 최인규 연출의『국경』(1939), 이병일 연출의『반
도의 봄』(1941) 등 흥행 영화에 연속 주연으로 출연하여 많은 인기를 끌었다. 박
기채의 회고에 따르면, 주연급으로 확실히 자리 잡는 계기가 된『심청』에서 보여
준 김소영의 연기는 여성적 매력이 넘치며 다른 여배우들이 따르기 힘든 신기한
연기였다. 1939년 일본에서 발간된 잡지「모던일본 조선판」에 비스듬히 누운 자
세로 표지 모델 사진을 찍었다.『감격의 일기(感激の日記)』(1945)를 비롯해 여러
편의 국책영화에 출연하였다.

용산 육군병원과도 시합을 치렀으며 위문품도 증여하였다. 이 영화인 야구단은 이 뒤로 신설회사로 이어진다.

40. 나카다 하루야스(中田晴康), 포부를 밝히다
(1942년 6월 24일)

• • •

다나카 사부로(田中三郎)를 중심으로 새로운 영화제작회사의 수뇌
부로 누구를 앉힐 것이냐에 대한 문제에 모두의 관심이 모아졌다. 그
리하여 동경 영화계의 일부 유력자들 가운데서 나카다 하루야스(中田
晴康)가 오게 된 것이다. 나카다 하루야스(中田晴康)는 전문가적 입
장에서 조선의 영화경영이 그 채산성에서 굉장한 어려움을 겪고 있으
며, 이를 극복하기 위해서는 상당한 희생을 감수해야만 한다고 당국
과 다나카 사부로(田中三郎)에게 역설하였다. 이는 다나카 사부로(田
中三郎)에게 직접 들은 이야기이다. 나카다 하루야스(中田晴康)는 닛
카쓰(日活) 다마가와 촬영소(多摩川撮影所)가 경영에 한참 고전을 면
치 못했던 시절에 제작부장으로 있었던 터라 온실 속에서만 자란 영
화인들과는 달리 새로운 영화제작회사 수뇌부의 자리를 맡기에 가장
적격한 인물이었던 것이다.

그는 6월 24일 조선으로 건너온 포부를 다음과 같이 밝혔다.

본인은 중국과 만주의 영화제작에도 관여를 해왔는데, 대륙의 영화
제작이 일본에서 영화를 제작하는 것보다 그 여건이 많이 열악하다는
것을 몸소 체험하여 알고 있다. 대륙에서는 오락적 요소 이외에도 계
몽적인 요소를 가미해야만 한다. 일본 일부에서는 조선영화무용론(朝
鮮映畵無用論)을 제창하는 자들도 있으나 그들의 생각은 현지 사정을

모르고 하는 말이며 피상적인 탁상공론에 불과하다. 각 지역의 민속
성과 사고방식을 배제한 예술이 그 지도성(指導性)을 가지고 있을 리
만무하다. 어디까지나 그 지역에 뿌리를 둔 영화여야만 한다. 이런 의
미에서 종전의 조선영화는 큰 전환을 맞을 필요가 있을 뿐이지 전혀
무용하지는 않은 것이다.

일본에서도 통제문제로 대륙에서 일하고자 하는 자들이 있으므로
앞으로 기술진들의 교류를 활발하게 하고 싶다. 만영(滿映)[42]만하더
라도 본격적인 궤도에 오르기까지 무려 5년이란 세월이 필요하였다.
영화제작은 결코 쉬운 일이 아니므로 서두르지 말고 차근차근 전력을
다할 생각이다.(동맹통신(同盟通信) 6월 24일호)

이후 그는 본거지를 반도호텔에 두고 다나카 사부로(田中三郎), 곤
도 렌이치(近藤廉一), 그리고 저자와 자주 연락을 주고받으며 본격적
인 업무에 돌입하였다.

---

42) 만주영화협회(1937-1945, 이후 장춘영화제작소)는 만주국의 국책영화회사이다.
자본금 500만 엔으로 설립한 회사이다. 줄여서 만영(滿映)이라고도 한다. 영화제
작뿐만 아니라 배급, 영사(映寫)업무도 하며 각지에 영화관 설립, 순회영사 등을
하였다. 만영(滿映)은 '일만친선(日滿親善)', '오족공화(五族共和)', '왕도락토(王
道樂土)'라는 만주국 이상을 만주인에게 교육하는 것을 주목적으로 영화를 만들
었다. 만영 제작영화는 일본문화를 소개하는 문화영화, 계몽영화, 프로파간다영화
가 많아 대륙에서는 인기가 없었다.

IV

신설회사 창립착수
이후

41. 황금정(黃金町)에 현 사옥을 세우다
(1942년 7월 1일)

• • •

창립사무는 다나카 사부로(田中三郎)가 중심이 되었는데, 마땅한 창립사무소가 없어 본정(本町, 현재 충무로) 2정목(丁目) 108번지 다나카(田中) 시계점에서 행해졌다. 우선 타이프라이터[43]를 한 대 구입하여 땀 냄새로 가득한 시계 장인들이 모여서 시계를 수선하고 있는 다나카 시계점 뒤편 2층에 두었다. 그곳에 낡은 책상을 두고 책상다리를 하고 앉아 업무를 보고 있는, 지금은 상임감사 역할을 맡고 있는 곤도 렌이치(近藤廉一) 외에도 나카자와 사다히코(中澤貞彦), 그리고 현재 본사의 경리과에서 일하고 있는 기요하라 간이치(清原寬一) 등도 있다. 여기서는 주식을 모집하고 재무국에 제출할 서류 등을 작성하는데 영화와는 연이 없던 자들인지라 고생이 만만치 않았다.

사옥을 물색하는 것은 여간 힘든 일이 아니었다. 경성시내의 복덕방에 찾아가 몇 번 교섭도 시도해보았지만 이도 마음먹은 대로 되지 않았다. 그러던 중 우연히 저자의 지인을 통해 현재의 황금정(黃金町, 현재 을지로)에 사옥을 마련할 수 있었다. 조금 좁긴 했지만 촬영소를 세운 뒤에 이곳을 합숙소나 분관(分館)으로 써도 좋을 것 같다는 판단에서 7월 1일 계약하였다.

---

43) 타이프라이터(typewriter)는 손가락으로 한 자씩 글자판을 눌러서 종이에 글자를 찍는 기계이다.

그러나 방 3개를 제외하고는 전부 다다미(畳)방이라 이를 서양식으로 개조해야만 하였다. 그 당시 연예(演藝)를 담당하고 있던 도쿠야마 요시타미(德山義民)가 가장 많이 힘써주었다. 현재의 사옥을 정비하기까지는 그의 공적이 가장 컸다고 할 수 있을 것이다. 손에 넣기 힘든 물건들도 용케 어디선가 구해오고는 하였다. 명치정(明治町, 현재 명동)에서 극장과 관련된 일을 하고 있는 와타나베 간이치(渡邊寬一)도 이 사옥을 위해 힘써주었다. 그 당시의 창업 전주곡[44]은 지금 생각해 보면 실로 추억으로 남는 유쾌했던 추억들이다.

또, 9월 20일에 현 촬영소 앞에 증축공사를 시작하였다. 시작하기 전에 지진제(地鎭祭)[45]를 가졌다. 그러나 촬영소라고 해도 번듯한 스테이지가 있는 것이 아니었다. 이 건물은 전 문화영화협회의 건물로, 녹음, 현상, 인화의 설비만을 겨우 갖추었을 뿐이었다. 배우가 쉴 대기실은커녕 사원들을 수용할 공간도 없어서 사장에게 부탁하여 공터에 증축을 결정하게 된 것이다. 물론 이 일도 와타나베 간이치(渡邊寬一)가 도맡아 해주었다. 1평에 250원으로 계산되었으나 자재공급 문제로 와타나베 간이치(渡邊寬一)가 꽤 고생하였다. 그러나 그 당시에는 모두가 장래에 대한 큰 기대를 안고 있었기에 전혀 힘들게 느끼지 않았었다.

---

44) 전주곡(前奏曲)은 어떤 일이 본격화하거나 겉으로 드러나기 전에 그 암시가 되는 일을 비유적으로 이르는 말이다.
45) 지진제(地鎭祭)는 토목 공사를 할 때, 터를 닦기 전에 그 건물의 안전을 비는 뜻으로 지신(地神)에게 지내는 제사이다.

42. 신설회사의 제작 허가신청서를 제출하다
(1942년 8월 11일)

• • •

조선 유일의 영화제작회사, 다시 말해, 도호(東寶), 쇼치쿠(松竹), 다이에이(大映)를 이을 조선의 극영화제작회사를 탄생시키기 위한 조선영화제작회사의 영화제작허가신청서는 8월 11일 고이소 구니아키(小磯國昭)[46] 조선총독에게 정식 제출되었다. 출자를 얻을 수 있었기 때문에 다나카 사부로(田中三郞)를 중심으로 창립관계자들이 제출한 것이었다. 이 신청서는 임시자금조정법(臨時資金調整法) 제4조에 근거하여 재무당국에 제출하는 것과는 별도로 조선영화령(朝鮮映畵令)을 기초로 제출한 것이다. 영화계의 일대 변혁은 이제 이 서류한 장으로 이루어지려 하고 있던 것이다. 그러나 다년간 고군분투를 해온 기존 영화업자들의 발자취는 조선영화제작회사의 설립과 함께 사라질 운명을 앞두고 있었다.

신청서의 내용을 전부 공개하는 것은 사정상 여의치 않으므로, 문제가 되지 않을 선에서 대략적인 내용을 공개하려 한다. 그 이유는 신청서 내용자체가 영화통제의 결실을 말해주는 증거이며 영구히 기록으로 남겨두어야만 할 귀중한 자료이기 때문이다.

---

46) 고이소 구니아키(小磯國昭, 1880-1950)은 일본 육군군인, 정치가이다. 육군대장, 내각총리대신을 역임했다. 조선총독부 제9대 조선총독(1942-1944)을 지냈다.

기업(起業) 계획서

당 회사는 조선영화령(朝鮮映畵令)에 의거하여 영화통제의 국책수
행의 사명을 띠고 조선총독부 당국의 내명(內命)[47]을 받아 지도와 지
원 위에서 이와 같이 주식회사를 조직하였다. 사단법인 조선영화배급
사와 밀접한 연락을 주고받으며 앞으로 극영화, 뉴스영화, 문화영화
등을 제작함은 물론, 배우와 기술자 양성소를 경영하고, 영화관을 경
영한다. 뿐만 아니라, 영화사업과 관련된 투자 및 일체의 사업을 행한
다.

영화제작 방법은 우선 조선영화령(朝鮮映畵令)에 기초하여 완비된
촬영소를 세우고 인재를 초빙하거나 양성하고 기자재와 설비를 충실
히 갖추어 영화의 수준을 향상시키며 문화 발전에도 기여하는 것이지
만, 당사는 종래 서로 각기 독립하여 소규모로 자유경쟁을 해왔다. 때
문에 현재 조선에 남아있는 영화제작업자들을 대신하여 제작부문을
전문적으로 도맡아 일을 할 것인데, 이를 위해서는 군관민이 하나가
되어 협력하여 그 사업의 범위를 넓혀야 한다. 일본, 만주, 중국 그리
고 그 밖의 나라의 업자들과 제휴하여 인재, 기자재의 교류를 도모하
여 제작기술을 향상시키고, 조직을 탄탄히 함은 물론, 설비를 완벽히
갖춤과 동시에 업무의 능률을 높일 것이다. 그리고 1년간 제작 편수
는, 일반작 6편, 특별작 6편, 시국영화 24편, 문화영화 20편을 계획하
고 있다.

영화는 이전에는 민중에게 오락을 제공하는 것을 목적으로 했으나
현대에는 국민에게 건전한 오락을 제공하는 것은 물론이고 국가목적

---

47) 내명(內命)은 내밀(內密)한 명령을 말한다.

의 보급, 국민정신의 진작 및 함양, 문화의 향상 및 육성, 사상의 선도 등 국가적으로 중대한 사명을 가진 공익사업적인 성질을 요구하기에 이르렀다. 특히 조선의 경우에는 국민의 생활과 문화수준의 향상, 징병제도 실시발표 등의 중대한 시기를 감안하여 영화가 갖는 특수한 사명을 한층 더 요구하게 되었다. 그 결과 영화제작기업의 이념과 기구는 당연히 자유주의의 오랜 폐해에서 벗어날 시기가 되었다.

이에 현재까지의 조선영화제작사업을 통합하고 새롭게 정비하여 강력하고 기초가 견실한 일대 제작회사를 실현시키는 것이 현재 가장 시급한 급선무라고 할 수 있다. 조선총독부 당국은 영화의 공익성에 깊은 관심을 가지고, 조선영화령(朝鮮映畵令)에 준거하여 일본의 영화신체제 방법에 순응할 수 있도록 조선 영화업계의 체질개혁을 단행하고자 먼저 배급부문의 정비를 실시하고 완성시켰다. 이에 우리들은 조선총독부의 방침에 따라 조선 독자적인 영화제작주식회사를 창립하여 영화보국에 매진하고자 한다.

43. 허가신청서의 주요사항

• • •

앞에서 기술했듯이 기업(起業) 계획서대로 회사창립안이 구체화되었다. 주요한 허가신청서의 내용 중 공개해도 무방한 사항에 한하여 공개하고자 한다.

자본관계

처음에는 300만원을 예산으로 잡고 있었으나 재무국에서 시국문제로 난색을 표해 결국 당국 안을 수용해 200만원으로 결정하였다. 첫 불입자금으로 80만원을 징수한다. 일단, 주식은 1주 당 50원으로 총 4만 주를 발행하고 첫 불입자금을 한 주당 20원씩 징수하기로 한다. 자금 조달 방법은 공모가 아닌 약 40명의 발기인에 의한 인수 형식을 취하기로 한다.

제작기획

미사용 오리지널 필름의 배급제한 관계상 당사 앞으로 할당된 필름양에 제한이 있으므로 그 범위 안에서 기획을 하고 1년에 극영화 6편, 문화영화 5편, 시사영화 12편을 제작한다.

종업원

첫 번째 109명의 종업원을 채용하기로 하고 본사관계부서에 13명, 연출관계부서와 촬영관계부서에 각각 15명, 연기자 16명, 녹음 및 현상부서에 14명, 이 밖에 장치, 기획, 제작, 조명에 남은 인원을 배치하기로 한다.

스튜디오

촬영소는 후보지를 결정하고 건설되기까지 상당한 시간이 걸리므로 우선 조선문화영화협회의 것을 사용한다.

기계류 및 설비

촬영기는 밸브 형 5대 및 아이모(Eyemo)[48]형 3대, 녹음기는 에리야식 더블용 및 기타 3세트, 인화기는 벨형, 윌리엄슨 형, 기타 3세트를 주로 사용하고 부족한 장비는 추후에 보충한다.

정관에 나타난 특징

제17조에는 본 회사의 이사는 12명, 감사는 3명 이내로 규정하고

---

48) 아이모(Eyemo)는 미국 벨 엔 하우엘이 제조한 35mm필름 영화용 카메라이다. 1925년에 발매하기 시작하여 1955년까지 극장용 또는 텔레비전방영용 뉴스영화의 촬영에 사용된다.

있다. 이 인원들은 주주총회에서 선임한 뒤에 조선총독부의 승인을 받는 형식을 취한다. 또, 본 정관을 변경할 수 없는 점은 타사와 다른 특징이라 할 수 있다.

발기인 성명

당사는 발기인 조직의 형식으로 창립하나 8월 11일 현재의 발기인은 다음 분들로 그 후 불입징수까지 두세 명의 변동은 있었으나 대체로 이대로 갔다.

다나카 사부로(田中三郎), 이와사 시게이치(岩佐重一)[49], 하기와라 사부로(萩原三郎), 박흥식(朴興植), 방태영(方台榮)[50], 도이 세이이치

---

49) 이와사 시게이치(岩佐重一, 생몰년도 미상)은 경성고등상업학교 교장(1928.3-1939.4)을 역임한 인물이다.

50) 방태영(方台榮, 1885-1955)은 한국 언론인이다. 1904년 대한제국 경무청 서기 순검으로 임명되었고 1905년 부터 1905년까지 북서(北署) 통역으로 근무했다. 1907년 5월 17일부터 7월 15일까지 감옥서 간수장으로 근무했고 같은 해 7월 15일 경무서서(警務西署)에서 근무했다. 1908년 서부경찰서 경부를 역임했고 1916년 11월 대정친목회 간사로 임명되었다. 1919년 8월부터 1921년 3월까지 조선총독부 기관지 「매일신보」의 발행인 겸 편집인을 역임했으며 1920년부터 1921년까지 「매일신보」 편집국장 및 외교부장, 지방부장 겸임 이사를 역임했다. 1921년 1월 대정친목회 이사로 임명되었고 1922년 11월 대정친목회 감사로 임명되었다. 1923년 3월 조선서적인쇄주식회사 창립총회에서 취체역으로 선출되었으며 1925년 1월부터 1926년 8월까지 동민회 평의원, 1926년 11월부터 1929년 5월까지 동민회 이사 겸 평의원을 역임했다. 1932년 5월 31일 조선방송협회 중임 이사로 임명되었으며 1936년 6월부터 1939년 6월까지 조선총독부 중추원 참의를 역임했다. 1937년 조선방송협회 이사를 역임했으며 1938년 3월 10일 잡지 「동양지광」의 창립 발기인으로 참여했다. 1938년 5월 5일 매일신보사 주최로 열린 《본보(매일신보) 성장의 회고: 본사(매일신보사) 선배의 좌담회》에 참석했으며 1939년 2월 동양지광사 이사를 역임했다. 1939년 조선축산주식회사 감사와 조선서적인쇄주식회사 전무를 역임했으며 1940년 시국대응전선사상보국연맹의 경성지부 고

(土井誠一), 조준호(趙俊鎬)[51], 이근택(李根澤), 이성희(李聖熙), 오쿠이 도요조(奧井豊藏), 오가자키 고이치(岡崎康一), 오후지 이사무(大藤勇), 이마부치 다케히사(今淵武壽), 와타나베 아라타(渡辺新太), 가와모토 순샤쿠(河本駿錫)[52], 다카기 데이이치(高木定一), 다카마쓰 세켄(高松世賢), 다다 준사부로(多田順三郎), 우치다 곤고로(内田鯤五郎)[53], 구로카와 간사쿠(黒川官作), 구로타니 구니조(黒谷国藏), 마쓰모토 다카아키(松本高明), 도지마 노리카즈(戸島典一), 고바야시 겐로쿠(小林源六), 아라이 순지(新井俊次), 아라이 하쓰타로(荒井初太

문을 역임했다. 1941년 8월 25일에 열린 임전대책협력회 결성식에 참석했으며 조선임전보국단 발기인(1941년 10월)과 조선사회사업협회 평의원(1941년 11월)을 역임했다. 1941년 3월 잡지 「삼천리」에 〈부여 성지 근로봉사기〉, 1941년 7월 잡지 「신시대」에 〈지나사변과 나의 각오〉를 기고했고 1942년 2월 잡지 「조광」에 〈대동아전과 우리의 결의〉를 기고했다. 1943년 7월 이후부터 조선영화제작주식회사 취체역을 역임했고 1943년 12월 7일 지원병익찬회 동대문위원회가 개최한 지원학도위안회에서 부형 대표로 연설했다. 1944년 조선서적인쇄사 대표이사 회장을 역임했으며 같은 해 6월 국민총력조선연맹 평의원으로 임명되었다. 1955년 9월 30일 실종되었다.

51) 조준호(趙俊鎬, 생몰년도 미상)는 1924년 창간되었던 시대일보(時代日報) 발행인(1925년 12월부터)을 역임하였다.

52) 하준석(河駿錫, 1898-몰년도 미상)의 창씨개명은 가와모토 순샤쿠(河本駿錫)이다. 일제시대부터 활동한 한국의 기업인이다. 경상남도 창녕의 부유한 집안에서 태어나 일본에 유학하여 와세다 대학을 졸업했다. 창녕 지역의 유지에서 시작하여 기업인으로 경력을 쌓던 중 1935년 선만(鮮滿) 개척 설립위원에 임명되었고, 조선사회사업협회 이사와 국방교육회 부이사장을 지냈으며, 만주 선양의 동광학원 이사 등을 맡아 활동을 했다. 1935년 총독부가 편찬한《조선공로자명감》에 조선인 공로자 353명 중 한 명으로 수록되어 있다. 당시 직책은 영남자동차주식회사 사장으로 되어 있다. 1938년에는 북지위문단 소속으로 중국 전선의 일본군을 위문하였고, 1939년에 조선총독부 중추원의 참의에까지 임명되었다. 1934년부터 최린의 천도교 신파가 조직한 시중회 이사로 활동했다. 1938년 국민정신총동원조선연맹에 가담하고 국민총력조선연맹(1940), 조선임전보국단(1941)에도 참가하였으며, 이 기간 중 징병제와 지원병제 등을 홍보하는 강연, 좌담회에 참석했다.

53) 우치다 곤고로(内田鯤五郎, 생몰년도 미상)은 일본 철광석전문가이다.

郎), 김성호(金聖浩), 안정원(安錠遠), 가네하라 요시마사(金原義政), 김년수(金秊洙), 산와 야스이치(三和泰一), 민규식(閔奎植)⁵⁴⁾, 박기효(朴基孝)⁵⁵⁾, 히로카와 소요(廣川創用), 곤도 렌이치(近藤廉一), 방의석(方義錫)⁵⁶⁾, 도지마 사쿠사로(戶島作太郎), 오미네 헤이초(大峰丙

---

54) 민규식(閔奎植, 1888-몰년도 미상)은 한국 기업인이다. 민영휘의 차남이다.

55) 박기효(朴基孝, 1897-몰년도 미상)는 한국 기업인이다. 창씨개명은 미쓰이 모토 요시(三井基義)이다. 1912년 북청공립보통학교를 졸업했고 1914년 3월 북청공립농업학교를 졸업했다. 1918년 함경남도 북청군 북청읍에서 미곡 무역상으로 근무했고 공흥(共興)주식회사 이사(1925-1942), 북청전등주식회사 이사 및 감사(1927-1935), 밀양정미소주식회사 이사(1933-1939), 함흥택시주식회사 감사(1935-1937)를 역임했다. 1936년 2월 조선산금조합(朝鮮産金組合) 상무이사로 임명되었으며 1937년 4월 조선산금조합 평의원으로 선출되었다. 1937년부터 1942년까지 대창산업주식회사 이사를 역임했고 1937년부터 1939년까지 합명회사 응덕사(鷹德社, 부동산 유가증권 매매업 전문 회사) 사장을 역임했다. 1937년 7월 경성부 본정(本町, 현재 충무로) 경찰서에 만주군 위로금으로 1,500원을 기부했고 같은 해 9월 경기도군용기헌납기성회에 1,000원을 헌납했다. 1938년부터 1939년까지 국민정신총동원조선연맹 발기인, 평의원, 참사를 역임했으며 1938년 12월 국민조선총동원조선연맹에 생활개선자금으로 10,000원을 기부했다. 1939년 시가 4,000여 원 상당의 금제품 130여 점을 조선총독부에 헌납했고 같은 해에 북선제지화학공업주식회사(北鮮製紙化學株式會社) 대주주를 역임했다. 북선제지화학공업주식회사 대주주 재직 시절 주식 4,500주를 소유했다. 1939년 7월 육군지병원훈련소에 40,000원을 기부했으며 1940년부터 1944년까지 국민총력조선연맹 평의원을 역임했다. 1940년 9월 육군지원병훈련소에 생도교양시설비로 10,000원을 기부했으며 그 공로로 일본 제국 정부로부터 감수포장(紺綬褒章)을 받았다. 1940년 11월 조선군사후원연맹에 2,500원을 기부했고 1941년 8월 임전대책협의회 준비위원과 상임위원을 역임했다. 1941년 9월 임전대책협의회 채권 가두판매대 경성역대에 참여했으며 1941년 10월 조선임전보국단 발기인과 준비위원, 상무이사를 역임했다. 1942년부터 1945년까지 매일신보사 대주주와 이사를 역임했으며 매일신보사 대주주 재직 시절 주식 2,000주를 소유했다.

56) 방의석(方義錫, 1895-1961)은 한국 기업인이다. 조선총독부 중추원 참의도 지냈다. 함경남도 북청군 출신이다. 고향에서 사립학교인 극명학교를 졸업하고 포목상을 운영한 것을 시작으로 점차 큰 부를 쌓아 '조선의 자동차왕'으로 불리면서 함경남도 지역을 대표하는 큰 부자가 되었다. 1920년대부터 자전거, 목재 판매업, 무역업, 운수업, 전기업, 금광업 등을 경영하였고, 기업인으로서 뛰어난 수완을 보였다.

朝)⁵⁷⁾, 오타니 운요(大谷雲用), 다카이 다케오(高居武雄)

빈손으로 시작하여 자수성가형 갑부가 된 인물로서, 과묵하면서도 호방한 성품을
갖추었다는 평이 남아 있다. 함경남도 도회의원과 북청읍 읍회의원을 역임하며
지역의 유지로도 활동하였다. 중일 전쟁 발발 후 전쟁 지원에 특히 적극적인 모습
을 보였다. 방의석은 고사기관총을 헌납하고 부인은 애국부인회에 거금을 기부하
여 특별유공상을 받았으며, 70대인 어머니까지 애국부인회에 가입해 기부금을 내
는 등 온 가족이 국가에 공헌했다는 평가를 받았다. 시중회를 비롯하여 국민총력
조선연맹, 흥아보국단, 조선임전보국단과 같은 단체에도 빠짐없이 가담했다. 공공
사업에 사재를 많이 회사하여 여러 차례 상훈을 받은 바 있으며, 1935년에 총독부
가 편찬한《조선공로자명감》에는 조선인 공로자 353명 중 한 명으로 수록되어 있
다. 함흥보호관찰소 촉탁으로 정치범을 감시하는 보호관찰사로 근무했으며, 전쟁
기간 중 중추원 참의로 발탁되었다. 1945년에 태평양 전쟁이 종전되는 시점까지
중추원 참의로 재직 중이었다. 중추원 참의직을 맡은 것 외에도 군수업체인 조선
비행기공업주식회사의 이사를 지냈다.

57) 서병조(徐丙朝, 1882-1952)는 한국 실업가·관리·정치가이다. 창씨개명은 오미네
헤이초(大峰丙朝)이다. 대구 지역의 대지주이자 유력자로, 경제인으로서 활동하
였다. 1909년 대구잠업전습소(大邱蠶業傳習所) 소장을 시작으로, 대구전기회사
감사·조선식산은행 상담역·계림농림주식회사(鷄林農林株式會社) 이사·대동무역
(大東貿易) 감사·대구은행 이사·조선화재해상보험 이사 등을 차례로 역임하였다.
1924년 조양무진주식회사(朝陽無盡株式會社)를 설립하였고, 1930년대 대구상공
회의소 특별의원을 역임하였다. 경제계에서의 진출 외에도 지역의 관공직을 두루
역임하였는데, 1914년 대구부협의회원을 시작으로 1920년대 경상북도 도평의회
원에 네 차례나 임명되었다. 1930년대 경상북도 도회의원을 세 차례 역임하였고,
1937년부터 2년간 대구보호관찰소 촉탁 보호사를 지냈다. 또 1939년부터는 대구
보호관찰심사회 위원을 세 차례 연임하였다. 그 외 경상북도 산업자문회 위원 및
조선농회 통상의원·경상북도 농촌진흥회 위원·대구세무감독국 소득세조사위원
등을 두루 역임하였다. 1924년부터 조선총독부 중추원참의로 세 차례 임명되어
1945년 광복 전까지 주임관대우로 활동하였다. 정치계에서의 활동도 활발히 하였
는데 1919년 대구자제단(大邱自制團)을 조직하여 대구 지역에서의 3·1운동을 탄
압하였다. 1920년 이후 참정권 청원운동을 전개하던 국민협회에서 경북지부의 총
무·대구지부장·본부 상담역을 차례로 역임하였다. 1926년에는 동민회 평의원이
되어 약 3년간 활동하였고, 1941년 흥아보국단(興亞報國團)과 조선임전보국단의
설립 및 운영에도 참여하였다. 또한 관변단체인 시국대응전선사상보국연맹(時局
對應全鮮思想報國聯盟)의 대구지부장과 국민정신총동원조선연맹(國民精神總動
員朝鮮聯盟)에서 평의원을 지내는 등 일제의 대외침략전쟁을 지원하는 활동을 하
였다. 1943년에 개최되었던 징병제시행감사적미영격멸결의선양전선공직자대회

(徵兵制施行感謝撤米英擊滅決意宣揚全鮮公職者大會)에서 부의장과 실행위원을 역임하였다.

44. 첫 불입금 징수를 시작하다
(1942년 8월 28일)

• • •

   신설회사의 첫 불입금, 즉 총 주수(株數) 4만 주(株, 한 주당 20만원)에 대한 80만원의 불입금 징수가 8월 28일부터 시작되었다. 당일부로 발기인 대표 다나카 사부로(田中三郎)의 이름으로 발기인 약 40명에 대해 각각 주식불입청구통지서가 발송되었다.

   취급점은 조선은행 본점, 불입일은 1942년 9월 8일로 되어있으며, 창립사무소에는 경성 뿐 아니라 지방에 사는 발기인들도 있으므로 분담하여 불입금 징수에 차질이 없도록 만전을 기하였다.

45. 신설회사에 제작 허가가 내려지다
(1942년 9월 2일)

• • •

신설회사에 대한 영화제작허가는 9월 2일에 발기인대표 다나카 사부로(田中三郞)에게 정식으로 지령이 내려졌다. 당국이 조선영화령(朝鮮映畵令)에 따라 경기도를 통해 다나카 사부로(田中三郞)에게 통달한 것이었다. 회사 창립을 서두르고 있는 시점에서, 창립 완료한 후에 허가신청을 하면 쓸데없이 시간만 걸리기 때문에 당국의 양해를 얻어 미리 8월 11일에 허가신청서를 제출했다. 이것은 앞에서도 언급하였다. 또, 회사의 발기 수속은 사업의 성질 상(영화령에 의한 허가사업인 관계상), 총독부의 허가서를 첨부하지 않으면 서류가 완비되지 않으므로 먼저 제작허가서를 선결조건으로 하지 않으면 안 된다.

이렇게 고이소 구니아키(小磯國昭) 조선총독의 이름이 찍힌 정식 제작허가서가 발기인 대표 다나카 사부로(田中三郞)에게 내려졌는데, 이것으로 당국의 방침에 의한 일원화된 영화제작업체가 실현된 것이다. 허가의 이유로는 영화계의 추세와 조선영화의 현 상태 타개에 대해 다음과 같은 견해를 가지고 있었기 때문이다.

먼저, 1940년 이래 내외정세가 점차 긴장 고조되어 영화제작업계에서는 미사용 오리지널 필름의 수입이 거의 불가능해지고 국내생산 또한 어려워졌기 때문에 배급통제를 할 수 밖에 없는 상황이 되었다. 이에 1941년 1월에 정보국 내에 영화용 미사용 오리지널 필름통제협의회가 설치되었다. 조선의 영화제작은 그 실적이 미비하였고, 미사용 오리지널 필름을 일본에 전적으로 의지해야만 했기 때문에 제한을 강경하게 해야만 했다. 이 때문에 종래처럼 자유제작이 불가능해진 것은 물론이고 조선영화의 존속조차 불투명해졌다.

두 번째, 전시 하에서 영화의 사명을 제대로 발휘해야한다는 점에서 조선 독자적인 입장과 사명에 의한 영화제작의 필요성이 점차 대두되었다. 또, 1940년 1월 일본의 영화법을 기준으로 조선영화령(朝鮮映畵令)이 제정된 취지도 조선의 계몽과 발전을 목표로 한 것이다. 이에, 당국으로서는 하루라도 빨리 조선의 영화정책을 확립시킬 필요가 있었다.

세 번째, 당국의 이러한 방침에도 불구하고 영화 사업이 영화령 실시 후에도 구습을 벗지 못하고 있었고, 소규모 제작업의 난립에 의해 영화가 난작(亂作)되고 있었다. 이는 조선영화의 질을 떨어뜨릴 우려가 있었고 미사용 오리지널 필름의 부족이라는 현실문제에 부딪혀 근본적으로 영화제작에 일대개혁이 필요했다.

네 번째, 이와 같은 사정으로 통제를 단행하였고 당국으로서도 적극적으로 이 문제를 해결해야할 필요가 있었다. 따라서 사단법인 조선영화배급사 사장 다나카 사부로(田中三郞)에게 신설영화제작회사의 창립에 관한 사무를 위임하게 되었다.

46. 기존업자들의 제작허가를 취소하다
(1942년 9월 10일)

• • •

조선의 영화제작업체 10개 회사는 조선영화령(朝鮮映畫令)에 의거
하여 1940년 5월부터 7월 사이에 영화제작허가신청서를 당국에게 제
출하였다. 이는 법규로 정해진 절차에 따른 것에 불과했다. 한편, 영화
통제에 의해 1개 회사로 통합하는 방침이 이미 결정되었고 구체화되
고 있었기 때문에 당국으로서도 이 10개 회사의 제작허가신청서를 바
로바로 처리할 필요도 없었다. 물론 각 회사들도 영화통제와 상관없
이 자기회사만 제작허가가 떨어질 것이라고 생각하지도 않았다. 그러
나 은근히 기대를 가지고 있었던지 자사 중심의 제작계획안을 세워
당국을 설득하려고 노력하였는데, 이에 대하여서는 따로 설명하기로
하겠다.

그러나 조선총독부가 조선영화제작주식회사라는 이름의 신설회사
설립을 승인·인가한 이상, 기존 업자들의 영화제작허가를 승낙할 수
는 없었다. 그리하여 당국은 조선총독부의 이름으로 9월 10일부로 제
작업체 10개 회사에게 정식으로 영화제작허가가 힘들다는 공문서를
경기도를 통해 각 사에 송달하였다. 이로써 기존 제작업체들은 역사
속으로 사라지게 된 것이다.

47. 발기인총회에서 임원을 선임하다
(1942년 9월 19일)

• • •

첫 불입금의 징수를 전후로 하여 9월 19일에 경성은행 집회소에서 임원 선거를 할 예정이어서 그 전에 발기인총회를 개최하였다. 총독부에서도 도서과 관계자들이 참석한 가운데 발기인 대표 다나카 사부로(田中三郞)가 회사 창립에 대한 경과보고가 있었고 만장일치로 다음과 같이 임원을 선임하기로 결정하였다.

임원에 다나카 사부로(田中三郞) 사장, 나카다 하루야스(中田晴康), 박흥식(朴興植), 방태영(方台榮), 고바야시 겐로쿠(小林源六), 아라이 순지(新井俊次), 다카기 데이이치(高木定一), 가와모토 순샤쿠(河本駿錫), 다카이 다케오(高居武雄), 노자키 신조(野崎眞三) 등 12명(아라이 순지(新井俊次)는 후에 사임)이 선임되었으며, 감사에는 곤도 렌이치(近藤廉一)와 오타니 운요(大谷雲用)가 선임되었다. 결국 정관에 의해 선발한 이사 12명 중 1명이 그만두었다. 또, 감사가 3명이 정원이지만, 이도 2명이 선임되고 아직 1명은 공석으로 남아있다.

사장에는 당연히 다나카 사부로(田中三郞)가 취임하며, 상무에 나카다 하루야스(中田晴康), 상임감사에 곤도 렌이치(近藤廉一)가 취임한다.

이렇게 하여 다나카 사부로(田中三郞)는 당일 바로 임원 선임 승낙서를 조선총독부에 제출하였다. 선임된 임원중에 조선인은 박흥식(朴興植)을 비롯하여 모두 조선의 실업가 및 일류 명문가를 망라하고 있

는데, 일본인 측 임원은 모두 신진 실업가라는 점은 특징이라 할 수 있
다. 희망적인 영화사업의 비약을 도모하기위한 멤버 구성인 것이다.
단 이 회사의 다나카 사부로(田中三郎) 사장의 의지가 반영되었는지
모르겠으나 상임감사 1명의 인선에 대하여서는 여러 말이 말았다.

조선총독부는 제출한 임원 선임 승낙서에 대해 심의를 한 후, 9월
23일에 승인 통지를 내렸다.

48. 신설회사의 등기수속을 완료하다
(1942년 9월 29일)

• • •

신설회사의 첫 불입자금 징수와 제작허가가 정식으로 내려진 것에 대한 것은 앞에서 기술하였다. 그 뒤로도 자금 조달은 순조롭게 진행되어 9월 15일에 총액 80만원이 무사히 모일 수 있었다. 9월 19일에 있었던 발기인총회에 사장 이하 임원들과 감사도 참석하여 발기서류를 작성한 후 바로 발기수속에 들어갔다. 그리하여 9월 29일에 수속이 완료되어 신설회사는 모든 법적 절차를 무사히 끝내고 당일부로 본격적인 활동을 시작하게 되었다.

49. 기존 회사의 기계 매입과 대금 지불
(1942년 10월 3일)

• • •

지난 5월 31일에 매수 문제가 결정됨에 따라 업자들 사이에서는 불만 섞인 목소리들이 많았지만, 한편으로는 빨리 매수하고 대금을 치러달라고 하는 목소리도 있었다. 그러나 신설회사는 당국으로부터 정식인가를 받을 때까지 기다려달라고 업자들에게 부탁을 하였고, 이에 업자들도 기다리는 수밖에 없었다. 이윽고 10월 8일에, 다이에이(大映)의 요코타 다쓰유키(橫田達之) 기계과장이 나카다 하루야스(中田晴康) 상무와 함께 조선으로 건너와 12일까지 정식으로 매수 접수를 개시하였다. 그러나 그보다 먼저 경성영화제작소의 야나무라 기치조(梁村奇智成)와는 거래에 대한 이야기가 오고가, 건조 박스상자는 이미 매수가 끝났다. 이는 조선문화흥업주식회사(朝鮮文化興業株式會社)의 설비확장과 함께 내부개조를 함에 따라 둘 장소가 없어졌기 때문이었다. 촬영기 2대도 9월 8일에 거래가 끝났다.

요코타 다쓰유키(橫田達之)도 계속 접수를 받아, 매수한 설비들을 본사에 두거나 장래 사용하게 될 조선문화영화협회(朝鮮文化映畵協會)로 옮겼다.

또, 업자들로부터 매수대금에 대한 지불 요구가 있었다. 이는 당연한 것이었다. 사정가격 결정 당시에는 회사 창립을 기다리지 않고 어떤 방법으로든 편법이든 상관없으니 지불하라는 당국의 의지도 있었기 때문에 업자들도 이를 기대하고 있었다. 그러나 결국 편법을 쓰지 않고도 10월 13일, 즉 접수 기간이 끝난 후 행해졌다. 먼저 당일에는 경성영화(京城映畵), 한양영화(漢陽映畵), 황국영화(皇國映畵), 선만기록영화(鮮滿記錄映畵) 등에 대한 지불이 행해졌고, 그 뒤로도 다른 회사들에 대한 지불이 행해져 10월 중순에 모두 마무리되었다.

50. 조선영화인협회(朝鮮映畵人協會) 해산하다
(1942년 10월 7일)

• • •

조선영화인협회(朝鮮映畵人協會)는 이전부터 영화통제에 의한 조선영화의 기구개혁과 함께 조선영화인협회의 존재가치 및 일반영화인들과의 관계에 대한 논의를 계속해서 해왔다. 이에 10월 7일 오후 2시에 조선총독부 도서과 영화실에서 임원회의가 열렸다. 결국, 장래 조선영화의 발전적인 견지에서 조선영화인협회의 해체가 결정되었다. 이는 관계당국 입회하에 행해졌는데, 조선의 영화신체제 실현을 위한 결정이었다.

그러나 이 일이 결정되기 전에 먼저, 조선영화인협회에 소속된 영화인 대부분은 신설회사의 입사가 이미 결정되어 있었기 때문에 협회로서도 만족할만한 결론에 쉽게 도달할 수 있었다고 볼 수 있다. 영화계 변동기에 조선영화인협회가 선택한 '영화인들의 행복한 길'은 일부 영화인을 빼고 실현된 셈이었다.

조선영화인협회가 창립된 것은 1939년 8월 16일이었다. 동년 10월에 일본에서 영화법이 실시되었다. 이에 따라 조선에서도 이 영화법을 적용시키고, 훗날 원활한 조직 운영을 꾀하기 위하여 조선에서 활동하는 모든 영화인을 한 조직에 소속시키자는 취지에서 본 협회가 창립되었다고 할 수 있다. 앞에서 말했듯이, 8월 16일, 경성호텔에서 결성식을 거행하여 거기에서 이사, 평의원, 감사, 서기 등을 선임하였으며, 제1회 총회를 1940년 2월 11일에 조선일보사 강당에서 개최하였다. 이 총회에서는 '일본영화인연맹 가입' 등 기타 의안들을 가결시키고, 조선군 보도부 아쿠다가와(芥川) 소좌(少佐)와 총독부 도서과 시미즈 쇼조(淸水正蔵) 통역관 등의 축사가 이어졌다. 그 후 수차례 임원회의를 개최하였고, 영화계의 여러 문제에 대하여 논의하였다. 또, 1940년 11월 18일부터 5일간 조선총독부 후원 아래, 영화문화강습회를 개최하여 매일 각 방면의 명사, 학자, 문화인의 강연을 공개적으로 열었다.

뿐만 아니라, 중일전쟁의 선처(善處)를 위해 위문품을 보내거나 태평양전쟁 당시 싱가포르 함락을 축하하기 위하여 행사에 참가하는 등 다양한 방면에서 활동을 펼쳐왔다. 또, 1940년 4월에는 키네마준포사(キネマ旬報社) 주최의 영화문화전람회를 후원하여 성공리에 마치기도 하였다. 10일간 3만 명 이상의 관람자가 모이는 대성공을 거두었던 것이다. 조선영화인협회는 재정적으로 상당히 힘들었는데, 협회간부들이 이 난관을 잘 극복하고 조선영화의 발전을 꾀하기 위해 해체를 선택했던 점은 특기할 만한 사항이다. 또, 당국으로서도 발전적 해체라는 매우 힘든 선택을 내리기는 하였으나 조선영화의 난관을 극복하기 위하여 애써 온 점 또한 칭찬받아 마땅한 일이 아닐 수 없다. 설령 조선영화인협회가 사라지더라도 그 업적만은 조선영화 역사에 영구히 남을 것이다.

51. 신설회사 첫 임원회를 개최하다
(1942년 10월 9일)

• • •

10월 9일 오후 6시부터 신설회사 첫 임원회가 개최되었다. 회사경영의 수뇌부인 상무 나카다 하루야스(中田晴康) 씨가 일본에 가있어 9월 19일에 열리는 발기인총회에도 참석 못하게 되자, 사장이 그 전에 직접 전 임원들을 만날 필요가 있었기 때문이다. 또, 기계 사정(査定)의 대임을 맡은 요코타 다쓰유키(橫田達之)도 이 날 출석하였고, 총독부 관계자들도 초청하였다.

이 날 다나카 사부로(田中三郎) 사장은 신설회사의 고문으로 야나베 에이사부로(矢鍋永三郎)[58], 이와사 시게이치(岩佐重一), 그리고 회사 창립에 큰 공헌을 한 방태영(方台榮)도 상담역으로 추거하여 전 임원의 찬성을 얻어 최종 결정되었다.

상설관 관주 초대회

또, 12월 7일에는 경성 내 상설관 경영자 초대회가 개최되었다. 여기에는 경성 내의 유력한 상설관 관주들이 모두 모였을 뿐 아니라 조선영화배급사 관계간부도 출석하였다. 이 모임의 주목적은, '조선 뉴

---

58) 야나베 에이사부로(矢鍋永三郎, 생몰년도 미상)는 국민총력조선연맹의 문화상위원장(1941.7), 조선문인협회 명예총재(1941.8)를 역임하면서 조선의 문인들과 관계를 가졌던 인물이다.

스'의 상영방법을 협의하기 위한 것으로, 다나카 사부로(田中三郎) 사장의 인사 후에 흥행연합회(興行聯合會)의 감사의 말이 이어졌다. 이 무렵부터 경성 내 모든 상설관에서는 '조선 뉴스'가 상영되기 시작 했다.

52. 전 사원 초대회
(1942년 10월 11일)

• • •

첫 공식 채용 결정 후, 조선 측 영화인과 회사 수뇌부 간의 회견이 있을 예정이었으나 상무 나카다 하루야스(中田晴康)가 부재중인 관계로 계속 미뤄졌다. 이윽고 10월 8일에 나카다 하루야스(中田晴康)가 조선으로 복귀하여, 10월 11일(월) 오전 11시부터 '경성부 민관 대식당(京城府民官大食堂)'에서 회견이 열릴 수 있게 되었다. 회사 측에서는 사장 다나카 사부로(田中三郎), 상무 나카다 하루야스(中田晴康), 상임감사 곤도 렌이치(近藤廉一)가 출석하였고, 사원은 첫 번째 공개 채용된 109명 전원이 큰 기대를 가지고 본 회견에 출석하였다. 회견은 예정된 순서대로 진행되었다. 먼저 국민의례를 한 후, 다나카 사부로(田中三郎) 사장이 정식으로 사장취임 인사를 하였다. 다음으로 나카다 하루야스(中田晴康)는 목 상태가 좋지 않았음에도 불구하고 정성을 다하여 일장훈시(一場訓示)를 하였다. 이후, 회사설립과 입사라는 사원 일동의 기쁨과 감격을 대신하여 저자가 답사를 올렸다.

조선영화인의 다수가 오늘날의 성과를 이루기 위하여 악전고투하여, 결국 원하는 바를 실현시킬 수 있었다. 사원들도 이제야 마음을 안심시킬 수 있었을 것이다. 생각하자면 정말 긴 시간 큰 짐을 지고 걸어왔다. 또, 오늘 출석한 많은 영화인의 노고가 떠올라, 저자는 답사 도중 감격의 눈물을 흘리고 말았다. 이어서 사장 초대의 회식이 이어졌는데 함께 점심을 먹으며 평화로운 한 때를 보냈다. 초대회가 끝날 무렵 전원이 회사의 무궁한 발전을 위해 만세 삼창을 외치며 마무리 지었다. 초대회의 분위기를 전하기 위해 저자의 답사를 기록해두고자 한다.

답사

이번 본사에 채용된 사원을 대표하여 감사의 말씀과 함께 우리가 염원하는 진정한 일단을 피력하여 사장님 및 나카다 하루야스(中田晴康) 상무님에게 진심으로 경모(敬慕)의 말씀을 드립니다. 전사원이라 해도 종래의 영화계와는 관계없이 새롭게 입사한 분도 있고 또 일본의 영화계에서 조선영화의 약진에 도움을 주시기 위해 조선에 오신분들도 계십니다만, 저는 오늘 이 분들을 대표하여 말씀드리기보다는 단지 질곡의 10년 동안 힘든 환경에서도 오늘을 기다려온 우리들의마음의 친구, 업무상의 친구를 대표하여 한 말씀드리고자 합니다. 오늘은 사장님, 상무님께서도 다망한 가운데 저희 일동을 초대하여 맛있는 음식과 마음에서 우러나는 훈시를 해주셔서 몸 둘 바를 모르겠습니다. 깊이 감사드립니다.

조선영화의 통제문제가 거론된 지 거의 3년이 다 되어갑니다만, 다나카 사부로(田中三郞) 사장님께서 정식으로 본사 창립의 내명(內命)을 받으신 것은 정확히 올 6월경으로 알고 있습니다. 불과 4개월 만에이 어려운 사업을 그것도 자본금 200만 원으로 조선의 재계 실업계거물들의 지원을 이끌어내면서 실현시킨 다나카 사부로(田中三郞)사장의 노력과 절대적인 신망에 대해 깊은 경의와 경모의 마음을 표하는 바입니다. 그동안 여러 가지로 어려움이 있었으리라 생각됩니다만, 그 노고에 감사할 뿐입니다. 이에 다시 한 번 감사를 표합니다. 또 상무이사 겸 촬영소장으로서 실제로 조선영화의 운명을 관장하시며 또 우리사원의 아버지나 형과 같은 존재로 항상 우리들에게 존경받는 나카다 하루야스(中田晴康) 씨, 이 분이 일본영화계에 남긴 찬연한 족적은 우리 반도 영화인들이 감히 따라갈 수도 없지만, 장래에는 우리가 스승이나 아버지로 모실 생각이니 많은 지도와 편달 부탁드립니다.

특히 이 자리에서 말씀드리고 싶은 것은 우리들은 지금까지 일본 최고의 영화회사처럼 조직화된 스튜디오생활을 해 본 적이 없이 자유주의적이고 자유분방한 생활을 여러 해 동안 해왔기에 갑자기 모범적인 조직생활을 할 수 없어서 여러 가지로 심려를 끼칠지도 모릅니다. 그러나 저희는 심기일전하여 신체제영화인으로 새로운 발족을 결의하고 있으므로 이 점을 잘 헤아려주시고 잘 이끌어 주시기 바랍니다.

저희들이 오늘 이 영예로운 회사의 첫 사원 모임을 갖게 된 벅찬 감동은 어디에도 비할 수 없습니다. 앞으로 사장님, 상무님의 명을 아버지의 분부와 어머님의 말씀같이 듣고 행동 하나하나도 저희에게 주어진 영화보국을 위하여 사력을 다해 열심히 사무에 전념할 각오입니다. 이상으로 감사와 부탁의 말씀을 드리며 아무쪼록 앞으로도 많은 가르침을 부탁드립니다.

53. 첫 사원채용의 전후
(1942년 10월 11일)

• • •

신설회사가 처음으로 영화인을 공개 채용했는데, 조선영화인들은 몇 명을 채용할지 상당히 궁금해 하고 있었다. 그들에게는 중대한 관심사였던 것이다. 정확하게 말하면 공식적으로는 총 모집 인원 105명 전후로 선발하며 채용 공고는 10월 21일에 낸다는 방침이 하달되었다. 저자는 총독부 당국으로부터 신설회사에 입사하여 협력해달라는 부탁을 받고 이를 흔쾌히 승낙하였다. 또 인선작업은 저자가 총괄하여 거의 대부분의 사원을 선발했다. 그리고 최종적으로 결정하기 전에 한 명 한 명 나카다 하루야스(中田晴康) 상무에게 승인을 받아 채용을 마무리 지었다. 그 과정을 말하자면 우선 조선영화인협회에 속해있는 사람들 중에서 선발을 한 후, 영화제작종사자로 등록이 되어 있는 사람을 우선적으로 추려냈다.

처음에는 채용후보자 80명 정도를 선발하고 9월 8일에 다나카 사부로(田中三郎) 사장에게 경과보고를 했다. 그 후 9월 14일부터 매일 15명 정도 직접 만나 면접 및 급료에 대한 협상을 하였다. 같은 날 연기 관계자와 촬영기사와도 회견을 가지고 급료에 대한 간담회를 열었는데, 입사를 거부한 인원은 불과 1, 2명이었고 나머지는 전부 입사에 동의하였다.

그 때부터 회사출범 전까지 회사로서는 해야 할 업무가 상당량 있었기 때문에 일부 직원에게는 출근을 부탁하였다. 이들의 노고로 회사는 조금씩 활기를 찾고 있었다. 9월 28일, 출범 전에 회사에 출근한 일부 사원들의 수당지급 건으로 사장과 면담을 한 후 승인을 얻어 그들에게 지급하였다. 그러나 입사가 결정되었으나 대기발령 중인 사원 50명에게는 현실적으로 급료지급은 어려웠기 때문에 저자는 9월 30일 이들을 국일관(國一館)으로 불러 만찬회를 열어주었다. 그리고 그 자리에서 저간의 사정을 말하며 양해를 구했다.

일본에 잠시 돌아간 나카다 하루야스(中田晴康) 상무는 10월 8일에 다시 경성으로 돌아왔으며, 11일에 사장이 전 사원을 초대한 일은 위에서 설명한 그대로다. 그리고 21일에는 공개채용에 합격한 전 사원에게 출근할 것을 당부하였다. 사장의 대리로서 저자가 사령(辭令)과 사표(社票) 등을 교부하였다.

또, 과장급 간부직원의 인사발령은 그 전날인 20일에 이루어졌다. 총무 다카시마 긴지(高島金次), 선전과정 김정혁(金正革), 경리과 주임 후쿠다 히데오(福田秀夫), 제3제작과장 가와스미 이쓰오(河濟逸男), 연출과 주임 안석영(安夕影)[59], 촬영과 주임 양세웅(梁世雄)[60], 기

---

59) 안석영(安夕影, 1901-1950)은 한국의 영화감독, 시나리오 작가, 삽화가이다. 창씨개명은 야스다 사카에(安田栄)이다. 교동보통학교와 휘문고등보통학교를 졸업하고 동경미술학교에 들어갔으나 신병으로 중퇴하였다. 휘문고등보통학교의 도화 강사로 재직 중이던 1921년, 나도향의 동아일보 연재소설『환희(幻戲)』(1923)의 삽화를 맡아 한국 삽화계의 초석을 놓았다. 이후 나도향 · 이무영 · 박종화 · 백철 등의 글에 삽화를 그렸고, 한국 최초의 아동만화로 알려진『씨동이의 말 타기』(1925)를 내놓았다. 신극 초창기인 1922년 토월회에 가입하여 신극운동에 참여했고, 문예지「백조」의 동인이 되었다. 1924년 박영희 · 김기진 등과 함께 참가자의 이름 머리글자를 따서 작명한 '파스큘라' 일원이 되어 조선프롤레타리아예술가동맹 결성에도 관여하였다. 1930년 안종화 감독의『노래하는 시절』(1930), 1935년 이규환 감독의『바다여 말하라』(1935), 1935년 박기채 감독의『춘풍』(1935) 등의 시나리오를 썼다. 1937년『심청』(1937)을 감독하여 1938년 조선일보영화제 발성영화 부문에서 1위를 했다. 1941년 그는 최운봉 · 문예봉이 주연한『지원병』

술주임 구보 요시오(久保義雄), 이상이 조선영화인의 천거이었다. 또
제1제작과장 가쓰우라 센타로(勝浦仙太郎)[61], 제2제작과장 이와이 가
네오(岩井金男)[62], 서무과장 핫토리 요시히데(服部惠英)의 세 명은
나카다 하루야스(中田晴康) 상무의 천거로 동경영화계에서 참가하
였다.

　이 밖에, 나중에 간부로서 승진한 사람이나 이전에 조선영화계의
각 부문에서 활약했던 인물들도 이후 다수 입사하게 된다. 이들 주요
인물을 소개하면 다음과 같다. 시나리오 니시가메 모토사다(西亀元
貞)[63], 구 조선영화주식회사 제작부 이재명(李載明)과 도쿠야마 요시
타미(德山義民), 연출 이병일(李炳逸), 서광제(徐光霽), 박기채(朴基

　　(1941)과 1942년 김일해 주연의 『흙에 산다』(1942)를 감독했다.
60) 양세웅(梁世雄, 1906-몰년도 미상)은 촬영기사이다. 부산제이공립상업학교를 졸
　　업한 후 1924년 일본으로 건너가 도호영화사(東寶映畵社)에 입사하여 촬영 기
　　술을 배우기 시작하였다. 1932년 정식 촬영기사 자격을 획득하고 『눈물의 빛』
　　(1932), 『두 개의 유방』(1932), 『그 밤의 노래』(1932)등을 촬영하여 일본에서 정
　　식 촬영기사로 활동한 최초의 조선인이 되었다. 1935년 귀국한 뒤 일본에서 함
　　께 공부한 박기채가 『춘풍』(1935)을 만들자 촬영을 맡아서 조선 영화계에 데뷔
　　하였다. 그는 1930년대 중반 발성영화 시대 개막과 함께 등장한 세대로서, 일본
　　영화계에서 활동한 경력까지 더하여 능력을 인정받으며 활발하게 활동을 펼쳤
　　다. 1938년 세미 다큐멘터리 기법을 사용해 리얼리즘의 새 경지를 개척한 영화로
　　평가받은 『한강』(1938)을 촬영하였다. 그 후 『군용열차』를 시작으로 『우러르라
　　창공』(1943), 『감격의 일기』(1945) 『우리들의 전쟁』(1945)을 촬영하였다. 또한
　　1940년 조선영화인협회 평의원과 이사를 지내고 기능심사위원회 심사위원직을
　　맡아 활동하기도 하였다.
61) 가쓰우라 센타로(勝浦仙太郎, 1904-몰년도 미상)는 일본 영화감독이다. 1933년
　　부터 1941년까지 15편의 영화를 감독 및 제작하였다.
62) 이와이 가네오(岩井金男, 생몰년도 미상)은 일본 영화감독이다. 1949년부터 1971
　　년까지 83편의 영화를 감독했다.
63) 니시가메 모토사다(西亀元貞, 생몰년도 미상)는 일본의 각본가이다. 『집 없는 천
　　사(家なき天使)』(1941, 고려영화협회, 110분)의 각본을 집필했다.

采)[64] (최인규(崔寅奎)[65], 방한준(方漢駿)[66]은 후에 입사한다), 촬영
과에는 세토 아키라(瀨戶明), 가나이 세이이치(金井成一),녹음 모리
타 주(森田樹), 라이타(작가) 무라카미 겐(村上健), 장치 윤상열(尹相

---

64) 박기채(朴基采, 1906-몰년도 미상)는 한국의 영화 감독, 각본가이다. 전라남도 광
주 출신으로 1927년경 일본 도시샤대학(同志社大學)에서 수학했다. 1930년 교
토 시에 있는 동아키네마에 위탁생으로 입사하여 본격적으로 영화 촬영을 공부
했다. 1935년에 같은 영화사에서 일했던 양세웅과 함께 귀국한 뒤 유명한 문예인
들이 대거 발기인으로 참가한 『춘풍』(1935)을 연출해 데뷔했고, 다음 작품으로
는 이광수의 소설 『무정』(1939)을 영화화해 주목 받는 신진 감독이 되었다.『무정』
은 한은진의 첫 출연작이기도 하다. 이 무렵 문예 영화라는 새로운 흐름을 적극적
으로 옹호하며 주도한 감독 중 하나였다. 이 시기 영화계의 또 다른 흐름 중 하나
는 영화 기업화론이었다. 발성 영화 등장으로 제작비가 크게 상승하면서 이전과
같은 제작 방식이 한계에 다다랐기 때문이다. 박기채는 대규모 스튜디오를 창설
하여 조선 영화를 발전시켜야 한다고 주장하는 신진 그룹 중 한 명이었다. 결국 안
석영, 최남주와 함께 발성 영화 촬영소를 설립하기로 하고 실업가들의 지원을 받
아 1937년 조선영화주식회사를 창립하였는데, 창립작으로 촬영한 『무정』이 비평
과 흥행에서 모두 성공을 거둔데다 박기채의 연출 기법을 둘러싸고 박기채-서광
제 논쟁까지 불러온 화제작이 되었다. 그 외에 『나는 간다』(1942)와 『조선해협』
(1943)의 두 편의 국책영화를 만든다.
65) 최인규(崔寅奎, 1910-몰년도 미상)은 한국 영화감독이다. 1925년 평양고등보통
학교를 중퇴하고 일본에 다녀온 뒤 1935년 형 최완규와 함께 고려영화사를 설립
했다. 윤봉춘의 조감독으로 연출수업을 했고, 김유영의 『애련송(愛戀頌)』(1939)
의 녹음을 담당하기도 했다. 1939년 자신이 직접 시나리오를 쓰고 처음으로 감독
한 영화 『국경』(1939)을 제작했다. 1940년에는 두 번째 작품 『수업료』(1940)를
만들었다.
66) 방한준(方漢駿, 1907-몰년도 미상)은 영화감독이다. 본명은 백운행(白雲行)이다.
선린상업학교를 졸업하고 일본으로 건너가 동경 쇼치쿠 키네마(松竹キネマ)에서
영화를 공부하였다. 일본 유학을 마치고 귀국한 후인 1935년 조선중앙영화주식회
사의 창립 작품인 『살수차(撒水車)』(1935)의 각본과 감독을 맡아 영화계에 데뷔
하였다. 1938년에는 반도영화사의 창립작품이기도 한 『한강』(1938)의 각본과 감
독을 맡았다. 1939년에는 정비석(鄭飛石)의 『성황당』(1939)을 영화화하여 문학
과 영화의 성공적인 접목을 선보였다는 호평을 받았다. 1940년을 전후하여 조선
영화인협회에 참여하여 『승리의 뜰』(1940), 『풍년가』(1942), 『거경전(巨鯨傳)』
(1944), 『병정님』(1944) 등을 만들었다.

烈), 배우는 서월영(徐月影)[67], 김한(金漢), 독은기(獨銀麒)[68], 이금룡
(李錦龍), 김일해(金一海), 남승민(南承民), 이원용(李源鎔), 여배우
는 문예봉(文藝峰), 김소영(金素英), 홍청자(洪淸子)[69], 김영(金玲)[70]

67) 서월영(徐月影, 1905-1973)은 한국 영화배우이다. 본명은 서영관(徐永琯)이다. 1920년대에 토월회(土月會)에 입단하여 연기생활을 시작하였다. 이후 태양극장(太陽劇場)을 거쳐 동양극장의 전속극단인 청춘좌(靑春座)에서 활약하였다. 한편, 1926년 조선영화주식회사 전속배우로 들어가 영화배우로서도 독보적 자리를 구축하기 시작하였고, 1927년부터 『불망곡』(1927), 『운명』(1927), 『지나가(支那街)의 비밀』(1928), 『나의 친구여』(1928)등에 출연하였다. 1937년 신파극의 인기와 함께 동양극장이 지나친 상업주의로 흘러가자 그는 심영·박제행·남궁선 등과 함께 우리나라에서 최초로 중간극(中間劇)을 표방한 극단 '중앙무대'(中央舞臺)를 창립하여 활동하였다. 또한 1939년에는 고려영화협회에서도 활동하였다. 1939년 그는 조선영화인협회 결성에 주도적인 역할을 하며 이사로도 활동하였다. 이후 국책영화 『그대와 나』(1941), 『흙에 산다』(1942), 『젊은 모습(若き姿)』(1943), 『조선해협』(1943), 『거경전(巨鯨傳)』(1944) 등에 출연하였다.
68) 독은기(獨銀麒, 생몰년도 미상)는 한국 영화배우이다. 창씨개명은 고세이 겐(光成健)이다. 1936년 이규환이 연출한 사극 『그 후의 이도령』(1936)으로 데뷔했다. 1939년에 고려영화협회가 조직한 방계 연극단체인 극단 고협에서도 활동했다. 일제 강점기 말기에 전쟁 지원을 홍보하는 관제 영화에 출연했다. 『군용열차』(1938년)에서 군수품을 실어나르는 열차의 정보를 중국인 스파이에게 알려주었다가 양심의 가책을 받는 역할을 맡은 것을 시작으로, 조선 청년들에게 지원병으로 참전할 것을 부추기는 내용인 『조선해협』(1943년) 등 출연한 친일 영화가 총 10편 가량이다. 배우 가운데 문예봉과 함께 친일 영화 출연작이 적지 않은 편에 속한다. 조선영화제작주식회사 연기과 사원을 지내며 영화에 다수 출연한다. 미군정에서 좌익 계열 영화인 모임인 조선영화동맹에 가담하여 배우 가운데는 김한, 문예봉 등과 함께 중앙집행위원을 맡았다. 신경균의 『새로운 맹서』(1947)에 출연한 것을 마지막으로, 한국 전쟁 발발 전에 월북했다.
69) 홍청자(洪淸子, 1924-몰년도 미상)은 조선 무용가, 배우이다. 일본에서 소학교를 졸업한 뒤 11살 무렵부터 무용을 배우기 시작했으며, 처음에는 이시이 바쿠(石井漠) 문하에 있다가 이후 고이즈미 이사무(小泉勇)에게도 배웠다고 한다. 다카라즈카(寶塚)소녀가극단에도 입단했다고 한다. 일본에서는 야에 야에코(八重八江子)라는 이름으로 활동했으며, 한때 배구자(裵龜子)악극단에서도 활동했다고 한다. 조선악극단 무대에 서는 한편 배우로서 영화에도 진출해 『조선해협』(1943), 『병정님』(1943) 등에 조연으로 출연했다.
70) 김영(金玲, 생몰년도 미상)은 한국 여배우이다. 『젊은 모습(若き姿)』(1943)에 출

등이 참가하였다. 첫 번째 채용자에 대한 반응은 좋았다.

연한 배우이다.

54. 영화기획심의회(映畵企劃審議會)의 설립
(1942년 10 26일)

* * *

신설회사의 제작기획이 총독부당국의 문화정책과 동일 궤도에서 진행될 것은 당연한 일이다. 영화통제 일원화문제가 대두된 이후부터 장래의 기획에 대하여 당국이 그 최고방침에 대한 발언권을 가진 일은 이미 기정사실이었다.

또, 제작기획심의회의가 종전처럼 영화령에 입각한 사전검열과 같은 형식으로 진행되는 것이 아니라 한정된 기자재로 고도의 영화적 효과를 거두기 위해서도 당국이 신중하게 기획내용의 심의를 하는 것은 시국상황 상 당연한 일이었다. 물론 여러 작품의 영화기교를 이러쿵저러쿵 말하는 차원을 떠나 각 방면에서 활약하는 관계자를 기획위원으로 구성하여 기획에 만전을 기하는 것이 더할 나위 없이 좋은 기획을 계획할 수 있을 것이다. 이 심의회 기구는 10월 26일에 기안되어 경무국 내의 문화조성단체인 황도문화협회(皇道文化協會)에 설치되었는데, 황도문화협회장 미쓰하시(三橋) 경무국장이 초대 심의회장에 취임되었다. 상임위원에는 총독부측의 모리 히로시(森浩) 도서과장, 회사 측의 나카다 하루야스(中田晴康) 상무가 취임하였다.

영화기획심의회 규약

제1조 영화기획심의회는 황도문화협회 내에 설치하고 협회장의

자문을 구하여 조선의 영화문화기획 및 지도·조성(助成)과 관련하여 조사하고 심의한다.

제2조 영화기획심의회는 회장 1인과 약간의 위원으로 구성된다. 특별사항을 조사하고 심의할 필요가 있을 시에는 임시위원을 둘 수 있다.

제3조 회장은 황도문화협회장이 맡는다.

제4조 위원 및 임시위원은 관계관리 및 학식과 경험이 있는 자들 중에서 회장이 선출한다.

제5조 회장은 업무를 총괄한다. 회장이 부득이 한 사고를 당하였을 시에는 위원 중 회장이 지명한 사람이 임무를 대리한다.

제6조 영화기획심의회에는 간사를 두고 간사는 회장의 지휘 하에서 업무를 수행한다.

영화기획심의회 위원

회장 - 조선총독부 경무국장

위원 - 〈총독부 소속 위원〉

도서과장, 도서과 사무관, 도서과 통역관, 보안과장, 경무과장, 정보과장, 정보과 조사관, 학무과장, 연성(鍊成)과장

〈군부소속 위원〉

조선군 보도과장, 아쓰지(厚地) 대좌(大佐), 나카가와(中川) 대위, 헌병사령부 고가와(子川) 중위

〈문화단체소속 위원〉

총력연맹 선전부장, 총력연맹 문화부장, 가라시마 다케시(辛

島驍)[71], 미키 히로시(三木弘)[72], 데라다 아키라(寺田暎), 히가시하라 인쇼(東原寅燮)[73], 요시무라 고도(芳村香道)[74], 유치진(柳致眞)[75], 쓰다 세쓰코(津田節子)

71) 가라시마 다케시(辛島驍, 1903-1967)는 동경대학교 박사이며 중국문학자이다.

72) 미키 히로시(三木弘, 생몰년도 미상)은 일본 영화감독이다.

73) 정인섭(鄭寅燮, 1905-1983)은 창씨개명 히가시하라 인쇼(東原寅燮)이다. 시인, 문학평론가, 영문학자이다. 1922년 색동회 발기인, 1939년 조선문인협회 간사, 1941년 조선문인협회 상무간사, 1942년 국민총력조선연맹 문화위원, 1942년 조선문인협회 평론부회장, 1942년 연극제전 총독상을 설정하고 경연대회 심사위원, 1956년 서울대학교 대우교수 및 팬클럽한국본부위원장, 1963년『영역 한국시선』출간으로 제4회 번역문학상을 수상했다.

74) 박영희(朴英熙, 1901-몰년도 미상)는 창씨개명 요시무라 고도(芳村香道)이다. 시인·소설가·문학평론가이다. 1919년 배재고등보통학교 시절에 김기진과 같은 반에서 공부했으며, 1920년 일본으로 건너가 동경 세이소쿠(正則) 영어학교에서 수학하다가 가정 사정으로 인해 1921년 귀국했다. 일본으로 건너가기 전에 「장미촌」의 동인으로 참여한 바 있고, 최승일·나도향 등과 「신청년」동인으로도 활동했다. 1922년 박종화·나도향·이상화·현진건 등과 「백조」동인으로 활동했으나. 1923년 통권 3호부터 동인으로 참가한 김기진과 「백조」의 해체를 주도했다. 같은 해 파스큘라(PASKYULA)를 조직했고, 1924년 개벽사의 문예부 책임자 및 「중외일보」학예부장 등을 역임했다. 1925년 8월 23일 카프를 조직하고 중앙위원이 되었으며 이후 프로 문학의 대표적 이론가로서 주도권을 확립했다. 1927년 당시 사회운동의 방향전환에 따라 목적의식론을 제창해 문예운동의 방향전환을 주도했고 신간회 간부로도 활동했다. 1929-1930년 임화를 비롯한 소장파들이 동경에서 카프의 주도권을 장악하자 중심적 위치에서 물러나 1931년 이후 순수예술을 주장했다. 1931년 카프 제1차 검거사건 때 불기소 처분으로 풀려났다가 1933년 카프에 탈퇴원을 제출하고 1934년 "다만 얻은 것은 이데올로기며 상실한 것을 예술 자신이었다"라는 유명한 선언문을 남기고 전향했다. 1934-1935년에 계속된 카프 제2차 검거사건 때는 1년 정도 복역한 뒤 집행유예로 석방되었다. 석방 후 사상범보호시찰법에 의해 1938년 7월에 열린 전향자대회에 참가했고, 1939년 10월 일본의 식민지체제에 협조하는 문학가 단체인 조선문인협회 간사가 되었으며, 창씨개명하여 일본의 신체제문학에 가담했다.

75) 유치진(柳致眞, 1905-1974)은 한국의 극작가·연출가이다. 한국 연극계의 대표적인 인물이며 사실주의극을 여러 편 썼다. 아버지 준수(焌秀)의 8남매 가운데 큰 아들로 태어났다. 동생 치환(致環)은 시인이고, 아들 덕형(德馨)은 연출가이다. 1918년 통영보통학교를 마치고 부산 체신기술양성소에서 6개월 동안 교육을 받

〈조선영화배급사 소속 위원〉

오카다 준이치(岡田順一)

〈조선영화제작회사 소속 위원〉

다나카 사부로(田中三郎) 사장, 나카다 하루야스(中田晴康)

상무

간사 - 〈총독부 소속 간사〉

도서과 이케다 구니오(池田國雄), 히루타 요시오(晝田義雄)

〈영화회사 소속 간사〉

총무 다카시마 긴지(高島金次), 제1제작과장 가쓰우라 센타

로(勝浦仙太郎)

이와 같은 규약 및 위원구성으로 영화기획심의회가 결성되었다. 이에 12월 15일자로 황도문화협회장 단게이 이쿠타로(丹下郁太郎)[76] 씨의 이름으로 각 위원에게 위촉장이 발송되었다.

은 뒤 통영우체국 사무원으로 근무했다. 1920년 일본으로 건너가 도요야마중학(豊山中學)을 거쳐 1931년 릿쿄대학(立敎大學) 영문과를 졸업했다. 1931년 김진섭·서항석 등의 해외문학파 동인들과 극예술연구회를 창립하고 이 단체에서 주관하는 연극에 단역으로 출연하거나 연출을 맡기도 했다. 1938년 3월 일제의 탄압에 의해 극예술연구회가 해체되자 서항석과 함께 극연좌를 조직했으나 일제의 압박과 재정적 어려움으로 1년 만에 해체되었다. 1940년 조선연극협회와 조선연극문화협회 결성에 참여했으며, 1941년 극단 현대극장을 조직해서 조선총독부의 지시를 받아 극을 공연했다.
76) 단게이 이쿠타로(丹下郁太郎)는 1942년 6월 2일부터 1944년 8월 1일까지 조선총독부 경무국장, 1942년 4월 7일부터 1942년 6월 2일 경기도 지사를 역임했다.

55. 신설회사 창립 피로연을 개최하다
(1942년 11월 7일)

• • •

신설회사 창립을 기념하는 창립 피로연은 11월 7일 오후 6시에 조선호텔에서 성대하게 거행되었다. 당일에는 군, 관, 민의 주요인사가 모두 모였고 영화계에서는 배급사와 흥행연합회 등의 간부도 전원 출석하여 총 250여명에 달했다. 6시전부터는 신설회사에 소속된 연기자들의 축하 무대가 있었다. 서재헌(徐載憲), 문예봉(文藝峰)의 독창, 기노시타 후쿠노리(木下福憲)의 3곡, 김소영(金素英)의 무용, 홍청자(洪淸子)의 일본무용 등이 있은 후 대식당에서 연회가 있었다.

동경에서의 창립피로연

동경에서도 창립 피로연을 열었다. 1월 다나카 사부로(田中三郎) 사장과 저자, 당국에서는 모리 히로시(森浩) 도서과장과 이케다 구니오(池田國雄) 도서과 직원이 이를 위해 함께 상경하였다. 1월 23일 오후 6시에 대동아회관(大東亞會館)에서 일본 영화 배급 간부들을 위한 초청회를 가졌는데, 이 날에는 내무성, 문부성, 정보국 관계자 등의 관청관계자들도 초청하였다.

또 다음날 24일 오후 6시부터는 영화계 수뇌부를 위한 초대 피로연을 열었다. 이 날에는 쇼치쿠(松竹), 도호(東寶), 다이에이(大映), 니치에이(日映) 소속의 일본 영화관계자들이 다수 참석하였다. 쇼치쿠(松竹)에서는 오타니 다케지로(大谷竹次郎)[77], 기도 시로(城戸四郎)[78], 시라이 신타로(白井信太郎)[79], 가리야 다로(狩谷太郎)[80] 이상 4명이 참석했다. 도호(東寶) 영화에서는 모리 이와오(森岩雄)[81], 이케나가 가즈오(池永和央) 이상 2명, 다이에이(大映)는 로쿠샤 오사무(六車修)[82], 하타노 게이조(波多野敬三), 스다 쇼타(須田鐘太)[83] 이상 3명, 니치에이(日映)에서는 이토 야스오(伊藤恭雄), 요시모토 고교(吉元興行)[84]의 하야시 히로타카(林弘高)[85] 씨 및 마나베 야치요(真鍋八千代)[86] 씨가 출석했다. 조선총독부에서는 모리 히로시(森浩) 도서

---

77) 오타니 다케지로(大谷竹次郎, 1877-1969)는 형 시라이 마쓰지로(白井松次郎)와 함께 쇼치쿠(松竹)를 창업한 일본의 실업가이다.
78) 기도 지로(城戸四郎, 1894-1977)는 일본 영화제작자이다.
79) 시라이 신타로(白井信太郎, 1897-1969)은 일본 연극, 영화 흥행사이다. 쇼치쿠(松竹) 중역을 역임했다.
80) 가리야 다로(狩谷太郎, 생몰년도 미상)은 일본 영화제작자이다.
81) 모리 이와오(森岩雄, 1899-1979)은 일본 영화프로듀서, 각본가, 영호평론가이다.
82) 로쿠샤 오사무(六車修, 생몰년도 미상)은 일본 영화제작자이다. 1925년부터 1938년까지 9편이상의 영화제작 및 원작을 담당했다.
83) 스다 쇼타(須田鐘太, 생몰년도 미상)는 일본 영화기획 제작자이다. 1946년부터 1951년까지 9편의 기획제작을 하였다.
84) 요시모토 흥업주식회사(吉本興業株式会社, 1912년 창업)는 일본의 대표적인 연예흥행기업이다. 일본 오사카(大阪)와 동경 신주쿠(新宿)에 본사를 두고 매니지먼트 사업, TV, 라디오프로제작, 연예흥행 등의 사업을 하고 있다.
85) 하야시 히로타카(林弘高, 생몰년도 미상)은 1932년부터 요시모토 흥행부 동경지사 지사장으로 취임한 사람이다. 같은 해, 두 사람이 익살스럽게 주고받는 재치 있는 만담을 만자이(漫才)로 부른 최초의 사람이다. 또, 유럽 및 미국 시찰경험을 통해 서양의 연예산업에 정통한 사람이 되었는데, 그 이후 요시모토 연예산업을 음곡·곡예·요술·춤·만담에서 탈피하여 재즈나 탭댄스 등 다양한 연예산업으로 근대화시킨 사람이기도 하다.
86) 마나베 야치요(真鍋八千代, 1894-1975)는 일본 실업가, 변호사이다. 프로복싱, 프로야구를 비롯하여 스포츠계와 영화계 등 일본 흥행계 발전에 지대한 공헌을 한 인물이다.

과장, 이케다 구니오(池田國雄) 도서과 직원, 그리고 동경출장소 관계
자들, 본사에서는 다나카 사부로(田中三郎), 총무 다카시마 긴지(高島
金次), 서무과장 핫토리 요시히데(服部惠英), 제1제작과장 가쓰우라
센타로(勝浦仙太郎)가 출석하였다. 다나카 사부로(田中三郎) 사장의
인사말에 대하여 쇼치쿠(松竹)의 오타니 다케지로(大谷竹次郎) 사장
의 답사가 있었다. 일본과 조선이 함께 영화보국을 위하여 힘쓰자는
내용이었다. 다음으로 모리 히로시(森浩) 도서과장도 조선의 영화사
정에 대한 자신의 의견을 말하였다. 이 날 모인 면면들은 우리 영화계
거물급들만 참가한 회합이었는데, 실로 의미 깊은 모임이라고 할 수
있었다.

또, 저자는 동경을 떠나 조선으로 돌아오는 길에 교토에 들러 영화
기자재를 구입하였다. 2월 5일에는 교토에서 현지 영화관련 신문기자
및 관계자들을 초대하여 조선영화에 관한 보고를 하였다.

56. 제작자협회 해산식
(1942년 11월 23일)

● ● ●

신설회사의 창립과 함께 기존 업자들의 단체인 조선영화제작자협회는 실질적인 해산했다고 할 수 있는데, 그 해산식은 11월 23일 화월관(花月館) 본점에서 행해졌다. 신설회사 사장 다나카 사부로(田中三郎)가 내빈으로 출석하였고, 총독부에서도 관계자들 수명이 출석하였다. 첫 순서로 제작자협회원 일동을 대표하여 구 경성영화제작소 대표인 야나하라 기치조(梁原奇智城) 씨가 다음과 같은 인사 및 당부의 말이 있었다.

기존 업자들은 현재의 비상시국을 잘 인식하고 있으며, 대승적 견지에서 이번에 당국의 방침으로 설립된 새로운 회사를 지지하는 바이다. 주지하듯이, 신설회사는 종래 조선에 존재한 모든 영화 제작업을 통합·강화하여 만든 회사이다. 각 사 모두 여러 사정이 있고 각기 다른 성격을 가졌는데도 불구하고 이를 초월하여 당국의 방침을 따라준 것이므로 신설회사의 사장님은 그 점을 충분히 헤아려서 훌륭한 영화회사로 성장시켜주길 바란다. 또 국책을 위해 공헌해주시길 바란다.

이에 대하여 다나카 사부로(田中三郎) 사장은 겸손하게 인사말과 감사의 말로 화답하였다.

이번에 뜻밖에도 당국으로부터 통합된 영화제작회사를 창립하라는 위촉을 받고부터 지금까지 여러 문제로 고심도 했고 우려도 해왔으나 다행이도 각 제작업체의 협조 하에 순조롭게 모든 난관을 헤쳐 나올 수 있었던 점에 대하여 진심으로 감사드리는 바이다. 영화 사업에는 문외한이지만 당국의 지도와 전 사원의 협력에 힘입어 분골쇄신하여 신설회사의 경영에 전력을 다할 것이니 앞으로 여러분도 부담 없이 주의할 점이 있거나 의견이 있으면 언제든지 말씀해주시길 바라며, 계속해서 끊임없는 지지와 협조를 부탁한다.

일동은 간담회를 겸한 만찬회장으로 자리를 옮겨 조선영화제작회사가 설립되기까지 서로 간에 고생한 이야기를 나누며 이야기에 꽃을 피웠다.

57. 제1회 기획심의회 개최
(1943년 1월 18일)

• • •

영화기획심의회가 설립 된 후 첫 심의회가 1월 18일 모리 히로시 (森浩) 도서과장 주재로 반도호텔에서 개최되었다. 모리 히로시(森浩)는 영화기획심의회 회장대리로 심의회에 참석한 것이었다. 당일 논의한 의제는 신설회사가 '징병제 실시 기념 작품'으로 기획중인 극영화『젊은 모습(若き姿)』[87](1943)의 기획 및 내용에 관한 심의에 대해서였다. 이 날에는 각본을 집필한 핫타 나오유키(八田尚之)[88], 군부 측에서는 최종사령부(最終司令部) 참모(參謀) 우마스기 가즈오(馬杉一雄)[89] 중좌(中佐) 이외의 여러분이 임시로 참석하였다. 또 경기중학교 이와무라 도시오(岩村俊雄)[90] 교장도 참석하였다. 이와무라 가즈

---

87) 『젊은 모습(若き姿)』(1943, 조선영화제작주식회사, 81분)은 일본의 전시비상시국 하에 국책사업의 일환으로 설립된 조선영화제작주식회사의 제1회 작품이다. 일본과 조선의 동화(同化)를 추진할 목적으로 스태프와 주요 배역은 전부 일본인이 차지했다. 일종의 국책영화이며 보국영화이다. 내용은 전시 하의 조선에서 중학생들의 군사교련을 지도하는 기타무라(北村) 소좌(少佐)를 중심으로 전개되는 이야기로 일본에 대한 중학생과 교사들의 충성심을 묘사한 작품이다.

88) 핫타 나오유키(八田 尚之, 1905-1964)은 일본의 각본가이다. 감독 작품 1편, 각본 98편, 원작 42편을 1928년부터 1957년까지 영화작업에 참여했다. 생애 100편에 가까운 각본을 집필하였는데, 그 중 제2차 세계대전 이전에 만든 작품 하나만이 교육영화이다.

89) 우마스기 가즈오(馬杉一雄, 생몰년도 미상)는 육군사관학교 39기이다.

90) 이와무라 도시오(岩村俊雄, 생몰년도 미상)는 경기도 사범학교 교장을 1928-1930년까지 역임하고, 그 이후는 경기중학교 교장으로 부임하여 패전을 맞이한다.

오 교장은 영화의 주요장면에 학생들이 다수 등장하기 때문에 참석하였다. 군부와 총력연맹 측에서는 각본에 대한 진지한 의견과 발표가 있었으며, 유치진(柳致眞) 씨도 조선의 풍속과 습관을 묘사한 부분은 정정해야한다고 지적하였다. 쓰다 세쓰코(津田節子) 여사도 여성 묘사 방법에 대한 의견을 제시했다. 회의는 장시간 이어졌고 다양한 발언들이 쏟아졌다.

이번 심의회를 개최하고 나서 제작회사측이 통감한 부분은 군사영화를 촬영할 때는 사전에 군사규율을 잘 알아야할 것, 일본인이 조선영화의 각본을 집필할 때는 어떤 자세로 임해야 하는지, 그리고 '조선'에 대한 연구를 보다 더 철저하게 해야 한다는 점 등이었다. 핫타 나오유키 씨도 얻을 점이 많았던 회의였다.

제2회 기획심의회는 4월 5일 반도호텔에서 개최되었는데, 위에서 언급한 영화에 대한 재심의였다. 제3회 기획심의회 역시 반도호텔에서 8월 26일에 개최되었고, 논제는 기획 작품 『거경전(巨鯨傳)』[91](1944)과 『마의 산(魔の山)』 등이었다.

---

91) 『거경전(巨鯨傳)』(1944, 조선영화제작주식회사, 상영시간 불명)은 방한준 감독의 다큐멘터리 드라마이다. 포경선이 거대한 고래를 잡는 내용의 수산 증산용 영화로 전쟁 당시 문자고갈을 극복하고 대용 식생활을 장려하기 위해 만든 국책영화이다.

58. 영화제작회사 현재의 진용
(1943년 10월 10일 현재)

• • •

영화제작통제 편을 마치며, 조선 유일의 제작회사이며 일본 제4제작회사인 조선영화제작주식회사의 진용을 자세히 살펴보면 아래와 같다. (1943년 10월 10일 현재, 경칭을 생략한다.)

중역 사장	다나카 사부로(田中三郎)
상무	나카다 하루야스(中田晴康)
임원	방태영(方台榮)
	가와모토 순샤쿠(河本駿錫)
	박흥식(朴興植)
	고바야시 겐로쿠(小林源六)
	다카이 다케오(高居武雄)
	다카기 데이이치(高木定一)
	김성호(金聖浩)
	노자키 신조(野崎眞三)
상임감사	곤도 렌이치(近藤廉一)
감 사	오타니 운요(大谷雲用)
고문	야나베 에이자부로(矢鍋永三朗)
	이와사 시게이치(岩佐重一)
촉탁	다구치 사토시(田口哲)

	미카미 료지(三上良二)
	야기 야스타로(八木保太郎)[92]
	히로카와 소요(広川創用)
	요코타 다쓰유키(橫田達之)
서무과장 겸 자재과장	나베타 마사모토(鍋田正元)
서무과 사원	후지타니 다쿠조(藤谷拓蔵)
	아사지마 호즈이(朝島芳堆)
	다미야 겐이치(田宮建一)
	교야마 히라오(京山平雄)
업무과장	핫토리 요시히데(服部恵英)
회계과장	후쿠다 히데오(福田秀夫)
회계과 사원	야마다 마모루(山田衛)
	기요하라 간이치(淸原寛一)
	야스하라 가이준(安原海潤)
선전과장	나쓰메 다다시(夏目正)
선전과 사원	간야마 고게쓰(完山康月)
	이용선(李龍仙)
	다고모리 도시노리(田籠敏徳)
	안도 히데시게(安東秀成)
촉탁	가나자와 미쓰오(金沢光雄)

92) 야기 야스타로(八木 保太郎, 1903-1987)는 일본 각본가이다. 배우지망생이었지만 무성영화시절에 각본가로 데뷔하고 유성영화시절에 이름을 세상에 널리 알리기 시작했다. 30대에 동경발성영화사 및 만주영화사 제작부장을 역임하고 전후에는 일본영화연극노동조합 위원장, 일본 시나리오작가협회 회장, 독립제작회사를 설립하기도 했다.

제1제작과장	가쓰우라 센타로(勝浦仙太郎)
제2제작과장	이와이 가네오(岩井金男)
제3제작과장	가와스미 이쓰오(河濟逸男)
제작과 사원	오소라 히사포로(大空久幌)
	오노 신이치(大野眞一)
	미즈하라 준이치(水原純一)

기술과장 겸 촬영과장　이재명(李載明)

기술과 사원	가네미쓰 요시치(金光容七)
	모리타 주(森田樹)
	쓰루다 요시오(鶴田義雄)
	나카이 신이치(中井眞一郎)
	요시다 유지로(吉田雄次郎)
	가나이 슈가쿠 (金井洙學)
	와카마쓰 에이지(若松栄児)
	야마노 히로시(山野広)
	최규순(崔奎淳)
	히라모토 사이준(平本載俊)
	가네카와 간쇼쿠(金川完植)
	호시무라 도시오(星村俊夫)
	양주남(梁柱南)
	모리야마 도시히코(森山俊彦)
	가네치카 레이코(金慶禮子)
	마쓰하라 도시코(松原敏子)
	마쓰모토 데이교쿠(松本貞玉)

무라카미 겐(村上健)

가나자와 이사무(金沢勇)

차욱(車旭)

하라모토 사다쿄(原本聖完)

니시하라 다케에이(西原武榮)

가나우미 가네시로(金海鐘星)

마쓰야마 소토쿠(松山相德)

다카야마 가이신(高山海振)

나가야마 린세이(永山麟成)

촬영과 사원　　　세토 아키라(瀬戸明)

가나이 세이이치(金井成一)[93]

양세웅(梁世雄)

고노 운조(河野雲造)

히로다 가즈아키(広田一明)

최순흥(崔順興)

마쓰하라 히로마사(松原寬昌)

---

93) 김학성(金學成, 1913-1982)은 조선의 영화촬영기사이다. 창씨개명은 가나이 세이이치(金井成一)이다. 원로변사(元老辯士)인 김학근(金學根)과 『승방비곡(僧房悲曲)』(1930) 등에 출연한 여배우 김연실(金蓮實)의 아우이다. 1932년 서울 한성중학교를 마치고 1934년 일본의 동경전수대학에서 수학하였다. 귀국하여 경성촬영소에 입사하여 근무 중 촬영기술에 매혹되어 다시 일본에 건너가 동경의 신흥키네마에 들어가 수업하였다. 1939년에 일본촬영기술협회의 시험에 합격하여 정회원이 되어 신흥키네마에서 3편의 일본영화를 촬영하였다. 국내활동은 반도영화사에서 제작한 방한준(方漢駿)감독의 토속성 짙은 『성황당』(1939)을 촬영하면서부터이다. 이어서 『집없는 천사』(1941), 『거경전(巨鯨傳)』(1944) 등 뛰어난 촬영작품을 내놓았다. 그는 한국영화 초창기부터 꾸준히 우리나라 영화촬영에 이바지해온 선구적인 촬영기사이다.

야나가와 미노루(柳川実)

최영린(崔永麟)

이방녕(李邦寧)

심재흥(沈在興)

미야모토 모토하루(宮本元治)

이수근(李秀根)

도쿠야마 도시오(德山敏雄)

가나자와 세이간(金沢正換)

임병호(林炳鎬)

기무라 겐지로(木村健次郎)

오야마 쇼고(大山承鎬)

최한조(崔漢兆)

고무라 아이토시(梧村相俊)

가게사와 기요시(影沢清)

진행과 겸 연기과 주임 도쿠야마 요시타미(德山義民)

진행과 사원 김문기(金問基)

가도카와 야쿠젠(角川躍善)

연기과 사원 서월영(徐月影)

독은기(獨銀麒)

김일해(金一海)

김한(金漢)

이금룡(李錦龍)

최운봉(崔雲峰)

시노부 에이이치(信夫英一)[94]

남승민(南承民)

이원용(李源鎔)

박창혁(朴昌赫)

손일포(孫一圃)

이효(異曉)

권영팔(權寧八)

김영두(金永斗)

남홍일(南弘一)

서재헌(徐載憲)

아케미 고헤이(曙海康平)

이마무라 요시오(今村嘉男)

문예봉(文藝峰)

홍청자(洪淸子)

김소영(金素英)

김령(金玲)

기노시타 후쿠기(木下福技, 촉탁사원)

복혜숙(卜惠淑)

강정애(姜貞愛)

이치무라 요시코(市村淑子)

미술과장 　다카가키 노보루(高垣昇)[95]

---

94) 시노부 에이이치(信夫英一, 생몰년도 미상)는 1949-1960년까지 활약한 일본배
　우이다.

95) 다카가키 노보루(高垣昇, 생몰년도 미상)는 『젊은 모습(若き姿)』(1943)에서 미술

미술과 사원	윤상렬(尹相烈)
	후미모토 나가이시(文元永石)
	구와바라 미쓰인(桑原光殷, 촉탁사원)
	유여옥(柳如玉)
	사쓰키 쓰기코(皐月つぎ子)
관리과장	구보 요시오(久保義雄)
관리과 사원	아라이 요시히데(新井嘉英)
기획과장	나카다 하루야스(中田晴康)
기획과 사원	쓰쿠다 준(佃順)
	니시가메 모토사다(西亀元貞)
	이치무라 유로(市村祐郎)
	모토사토(許達, 촉탁사원)
	가네무라 하치호(金村八奉)
	오영진(吳泳鎭)
연출과원	야스다 사카에(安田栄, 안석영(安夕影)의 창씨개명)
	박기채(朴基采)
	최인규(崔寅奎)
	서광제(徐光霽)
	이병일(李炳逸)
	하루야마 준(春山潤, 윤용규(尹龍奎)의 창씨개

을 담당했다.

명)[96]

도미나가 메이고(富永明豪)

마키야마 시게루(牧山茂)

민정식(閔政植)

조정호(趙晶鎬)

마쓰무라 햐쿠주(松村百守)

시라카와 메이겐(白川明鉉)

이기성(李基星)

김기호(金基鎬)

김종훈(金宗訓)

야마모토 도키치카(山本時睦)

이토미야 요시아키(伊都宮嘉昭)

인사과원 겸 비서　　이케우라 낭요(池浦南洋)

동경 출장소장　　와타나베 쇼타로(渡邊庄太郎)

출장소 사원　　미야우치 기노스케(宮内己之助)

---

96) 윤용규(尹龍奎, 생몰년도 미상)는 한국 영화감독이다. 동경발성영화사 조감독작
품『외딴섬의 봄(小島の春)』(1940), 연출조수작품『내 사랑 일기(わが愛の記)』가
있고, 감독 작품은『마음의 고향』(1949, 동서영화사, 76분)이 있다.

제 2 편

영화배급통제 편

I

배급통제
초기의 정세

1. 머리말

• • •

삼각형태의 영화사업, 즉 영화사업은 제작-배급-흥행이라는 긴밀하고 체계적인 삼각형 조직이다. 따라서 지극히 당연한 말이지만, 임전(臨戰) 통제는 제작-배급-흥행의 모든 면에 영향을 미친다. 흥행은 민중과 접점을 가지는 유일한 창구이기 때문에 배급부문의 변혁은 새로운 흥행체제 정비를 의미하는 것이다. 또, 영화배급은 영화제작시스템의 변화로 인하여 배급기술변혁을 요구하게 되었다. 마지막으로 제작부문은 국가의 요청으로 임전제작체제로 진영을 정비해야만 했던 것이다. 이와 같이 절대적으로 분리할 수 없는 제작-배급-흥행이라는 영화사업 전체의 통제는 어느 한 부분의 협력 없이는 절대로 이루어질 수 없는 것이다. 따라서 이번 영화계 혁신이 거의 비슷한 방식으로 동시에 이루어진 것은 당연한 귀결이라고 할 수 있다.

영화배급통제도 영화제작통제와 함께 계획되어 두 부문은 이제 어느 정도 일정 궤도에 진입해 있다. 그러나 영화배급통제는 영화제작통제와는 전혀 다른 점이 있다. 이미 1940년부터 영화배급통제를 관장하는 일부 유력인사들이 외국영화 수입정세의 변화를 여러 방면에서 의논하고 연구해왔다는 점이다. 이것은 일본영화계를 지배했던 미국영화, 그리고 미국영화 상영에 따른 영화이익의 대미유출문제와 일미통상협정폐기 문제가 원인이었던 것이다. 1940년에는 121편이 수입되었는데, 이듬해인 1941년에는 71편으로 수입이 제한되었다. 외화만능시대를 하루라도 빨리 청산하고 일본영화를 보다 더 친숙한 존재로 만들 필요가 제기되기 시작하면서 배급개혁이 단행되었던 것이다. 1941년 3월부터 당국, 즉 정보국을 중심으로 여러 기관이 본격적으로 배급기구 통제를 연구하기 시작했다. 아직 이때는 구체적인 방법에 대한 논의는 없었다고 보아도 무방할 것이다. 물론 배급통제의 주요원인이 외국영화의 수입문제에 있던 것이 아니다. 주지하다시피, 일본영화의 신체제 확립에 문제가 있었던 점은 분명한 사실이다. 그러나 이전부터 이러한 분위기는 있었다. 이러한 점을 기술해 두는 것이다. 먼저 배급통제문제로 처음으로 거론된 것은 문화영화배급부문의 일원화였다. 정보국에서는 영향을 그다지 받지 않은 작은 곳에서부터 손을 대기 시작하여 차츰차츰 극영화 및 기타 전반에까지 꽤 넓은 범위에서 영향력을 발휘하려고 했던 점이다.

조선에서도 일본과 마찬가지로 영화령이 시행되면서 영화배급업이 허가제로 바뀌어 조선 배급업자는 새로이 사업인가를 신청해야만 했다. 이미 조선 당국에서도 일본과 보조를 맞추어 배급체제의 통제를 하려고 하는 의지가 있었고, 일본배급기구정비의 진행 상태와 병행하고자 만전의 조치를 취하였다.

1941년 3월부터 현 사단법인 조선영화배급사(朝鮮映畵配給社)가 창립된 1942년 5월까지 15개월 동안은 조선의 배급기구에 대변혁이 일어난 파란 많은 시기였다. 그리고 현 배급사의 전신은 조선내외영화배급업조합(朝鮮內外映畵配給業組合)인데, 당국은 이를 중심으로 배급기구 통제에 참가하여 그 실현을 위해 진력을 다하였다.

조선의 독자적인 배급기구의 설립에 대해서는 처음에 정보국의 강경한 반대의견이 있었으나 이를 물리치고 현재의 조선영화배급사가 탄생하게 된 것이다. 여기에는 당국의 전폭적인 지지와 노고가 있었

다. 자, 그렇다면 지금부터 그 힘들었던 과정을 순서대로 살펴보기로
하자.

2. 배급조합, 통제문제를 연구하다
(1941년 3월)

• • •

앞에서도 언급했듯이 일본에서도 그랬지만 조선에서도 배급부문
의 통제문제가 업자들 사이에서 문제시 된 것은 1941년 봄부터였다.
1941년은 배급조합이 마지막으로 활동한 해라고 할 수 있는데 그들로
서는 그야말로 다사다난한 한 해였다. 연초에 도와상사(東和商事)[1]가
수입한 기록영화『미의 제전 제2부(Fest der Schonheit Olympia Teil
2, 美の祭典)』[2](1938)가 명치좌(明治座)에서 상영되고 있을 때, 경성
부민관(京城府民館)에서도 기록영화『민족의 제전 제1부(Fest Der
Volker Olympia Teil 1, 民族の祭典)』[3](1938)의 상영문제가 야기되어
흥행협회는 '도와상사(東和商事)가 취급하는 모든 영화를 경성 상설

---

1) 도호토와 주식회사(東宝東和株式會社)는 도호주식회사(東宝株式会社)의 산하에
   있으며, 영화의 수입 및 배급을 주 사업으로 하는 일본의 영화회사이다. 1928년 가
   와키타 나가마사(川喜多長政, 1903-1981, 영화제작자, 수입업자, 국제적인 영화인
   으로 아시아에서 절대적인 신용을 가진 사람)가 외국영화 수입배급업을 사업으로
   하는 '도와상사합자회사(東和商事合資會社)'로서 설립되었다. 전쟁 전에는 독일을
   비롯한 유럽영화를 수입 · 배급한 큰 기업으로 일본작품의 해외수출에도 선구적인
   역할을 수행하였다. 1937년에는 최초로 독일과 일본합작영화『새로운 땅(新しき
   土, Die Tochter des Samurai)』(1937, 일본 · 독일합작, 115분)을 제작했다.
2) 『미의 제전 제2부(Fest der Schonheit Olympia Teil 2, 美の祭典)』(1938, 독일 국제
   올림픽위원회(International Olympic Committee), 96분)은 제13회 베를린 올림픽
   경기를 중심으로 기록한 다큐멘터리영화이다.
3) 『민족의 제전 제1부(Fest Der Volker Olympia Teil 1, 民族の祭典)』(1938, 독일 국
   제올림픽위원회(International Olympic Committee), 121분)은 제13회 베를린 올림
   픽대회를 기록한 기록영화이다.

관에서 상영금지' 조치를 내렸다. 배급조합은 선후책(善後策)을 찾기 위해 숨 가쁘게 움직여야만 했고, 도와상사(東和商事) 시바야마 료지(柴山量二) 지사장에게는 일신상의 문제도 생겨 그야말로 회사 자체가 벼랑 끝에 내몰리는 형국으로 치달았다.

3월에는 조합장 와타나베 쇼타로(渡邊庄太郎)의 사임이 있었고 후임으로는 야마모토 스에쓰구(山本季嗣)가 취임했다. 그리고 배급통제 문제가 임원회에서 처음 논의된 것은 4월 12일이다. 당시에는 아직 진상도 파악할 수 없었고 예측이나 전망도 내놓을 수 있는 것도 아니었다. 이른바 이렇다 할 대책도 마련되어 있지 않은 상황이었기 때문에 일단 모든 사안을 조합장에게 일임하였다.

4월 24일에는 총독부 검열실에 조합원 40명이 출석한 가운데 정례회가 개최되어 오카다 준이치(岡田順一) 검열주임으로부터 배급업 허가신청서 제출에 대한 설명이 있었다. 이것은 조선영화령(朝鮮映畵令)에 근거한 법적절차로 각 업자는 각각 규칙에 준하여 서류제출을 하게 되었다. 5월 24일 정례회에서도 배급통제 문제가 다양하게 논의되었는데, 허가를 받아야만 사업이 가능한 이상 당국의 취지를 충분히 이해한 후에 조합의 방침을 결정하기로 하였다. 이것도 조합장에게 모든 조사연구를 일임하고 해산하였다.

이때부터 동경의 배급기구 통제방침도 점차 구체화되어 업자들 사이에서도 본격적으로 통제문제에 대한 연구가 시작되었다.

3. 배급통제에 나타난 마지막 현상
(1941년 3월 3일)

● ● ●

배급통제 문제가 대두되고 난 후, 제일 먼저 정식으로 논의된 문제
는 문화영화의 배급일원화였다. 영화통제는 일단 극영화부터 시작할
것이라는 예상을 뒤엎고 문화영화부터 진행된 것은 의외였다. 이유
야 어찌되었든 당시의 미묘한 분위기를 헤아리기에 충분한 사건이었
다. 이 당시에는 일본뉴스사(日本ニュース社)[4]가 당국의 영화 신체제
조치에 꽤 깊이 관여하여 중요한 발언권을 쥐고 있었다. 즉, 문화영화
배급 일원화를 관장·관리하는 곳은 일본뉴스사였던 것이다. 일본뉴
스사 창립당시부터 국내 문화영화는 일원적으로 일본뉴스사를 통해
배급한다는 방침이 이미 정해져 있었다. 이리하여, 당국(정보국과 내
무성)에서는 영화법에 의해 문화영화배급업을 일본뉴스사에게만 허

---

4) 일본뉴스사(日本ニュース社)는 일본영화사(日本映畵社)의 전신이며 줄여서 니치
에이(日映)라고도 한다. 1939년 영화법이 제정되면서 영화관에서 영화 상영전후에
반드시 뉴스를 상영하도록 의무화되었다. 또 1940년 4월 정부의 통제를 용이하게
하기위해 아사히 신문사(朝日新聞社), 오사카 마이니치 신문사(大阪每日新聞社),
요미우리 신문사(読売新聞社) 등 3대 일간신문사와 동맹통신사(同盟通信社)의 뉴
스영화부문이 통합되어 사단법인 일본뉴스영화사가 된다. 일시적으로 1000명을
넘는 스태프를 가진 일대 보도기관이었다. 이것이 1941년 도호(東寶), 쇼치쿠(松
竹)의 문화영화부문과 각 문화영화제작회사를 흡수하여 사단법인 일본영화사(日
本映畵社), 즉 니치에이(日映)로 개명한다. 주 1편의 뉴스영화와 다수의 프로파간
다영화를 제작한다. 제2차 세계대전에는 일본 정부의 의향에 따라 뉴스영화, 국책
선전영화를 양산했으며 패전 후에는 조직을 재편하여 뉴스영화 이외에 기록영화,
교육영화, 과학영화를 다수 제작했다.

가하고 민간업자에게는 일체 허가하지 않는 방침이었다고 한다. 물론
실제적인 인계방법은 업적에 따라 보상금을 주는 방식도 고려되긴 하
였으나 이 문제는 당국이 생각했던 대로 간단히는 진행되지 않았다. 3
월 3일에는 정보국에서 주요 18개사에게 참가요청을 하여 협의한 결
과, 전술과 같이 당국의 방침을 설명하는 한편 일본뉴스사의 정관개
정을 행하게 되었다. 일본뉴스사 창립당시부터 문화영화배급 일원화
가 계획되어 있었다고 한다면 처음부터 문화영화배급 일원화를 하기
위한 정관이 마련되어 있어야 했는데, 문화영화배급 일원화를 하기위
해 정관을 변경해야 한다는 이야기는 조금 이해가 가지 않는 이야기
이다.

한편 민간업자측에서는 영화배급업이 정부허가를 받지 않으면 안
되었기 때문에 전국 300여개의 배급업자들은 각각 사업허가를 신청
했으나, 통제하려는 목적에서 우선 도호(東寶), 쇼치쿠(松竹), 도와
(東和) 등이 모여 대일본문화영화협회(大日本文化映畵協會)를 조직
하였다. 이 협회는 우에무라 야스지(植村泰二), 기도 시로(城戶四郞),
가와키타 나가마사(川喜多長政)[5] 씨 등이 이사로 이름을 올려놓고 있
었다. 그러나 이후에 일본뉴스사에 합류하게 된다. 이렇게 된 이상 민
간업자는 좋은 조건이라면 일본뉴스사에 합류하는 것이 현명한 선택
이었다. 소규모 문화영화 배급업자들의 일원화는 이렇게 일본뉴스사
의 힘으로 태풍에 휩쓸리는 나뭇잎과 같은 한없이 힘없는 존재였다.
이리하여 문화영화 부문에 한해서는 일본뉴스사를 중심으로 일원적

---

5) 가와키타 나가마사(川喜多長政, 1903-1981)는 일본 영화제작자, 수입업자, 국제적
   인 영화인으로 아시아에서 절대적인 신용을 가진 사람이다.

배급을 운영하려고 하는 방침은 당국의 이해와 협조로 거의 현실화 되기 직전 상태가 되었다. 그 때문에 일본뉴스사로서는 조선에 대하여서도 독자적인 배급업 허가신청을 실시하려고 한 일도 당연하였다. 당시의 실상을 비추어 생각하면 이것은 내지·외지(內地·外地) 모두에게 나타나는 하나의 현상으로 보는 것이 타당할 것이다.

4. 동경(東京)에서의 조선영화 배급 잡론(雜論)

• • •

일본 영화계에서 점차적으로 통제문제가 논의되기 시작한 가운데, 동경에는 '조선총독부의 영화 배급통제에 관한 방침이 정식적으로 발표되었다.'라는 설이 나돌기 시작했다. 이뿐 아니라 뭐든지 당국에서는 일본보다 조선에 먼저 자본금 200만원으로 배급통제를 실시한다는 설도 있었다. 물론 이는 아무런 근거가 없는 선전이며 오보(誤報)였다. 동경의 거래계통에 정통한 조선 배급관계자가 전해준 낭설이 널리 회자된 결과였다. 사소한 것 하나에도 민감하게 금방 반응하는 조선과 일본사이 일이기 때문에 이른바 본점과 지점 간에 이러한 문제가 대두되었던 것이다.

당시 동경의 일부 유력자들 사이에서는 '일본의 배급통제는 여러 가지 복잡한 사정이 있어 쉽게 실시하지 못하나, 오히려 조선과 대만 등의 외지(外地)에서 이를 한 발 앞서 실시하면 그 여파가 일본에까지 전해져 차후 일본의 배급통제에도 좋은 영향을 끼칠지 모른다. 그러므로 앞으로 조선은 조선만의 배급통제가 구체화될 것이다.' 라는 말들이 오고가고 있었다.

한편 신문 관계자들이나 평론가들 사이에서도 조선에는 제작과 배급을 통합한 강력한 조직을 세우는 것이 가장 현명한 선택이라는 말들이 오르내리고 있었다. 그러나 정작 경성에서는 이 문제에 대해 어떠한 적극적인 움직임도 없었다. 그럼에도 불구하고, 동경에서는 조선에 대한 무성한 소문들만 나돌 뿐 구체적인 영화통제 안이 제시되

지 못했다. 이유는 조선의 문화와 조선의 전반적인 영화통제에 대한
전문적인 지식 없이 시행하려고 했기 때문이다. 또 하나는 외화배급
계통 시스템 및 통제 후의 일들을 우려하는 일부 정책결정자들의 동
요와 불안들이 이러한 헛소문을 양산했기 때문이다. 조선의 입장에서
보면 그리 달갑지 않은 소문이며 참견인 것이다.

5. 니치에이(日映), 조선에 일원적 배급을 계획하다
(1941년 5월 31일)

● ● ●

니치에이(日映) 본사를 중심으로 문화영화배급 일원화 문제가 대두됨에 따라 니치에이(日映) 간부는 1941년 5월 31일에 경성으로 건너와 조선의 문화영화, 일본뉴스, 해외뉴스, 기타 배급업 허가 신청서를 당국에 제출하였다. 이로 인해 종래 경성일보(京城日報) 및 도호(東寶)영화 조선출장소 등이 취급했던 것을 니치에이(日映)가 대신하게 되었다. 배급방법은 단독 매수와 임시대여 형식을 취하였다.

당시 일본에 있었던 도서과장 무라카미 마사쓰구(村上正二) 사무관도 이 건에 관해 본부(本府)에 정보를 보내 니치에이(日映) 조선지사의 배급업 신청은 정보국, 내무성, 문부성의 지지를 받아 신청한 것임을 강조했다.

당시 검열주임은 현재 조선영화배급사(朝鮮映畵配給社)의 이사장 오카다 준이치(岡田順一)이었는데, 당국은 문화영화 및 뉴스영화라는 성질상 영리를 목적으로 하는 자유배급을 하지 않고, 기존 업자들을 정리통합하고 새로운 회사를 설립하여 배급을 일임해야 한다는 방침을 세웠다. 그러나 조선에서는 문화영화와 뉴스영화뿐 아니라 극영화 및 기타 영화전반에도 배급통제를 신속히 실시해야 한다는 요청이 있었기 때문에 문화영화 및 뉴스영화만을 배급하는 회사의 설립은 잠시 보류되었다. 그 후 니치에이(日映)에게는 조건부 지사 설립을 허가하자는 방침이 세워졌다. 그 조건은 다음과 같다.

첫째, 당국이 장래에 영화배급통제를 실시할 경우는 무조건적으로 이에 따라야 할 것.

둘째, '일본영화사(日本映畵社) 조선지사'라는 명칭을 사용하지 말고, 가령 '조선영화사' 등의 별도의 명칭을 사용할 것. 만약에 '일본영화사(日本映畵社) 조선지사'라는 명칭을 사용할 경우, 경영과 운영전반을 마치 니치에이(日映) 혹은 정보국의 지휘 하에서 움직인다는 인상을 줄 수 있기 때문이며, 당국의 철저한 감독지시도 기대할 수 없기 때문이었다. 이 밖에도 당국이 회사의 조직체계 및 인사 문제 등에도 간섭할 수 있는 조건들이 다수 포함되었다.

전술했듯이, 당시 니치에이(日映)는 자사 중심으로 문화영화 배급 일원화를 추진 중이었기 때문에 조선에서도 허가신청을 했던 것이다. 니치에이(日映)가 지금까지 배급을 위탁하고 있던 경성일보와 도호(東寶)영화 출장소 등은 이미 니치에이(日映)의 배급허가를 받아 모든 영화를 인수한다는 승낙서를 작성한 상태였다.

그러나 당국은 문화영화와 극영화에 대하여 각각 별개의 배급기구를 두는 점은 전혀 생각하지도 않았다. 왜냐하면, 원래 니치에이(日映)는 뉴스영화 및 문화영화의 제작을 통해 국민문화의 발전뿐 아니라 해외에 일본의 국정을 올바르게 소개한다는 사명으로 만들어졌기 때문이다.

6. 배급과 제작의 통합 문제
(1941년 8월 25일)

• • •

8월 25일 제작자협회를 회동한 배급조합회의에서 당국의 일원화 운동에 동참하자는 의견이 대두되었다. 이는 제작자협회의 일부 세력이 독자적인 제작회사를 창립하기로 결정한 것에 따라 당국도 또 그 방침에 맞추어 '배급기구도 여기에 합류하는 것이 어떤가?'라는 의견을 타진해왔기 때문이었다. 이 의견에 찬성하는 사람이 다수 있었기 때문에 정식으로 총회를 열어 이 문제를 협의해보자는 데에 결론이 모아졌다. 그리하여 같은 날 신속히 임시총회가 개최되었다. 그리고 '영화계 임전체제와 관련하여 향후 우리 조합이 처리해야할 문제'에 대하여 협의가 진행되었다. 또, 조선영화제작자협회와 합류·합병되는 문제에 대해서도 그 찬반 의견을 구했다. 그 결과, 찬성이 14명, 기권이 6명, 반대가 12명으로, 결국 14대 12로 합류 찬성파가 다수를 차지하였다. 이리하여 교섭위원을 꾸리고 제작자협회와 협의하기로 최종 결정되었다. 교섭위원은 야마모토(山本)조합장, 시카타 겐(四方健) 씨, 이기세(李基世)[6] 씨, 히로카와 소요(広川創用) 씨, 다카야마

---

6) 이기세(李基世, 1889-1945)는 한국 연극인이다. 극단을 조직하여 운영하면서 한국의 신파연극을 주도했다. 1910년 연극을 공부하기 위해 일본으로 건너가 당시 교토 신파극계에서 2년 동안 연극을 공부하고, 연극에 관계된 많은 자료를 가지고 귀국했다. 개성으로 돌아와 개성극장을 세운 다음 한국에서 2번째 극단인 유일단(唯一團, 1912-1914)을 조직했다. 1916년 3월 윤백남·이범구와 함께 예성좌(藝星座)를 조직하였으나 재정상태가 어려워 1년 만에 예성좌도 해체하고, 1919년 10월 대

미쓰구(高山貢) 씨 5명으로 결정되었다.

협의를 마친 후에 시미즈 쇼조(淸水正蔵) 통역관과 히루타 요시오 (畫田義雄) 씨가 조선총독부의 의견을 전했다. '조선총독부에서는 조선의 배급통제 방안에 대해 아직 결정된 바가 없고, 사무관이 경성으로 돌아오면 일본의 정세를 고려하여 결정할 것이다.'는 내용이었다.

그 후 교섭위원과 제작자협회 측의 협의가 있었는데, 결국 이 일은 매듭을 짓지 못하고 각자 행동하기로 하였다. 9월 9일에 다시 임시총회가 개최되었고 경과보고가 있었다. 결국 배급조합의 의견은 이렇게 정리가 되었다. 먼저 조선에 별개의 배급통제회사를 설립하는 것을 목표로 하고, 만일 이 일이 성사 되지 못할 경우에는 일본 측의 배급기구에 현(現) 배급조합원을 채용하도록 요청하는 운동을 펼치자는 것이었다.

배급조합원의 행동에서도 알 수 있듯이, 그들의 행동은 미온적이며 전혀 적극성을 찾아볼 수 없었다. 거기에는 여러 가지 이유가 있다. 우선적으로는, 도호(東寶), 쇼치쿠(松竹), 다이에이(大映) 등의 조선 출장소는 어디까지나 일본 본사의 방침에 따라야 하기 때문이며, 개인 경영의 배급업자들과 보조를 맞추는 것도 불가능했기 때문이다.

구에서 조선문예단(朝鮮文藝團)을 창단해 새롭게 등장한 연쇄극을 시도했으나 성공을 거두지 못했다. 1921년 10월 윤백남과 함께 '예술협회'를 조직하고 서양의 근대극을 모방한 극을 공연하려 했으나 예전의 신파극 수준에서 크게 벗어나지 못했다.

7. 당국이 배급통제 방침을 결정하다
(1941년 9월 3일)

• • •

배급통제에 관한 총독부 당국의 의향은 공식적으로는 들을 수 없었다. 종종 관계자로부터 비공식적으로 들을 수 있는 것이 고작이었다. 그 내용은 일본이 그러했듯이 조선도 전 배급업자를 통합하고 정리하여 하나의 공익법인조직을 세우자는 것이었다. 또, 일본의 정세를 즉각적으로 반영할 수 있는 체제를 갖추는 것이 바로 그들의 의향이었는데, 결국 9월 3일 당국은 공식적으로 탁무성을 통해서 다음과 같은 방침을 하달하였다.

영화배급기구의 통제방침

현재 조선의 상설영화관 수는 140여개로 일본의 2,300개와 비교하자면 상당한 차이를 보이고 있다. 게다가 관람객도 일본이 1년에 4억 명인데 비하여 조선은 2천만 명에 불과하다. 얼마나 조선대중이 문화의 혜택을 못 받고 사는지를 엿볼 수 있다. 뿐만 아니라 조선대중의 문화에 대한 욕구가 얼마나 적은지도 보여주는 단적인 예라 할 수 있겠다. 이는 조선의 문화 발달이 더딘 것에도 그 이유가 있지만, 영화배급기구가 존재하지 않는 것에도 그 원인이 다소 있다. 하지만 무엇보다도 주된 원인은 영화배급 요금의 폭등이라고 할 수 있다. 즉 1939

년 9월 18일 국가총동원에 근거해 공포된 9 · 18 가격정지령[7]에는 영화배급요금 정지에 관한 언급이 없었기 때문에 요금이 해마다 폭등했다. 특히 지방에서는 영화배급요금이 흥행수익의 절반을 차지하는 곳도 있다. 조선의 영화배급요금의 평균은 40% 이상으로 내외지(內外地)를 통틀어 가장 비싼 요금을 징수하고 있었다. 게다가 다달이 내는 배급요금을 생각하면 어마어마한 요금을 지불하는 셈이다. 그런데 이 돈은 거의 전부 일본 배급업자나 제작업자에게 지불되기 때문에 조선의 영화사업 발전에는 사용되지 않는다. 결국 조선 내 상영업자들은 영업이익을 챙기기 위해 영리본위의 흥행형태를 취할 수밖에 없는 것이다. 이러한 상태이니 당연히 조선에서는 영화를 통한 건전한 오락 보급과 문화향상은 애초부터 기대하기 어려웠던 것이다.

한편, 조선 내의 영화배급업자들은 현재 40명으로 감소하였으나 외국영화가 호황이었을 때에는 일시적이나마 57명에 달하여 서로 불필요한 경쟁을 하였고 영리추구에만 급급한 나머지 공익성을 해치는 배급계약을 맺는 등 자유배급에 대한 폐해가 잇달아 배급통제에 대한 필요성은 예전부터 통감하고 있었던 부분이었다. 이에 당국은 조정기구의 역할을 할 수 있도록 '조선내외영화배급업조합(朝鮮內外映畫配給業組合)'을 조직하게 된 것이다.

영화의 문화적 사명을 달성하기 위해서는 민간업자의 영리추구를 부채질하는 자유배급을 철폐하고 이들을 통합하여 비영리 배급기관

---

7) 가격 정지령(價格停止令)은 1939년 9월 18일에 일본이 중일전쟁 등으로 인하여 전시체제에 돌입하자 국가 총동원법에 근거하여 공포한 것으로 물가 · 임금 등 모든 물가가격을 이 날의 수준으로 정지시키자는 취지의 법령이다. 가격통제령(價格統制令)이라는 말로도 사용된다.

을 설립해야 한다. 그리고 통합된 배급기관에 전적으로 배급을 일임해야 한다. 하루라도 빨리 종래의 자유경쟁 무통제 배급방법을 그만두고 국가적 차원의 독자적인 배급방법으로 상영업자의 이익뿐만 아니라 일반대중에게도 건전하고 우수한 영화를 제공해야 한다.

그런데 최근에 영화 자재의 부족으로 최소한의 자재로 최대한의 효과를 노리라는 취지의 강력한 당국의 통제방침이 수립되었다. 이에 따라 앞으로는 영화제작도 극도로 제한받을 것이다. 또 일본을 통해서 유입되었던 많은 배급영화들도 그 양이 상당히 줄어들 것으로 예상된다. 때문에 본부로서는 조선의 특수사정을 고려하면서 일본의 일원적 배급기관 설치에 맞추어서 이참에 40명에 달하는 배급업자를 통합할 계획이다. 그리고 일원적인 공익법인 배급기관을 설치하여 조선의 독자적인 배급을 실시하도록 할 방침이다.

(記)조선에서의 영화배급은 조선영화령(朝鮮映畫令)에 의해 허가된 하나의 공익법인으로 할 것.

8. 정보국, 배급통제를 결정하다
(1941년 9월 19일)

● ● ●

정보국의 영화기구 개혁은 내무성과 문부성 그리고 영화계 유력자의 의견을 참고로 하여 연구·논의되어 9월 10일 정보국 영화통제 최종안이 발표되었다. 최근 급변하는 정세에 따라 영화 관련 자재들이 압박을 받고 있는 가운데, 영화제작, 영화배급, 영화상영 등의 각 부문에 강력한 일대 변혁을 실시한 것이다. 이는 임전체제 하에서는 극영화를 통해 국민의 계발(啓發)[8] 선전 및 위안을 제공하는 것이 반드시 필요한 일이기 때문에 취해진 조치였다. 개혁안은 다음과 같다.

제 작

쇼치쿠(松竹)와 고아(興亞)[9]가 쇼치쿠(松竹) 1사(社)로, 도호(東寶)와 도하쓰(東發)[10], 낭오(南旺)[11], 다이호(大寶)[12], 다카라 즈카

---

8) 계발(啓發)은 재능이나 정신 따위를 깨우쳐 열어 주는 것을 말한다.
9) 고아흥행주식회사(興亞興行株式會社, 1941설립 후 바로 해체)는 쇼치쿠(松竹)계열 고아영화(興亞映画)가 고아영화촬영소(興亞映画撮影所)가 되고 영화통제에 의해 고아흥행주식회사가 되지만 제작배급은 완전히 쇼치쿠(松竹)로 흡수된다. 이후에 고아영화촬영소는 쇼치쿠 우즈마사 촬영소(松竹太秦撮影所)로 개칭된다.
10) 동경발성영화제작소(東京發聲映畫製作所, 1935년 설립-1941년 합병)은 닛카쓰(日活)자본이 설립한 영화제작회사로 유성영화를 특화하여 만든 제작소이다. 처음에는 닛카쓰(日活) 자본으로 영화를 만들었으나 나중에 도호(東宝)자본으로 만들다가 결국 도호(東寶)에 합병된다.

(寶塚)¹³⁾가 도호(東寶) 1사(社)로, 닛카쓰(日活)와 신코(新興)¹⁴⁾, 다이토(大都)¹⁵⁾가 닛카쓰(日活) 1사(社)로 정리하여 쇼치쿠(松竹), 도호(東寶), 닛카쓰(日活) 3개 영리법인을 승인한다. 그리고 각 회사는 극영화를 매월 2편씩, 총 6편으로 하며 인쇄물은 각 회사 30편으로 한다.

---

11) 난요 영화주식회사(南旺映画株式会社, 1939년 설립-1940년 합병)는 1933년 '영화국책수립에 관한 건의안'이 제출되면서 국가에 의한 영화통제의 기초를 마련한 중의원 이와세 료(岩瀬亮)가 설립하였다. 대일본동아영화협회를 설립하여 교육영화를 제작했다. 그러나 흥행에 실패하여 도호(東寶)와 배급계약을 맺고 일반영화도 만들었으나 경영악화로 1941년 도호(東寶)로 흡수된다.

12) 다이호 영화주식회사(大宝映画株式会社, 1935-1941)는 교쿠토 영화주식회사(極東映畵株式會社)의 전신이다. 1935년에 28편, 1936년 35편, 1937년 43편, 1938년 26편, 1939년 36편, 1940년 36편, 1941년 4편을 남긴 회사이지만 1940년 오사카 우메다 극장(梅田劇場)에 합병되어 다이호 영화주식회사(大宝映画株式会社)가 된다. 그러나 1편도 제작하지 못했다. 대형 영화회사가 유성영화로 전환하는 시기에 계속 무성영화를 만들다가 1940년이 돼서야 비로소 유성영화를 만들기 시작한 회사이기도 하다.

13) 동경 다카라 즈카 극장(東京寶塚劇場, 1932년 8월 설립-1943년 12월 개칭)은 일본 연극, 영화회사이다. 제2차 세계대전 전에 설립하여 히비야(日比谷) 영화, 연극가를 형성한 모체가 되었고 도호(東寶)의 전신이다. 1937년 4사를 합병하고 1941년 동경발성영화를 흡수합병하여 대형영화회사로 급성장한다. 1943년 영화제작, 배급, 흥행, 연극흥행 등 폭넓게 사업을 전개하여 도호(東寶)주식회사로 개칭한다.

14) 신코 키네마주식회사(新興キネマ株式會社, 1931년 8월 28일 설립-1942년 1월 10일 합병)은 오사카(大阪)에 있던 제국키네마연예(帝国キネマ演芸)의 전신이다. 1942년 전시통합으로 닛카쓰(日活)의 제작부문과 다이토(大都)영화와 합병한다.

15) 다이토 영화주식회사(大都映畵株式會社, 1933년 6월 설립-1942년 1월 합병)은 신흥 중소기업이었는데, 저예산 오락물을 대량제작하고 값싼 입장료로 대형영화회사와 경쟁했다. 많은 작품은 현존하지 않는다.1942년 1월 전시통합으로 닛카쓰(日活) 제작부문과 합병하여 대일본영화제작(大日本映画製作)이 된다.

배 급

공익법인 1개사만이 외국영화의 배급을 행한다.

공익법인 1개사만을 존재시키는 것은 이미 예상된 일이었다. 그러나 그 사이에 음지에서 당국과 협의하여 외국영화의 배급을 독자적으로 행하고 있던 회사들도 있었으나 당국의 방침이 이렇게 공식적으로 발표됨에 따라 이를 따를 수밖에 없게 되었다.

9. 배급조합의 배급기관 창립안
(1941년 10월 19일)

• • •

앞에서 말한 배급조합의 창립위원은 당국의 방침에 따라 조선 독자적인 배급기구를 창립하기 위하여 10월 중순 그 창립안을 작성하기 시작하였는데, 최초의 창립안에는 '사단법인 조선영화배급협회'라는 명칭을 사용하였다. 그리고 그 설립취의서는 다음과 같다.

사단법인 조선영화배급협회 설립취의서

1. 이유 및 방침

1) 영화의 계몽성과 선전성을 최대한으로 발휘하여 적극적으로 국책에 협조해야 함은 아무리 말해도 지나침이 없을 것이다. 그리고 이를 위해서는 일원적이고 강력한 조직을 필요로 한다. 따라서 현재 영화를 배급하고 있는 각 회사들의 힘을 하나로 모아서 독점적으로 배급을 행할 수 있는 새로운 기구를 설립한다.

2) 신설기구는 농어촌의 근로자들을 위해 순회상영을 실시하여 국민총력정신의 함양과 건전한 오락의 확립을 위하여 적극적으로 움직인다. 특히 본 법인의 순회상영사업은 각 관공서와 공익단체에 이동대(移動隊)를 파견하여 순회상영사업을 위탁하고 국책선전, 교육, 계몽에 힘쓴다.

2. 기구 및 사업

신설기구의 기구 및 사업의 대략적인 내용은 다음과 같다.

1) 기구

사단법인 조직으로 한다. 임원, 내부 사무조직은 추후 정한다.

2) 사업

가. 배　급 - 국내외의 우수한 영화를 배급한다. 종래의 구습을 타파하고, 한 편이라도 저렴한 요금으로 일반 국민에게 영화를 제공한다. 기구의 정비가 어느 정도 끝나면 일부 특수 지역에는 무료 관람을 추진한다.

나. 상영관 - 본 법인의 배급영화는 원칙적으로 본 법인이 직영하는 곳이나 계약을 맺고 있는 곳으로 한정하여 배급하되 필요에 따라서는 당분간 기존 배급체계를 이용하기로 한다.

다. 기　타 - 본 법인이 내실을 충실히 한 결과로 얻은 이익은 국민 문화의 증진과 발전에 기여하도록 모두 영화 제작에 다시 사용한다.

3. 설립 준비

본 법인의 설립 준비를 위해서, 각 배급회사 대표 및 관청 관계자가 필요할 경우에는 일단은 민간유력자들로 구성된 설립준비위원회를 설립한다. 또, 본 법인이 각각의 배급회사에서 매수할 현물 및 기타 매수비를 평가할 매수평가위원회가 필요한 경우에는 설립준비위원회 내에 설치한다.

또, 동 협회의 정관은 완성되었다. 그 정관 가운데 중요한 것은 협회가 현재 영화배급업을 하고 있는 자 또는 당국의 추천을 받은 유력자가 창립해야 한다는 점을 명기한 일이다. 조직방법은 회원의 출자금으로 창립하도록 되어있다. 인적기구는 이사장 아래에 전무이사, 상무이사, 감사를 둔다. 임기는 만 3년으로 한다.

 이 안(案)은 보통 일반적인 공인법인 조직에 준하여 계획된 것으로 현재 조선영화배급사와는 그 조직, 출자계통 등이 매우 다르다. 어쨌든 배급일원화 문제가 대두되었던 초기단계에서 조합원 측이 작성한 창립 안으로 당국도 이를 수리하여 연구, 정정한 것이었다.

10. 일본 배급기구 설립 제1차 협의회
(1941년 10월 21일)

• • •

일본의 영화 배급기구는 공익법인 1개사만을 두는 것으로 거의 결정되었다. 정보국이 이 문제를 과연 어떤 방법으로 풀어나갈지에 대해서 업자들 사이에서는 그 귀추를 주목하고 있었다. 이런 차에 정보국에서는 10월 21일 신설 기구 설립에 대한 제1차 협의회를 개최하였다. 그 출석자를 살펴면, 일본영화협회, 일본영화사(日本映畵社, 니치에이(日映)), 쇼치쿠 영화사(松竹映畵社), 도호 영화사(東寶映畵社), 닛카쓰 영화사(日活映畵社), 신코(新興), 다이토(大都) 등이 참석했다. 문화영화부문에서는 아사히 영화사(朝日映畵社)[16], 리켄 영화사(理研映畵社)[17] 등 업자 측 준비위원과 정보국, 문부성, 내무성 등의 관계관 등 총 수십 명이 모인 대회의였다.

신설 배급기구에 대해 결정된 사항은 우선 다음과 같다. 첫째, 조직

---

16) 아사히 영화제작주식회사(朝日映畵製作株式会社, 1924년 설립-1949년 해산)은 1924년 아사히 신문사(朝日新聞社)는 뉴스영화 『아사히 영화주보(朝日映畫週報)』를 제작하고 1934년 7월 『아사히 세계뉴스(朝日世界ニュース)』를 제작하여 전국 영화관에서 상영했다. 1936년부터 1949년까지 영화제작을 했지만 경영악화로 해산하였다.

17) 리켄 과학영화주식회사(理研科學映畵株式会社, 1938년 설립-1946년 개칭)은 나중에 리켄 영화주식회사(1946-1952), 신리켄 영화주식회사(新理研映画株式会社, 1952-1960)이 된다. 전전(戰前)에는 주로 기록영화를 만들고 전후에는 교육영화와 기록영화를 주로 제작하였다. 전쟁 중에는 훈련영화, 국방영화를 만들었다.

은 사단법인으로 할 것. 둘째, 출자사원(出資社員)은 영화통제로 만들어지는 극영화제작회사[18], 일본영화사(日本映畵社), 문화영화제작회사[19]로 한정하고 다른 것을 인정하지 않는 것으로 결정하였다. 그러나 공익법인의 성격상, 가장 이해관계가 있는 흥행업자 측 및 외국영화 수입업자들의 출자를 인정할 것인가에 대해서는 차후 10월 27일에 열리는 제2차 협의회에서 논의하기로 하였다.

이것은 일본 배급기구 탄생의 첫 회합인지라 매우 의미 깊은 일로 생각하여 특별히 기록으로 남겼다. 그러나 제작업자 측과 흥행업자 측이 서로 자신들의 이윤추구를 위해 분규가 일어날 것이라 예측한 당국은, 먼저 업자 측에게 정관을 작성하여 제출할 것을 명령하였다. 그리고 이 둘을 충분히 검토하여 당국의 최종 정관을 발표하기로 하였다. 업자 측과의 정면충돌을 피하기 위한 방편이었던 것이다.

당시 동경에서는 조선의 배급통제가 과연 어떤 성격을 띨지 알지 못했고, 일부 조선 관계자 사이에서는, 정보국이 국책사업이라는 측면에서 영리추구를 하지 않는 공익법인조직의 배급기구를 설치해야 한다는 취지인 이상, 조선도 당연히 이를 따를 수밖에 없다고 결론을 내렸다. 물론, 아직 조선 당국의 진의도 모르는 상황에서 조선에 독자적인 배급기구를 설치한다는 것은 무리가 따르는 법이고 반발이 예상된

---

18) 극영화를 만드는 제작회사 모두를 말한다.
19) 문화영화를 제작하는 모든 회사를 말한다. 일본에서는 문부성의 위탁을 받아 1931년 교육영화 『빛나는 사랑(輝<愛)(1931)』를 쇼치쿠(松竹) 문화영화부에서 제작하기 시작하면서부터 문화영화라는 개념이 형성되었다. 그러나 본격적으로는 영화법 제정이후이다. 문화영화 전성기에 전시체제에 돌입했기 때문에 문화영화 제작회사나 제작부문이 전쟁기록영화나 병사, 일반국민을 훈련하고 전쟁동원을 하기 위한 교재영화 등도 제작하는 경우도 많았다.

다는 의견도 있었다.

　이것은 이전에 영리법인의 배급조직이 설립될 것이라는 설이 이미 일본에 유포되었기 때문인지 모르겠지만 전적으로 인식이 부족한 견해였다.

11. 배급조합, 통제 궤도에 오르다
(1941년 10월 25일)

● ● ●

　배급조합에는 일본 본사의 출장소장과 개인경영자들이 섞여있어 자신들의 확실한 의지표시가 곤란했다. 그러나 10월에 접어들면서부터 조선에 독자적인 배급기구를 설립한다는 뜻은 당국의 위와 같은 방침과 함께 확실해졌다. 물론 일부에서 구상 중이었던 영리조직조합은 일본과 마찬가지로 조선에서도 받아들여지지 않아 공익법인으로 출발해야 했다. 그리고 10월 25일에 열린 배급조합의 모임에는 총독부 시미즈 쇼조(清水正蔵) 통역관, 히루타 요시오(晝田義雄), 이케다 구니오(池田國雄)가 출석하여 꽤 구체적인 사항들에 대해 논의가 가능하게 되었다.

　배급 일원화 조직을 신속히 서류로 작성할 것과 현재 업자들로 준비위원을 꾸려 그 업무에 착수하도록 할 것 등이 논의되었고, 준비위원은 당국의 지명에 따라 선출되는 것으로 결정되었다.

　이리하여 '사단법인 조선영화배급협회'라는 명칭 아래 협회설립취의서가 완성되었다. 이는 일본 영화배급사와는 별개로 독자적 성격을 띠는 조선만의 영화배급조합의 출범이었다. 12월부터는 더욱 자주 임원회의를 가지면서 이 문제에 대하여 선후책(善後策)을 협의하였으며, 1942년 1월 10일에는 조선호텔에서 첫 총회를 개최하여 조합 간부의 진용을 정비하기로 하였다. 그러나 그 선발에 있어서는 기존의 투표선출 방식이 아닌 총독부 당국의 지명을 따르기로 하였다.

같은 날 당국에서 지명한 임원은 다음과 같다. 당국이 지명한 임원은 발전적 취지에서 해체를 한 동 조합의 마지막 임원 멤버들이었다. 이것은 어떤 의미에서는 너무나 당연한 지명이었다. 즉, 조합장 소노다 미오(園田実生), 부조합장에는 아사하라 류조(浅原隆三), 다무라 순(田村峻) 씨 두 분, 평의원에는 야마모토 스에쓰구(山本季嗣), 히로카와 소요(広川創用), 이사바시 료스케(石橋良介), 다카야마 미쓰루(高山貢), 시바야마 료지(柴山量二), 회계에는 시카타 겐(四方健), 서기에는 이키 하쓰요시(壱岐初好) 등 여러 분이었다. 이번 총회에는 특히 당국에서 모리 히로시(森浩) 도서과장도 참석하여 총 출석자가 36명에 달하여 성황리에 끝났다.

II

험난한
조선 독자의 길

12. 조선 독자적인 배급기구를 필요로 하는 이유
(1941년 11월 4일)

● ● ●

일본의 영화배급기구가 일본 뿐 아니라 조선까지 그 영향권 안에 넣으려는 계획을 파악한 조선총독부 영화당국은, 조선의 영화배급사업의 특수성을 강조하며 조선의 독자적인 배급기구의 필요성을 주장한다. 그리하여 당국은 11월 4일, 일본 측에 아래와 같은 상세한 설명을 통해 위와 같은 취지를 관철한다는 뜻을 밝힌다.

조선에 독자적인 배급기구가 필요한 이유

1. 조선의 영화사업의 특수성

조선에서의 영화 제작, 배급 그리고 상영에 관해서는 영화법 제19조를 제외한 나머지 조항들에 준거하여 1940년 1월 4일에 조선영화령(朝鮮映畵令)을 제정하여 공표하였다. 그리고 동년 8월 1일부터는 조선의 영화사업 전반에 있어서 허가가 필요하게 되어 현재 조선 내 배급영화의 대부분을 일본에 의존하고 있다. 이는 일본의 사정과는 상당한 차이가 있어, 영화사업 전반적으로 지도 및 감독이 필요하다. 또, 지금의 조선 영화는 전시 하에서 국민의 오락과 2천 4백만 국민의 정신 함양이라는 중대한 사명을 띠고 있어, 독자적인 영화대책을 구상해야 함이 분명하다.

그러나 항간에 전해지는 말에 의하면, 정보국에서는 영화가 부족하다는 점과 배급 상의 편의를 이유로 조선의 배급을 일본에서 일원적으로 통제하려 한다고 한다. 하지만 조선의 영화사업의 특수성을 결코 무시해서는 안 될 것이다.

2. 조선의 영화배급 방법의 특이성

현재 조선의 영화관 수는 140여 개에 못 미쳐 조선 대중이 문화의 혜택을 골고루 받지 못하고 있다. 따라 조선의 영화 사업은 이미 포화상태에 이른 일본과 비교하면 상당한 차이가 있다.

조선에서는 영화관을 빼면 조선 대중을 위안시킬 건전한 오락문화가 거의 없고, 그나마도 아직 광범위하게 분포되어 있지 않고 교통이 매우 불편하다. 따라서 배급의 방법에 있어서 특별히 많은 고심을 해야 할 필요가 있다. 또, 현재 조선에 대한 영화배급 할당은 극히 적은 영화관의 수에 비례해서 책정이 되어 있는데, 이는 조선의 실정을 제대로 파악하지 못한 일부 탁상론자들에 의한 것으로 정말 안타까운 일이 아닐 수 없다.

3. 조선영화에 대한 지도 조성

조선영화의 제작에 관하여, 본부 알선 하에 주식회사 조선영화제작협회(가칭)을 설립하여, 본부의 적극적인 지도하에 장래 조선 대중을 지도하고 계몽시킬 수 있는 영화를 제작해야 한다. 뿐만 아니라, 조선영화의 배급에 관해서도 효과적인 방침을 세울 필요가 있는데, 우수한 기획에 대하여 보상 제도를 고려하는 등 배급기구를 통한 적극적인 지도 및 지원이 없다면 조선영화의 향상과 발전을 기대하기는 힘들 것이다.

4. 배급기구 및 상영기구의 불가분성

영화배급기구 일원화에 관련해, 현재의 상설관의 흥행방법 등을 재검토할 필요가 있는데, 영화 신체제를 수립하기 위해서도 영화의 제작, 배급 및 상영 각 기구를 재편성할 필요가 있다.

또, 앞으로 조선의 배급기구를 통해서 흥행부문의 공익성을 지키기 위해서는, 독자적인 배급기구 정비가 절대적으로 필요하다. 그런데 조선의 배급기구만을 분리하여 일본기구의 통제 하에 두는 것은 장래 조선영화계의 건전한 발전을 저해하는 결과를 낳을 것이다.

13. 정보국, 조선 독자의 길을 반대하다
(1941년 11월 10일)

• • •

정보국은 배급통제에 관련하여, 일본에는 광범위한 배급기관을 설치하고 타지에는 지사 혹은 출장소를 두어 업무를 보게 할 계획을 가지고 있었다. 이에 대하여 조선은 물론 대만 등에서도 현지 특유의 사정을 이유로 지사안(支社案)을 무조건적으로 받아들이지 않을 것이라는 입장이었다. 대만의 경우, 대만총독부는 제작(문화영화에 한해서)과 배급, 흥행 일체를 일원화하고 연출부문까지도 여기에 합류시켜 하나의 조직을 세우자는 방침이었다. 그리고 조선보다 한 수 먼저 빨리 손을 써서 이미 당국과 교섭을 하고 있었다. 정보국으로서는 애초의 강경한 입장을 고수하기가 점점 힘들어지자 '외지(外地) 영화배급협의회'라는 것을 언급했다.

11월 10일 정보국에서 개최된 모임 석상에서 탁무성 관계자와 조선, 대만 등의 타지 관계자들이 모여 협의를 하였는데, 탁무성은 당연히 지사를 두는 것을 지지하고 나섰다. 그리고 정보국으로부터는 내외(일본, 조선, 대만)에 한 개의 배급기구만을 두자는 취지의 설명이 있었고, 뒤이어 조선과 대만은 각 지역의 특수성을 운운하며 각자의 의견을 피력하였다.

결국 조선과 대만에서도 정보국의 지사 안에 대한 의향을 검토하여 구체적인 의견을 작성하기로 결론지어졌다. 이 석상에서는 현 함경남도 경제경찰과장 나카지마 메이몬(中島命門) 씨가 동경 파견원이라는 신분을 띠고 조선 독자 안을 위하여 고군분투하였고, 탁무성의 조선부장, 경무과장 등도 이에 전력을 다했다. 그러나 당시의 정보국 가와즈라 류조(川面隆三) 제 5부장, 후와 스케토시(不破祐俊) 제5부 제2과장 등은 조선 독자안에 대하여 확실한 반대의 뜻을 비쳤다. 그 반대의 이유는 다음과 같았다.

1. 자재가 부족한 지금의 시국에 일본을 제외한 조선에 독자적인 배급기구를 두면 원활한 영화의 배급에 지장을 초래할 수 있다.
2. 조선에 지사를 두고 규정에 따라 조선총독이 지사의 감독을 행한다면 아무런 지장이 없을 것이며, 오히려 본사로부터 배급에 대한 많은 선택권이 주어질 수 있으므로 유리하다고 볼 수 있다.
3. 배급 규정을 제정하여 일본과 조선의 불공평성을 제거하고 배급 요금도 조선의 실정에 맞추어 조정할 수 있다.
4. 계몽 선전을 위한 순회상영은 별개의 기관을 설치하고 여기에 꼭 필요한 영화를 제공하면 된다.

그러나 조선의 입장으로 보자면, 이미 조선영화령(朝鮮映畵令)까지 제정된 마당에 조선의 상황을 모르는 일본사람에게 지사안(支社案)까지 승낙할 수는 없었던 것이다. 하지만 정보국은 지사안을 강력하게 고집하였다. 이것은 당시 조선에 설립하려는 배급회사의 기구, 출자자들의 면면과 성격을 잘 몰랐기 때문에 지사안을 고집한 것으로 보인다. 이렇게 조선과 대만에서의 배급기구 문제는 이견이 많았으나 일본 내의 배급회사 창립에 대해서는 순조롭게 진행이 되고 있었다. 1942년 1월에는 공익법인의 성격을 띠는 배급회사 창립을 결정하

게 되었는데, 사장으로는 도호(東寶)영화사 초대사장이었던 우에무
라 야스지(植村泰二), 전무이사에는 니치에이(日映)의 가나사시(金
指) 씨와 쇼치쿠(松竹)의 지바(千葉) 씨를 두었다. 이후 이 셋은 기존
에 맡고 있던 업무에서 손을 떼고 신설회사와 관련된 업무에 전념하
였다.

14. 정보국, 지사안(支社案)을 고집하다
(1941년 11월 25일)

• • •

11월부터 12월에 거쳐 조선의 업자들이 가장 신경 쓰고 고민한 것은 정보국에 조선 독자 안을 관철시키는 것이었다. 당국이 조선 독자 안에 크게 공감하거나 흔쾌히 수락은 하지 않더라고 당국도 당국의 체면을 세워 승인하지 않으면 안 되는 처지가 된 것이다. 그리고 이미 배급업자들로부터 영리 추구가 아닌 공익법인을 골자로 하는 조선 독자 안이 당국에 제출되었다.

11월 말, 총독부의 시미즈 쇼조(清水正蔵) 통역관과 히루타 요시오(畫田義雄), 업자 측의 배급조합을 대표하여 유나이티드 아티스트 영화회사 조선대리점 고인문(高仁文) 씨, 제작부문을 대표하여 저자가 모두 동경으로 간 일은 앞의 '영화제작통제 편'에서도 말했는데, 당시 정보국은 외지(外地) 문제에 가장 강경한 태도를 보인 시기였다. 첫 번째 회의에서는 '11월 24일에 회의를 열기로 했는데, 일본에서는 여전히 지사안(支社案)을 고집하였으나 외지(外地)에 대한 구체적인 안이 없다.'라고 밝혔다. 그리고 다음날인 25일의 회의에서는 '조선총독부의 안도 좋지만 원활한 배급에 문제가 발생할 여지가 있으니 원하는 조건을 붙여도 좋으니 일단 지사안도 고려해보고 그 뒤 최종안을 발표해 달라.'고 밝혔다. 결국 조선 측의 입장도 고려를 해 볼 테니 일본 측의 지사안도 생각해달라는 뜻이었다.

그러나 '조건을 붙여도 좋으니 지사안을 고려해 달라.'라고 하여도 애초부터 조선 측에서는 지사안을 고려하지 않고 있었기 때문에 최종 안을 낼 이유가 없었으며 끝까지 자신들의 의견을 관철시켜야만 했다. 자칫하면 발목을 잡힐 우려가 있는 것이다. 이에 대해 정보국 가와 즈라 류조(川面隆三) 제 5부장은 조선에 6년간 있었기 때문에 조선의 특수한 사정에 대해서는 누구보다도 이해가 깊지만 현재의 심각한 자재난과 대동아를 하나로 묶을 수 있는 광의의 영화행정 관계상, 일원적인 기구 설립이 이상적이라고 밝히고 자리를 떴다. 그리고 후와 스케토시(不破祐俊) 제 5부 제2과장과 이나(伊奈) 정보관은 일본에 세우는 배급회사의 성격과 조선의 그것이 동일하다면 지사안으로 충분하지 않느냐는 무성의한 발언을 했는데, 이를 들은 시미즈 쇼조(清水正藏) 통역관과 히루타 요시오(晝田義雄)는 전력을 다해 조선에서 왜 독자 안을 제출해야만 했는지에 대한 이유를 설명하였다. 여기까지가 21일 열린 회합의 내용이다. 그 뒤 25일 정보국 회합에서는 조선에서 제출한 독자안에 대하여 열띤 논의가 계속되었다.

먼저 25일의 회의에서는 지금은 고인이 된 탁무성의 가나이(金井) 경무과장이 '일본의 지사안과 조선의 독자안을 제3자의 입장에서 공평하게 비교검토하면 원활한 배급을 기대해 볼 수 있지 않겠느냐. 또, 일본의 지사안도 타당하지만 조선이 영화를 통하여 적극적으로 문화정책을 수행한다면 조선 독자적인 배급기관을 인정하는 것 또한 지당하다고 생각한다. 뿐만 아니라, 정보국의 입장에서 보더라도 일원적인 배급통제 실시를 촉진하기 위한 하나의 방법으로, 먼저 독자적인 통제기관을 설치하게 놔두고 후일에 절대적으로 그 필요성이 대두된다면 그때 가서 이를 일원적으로 통제하더라도 늦지 않다.'고 조선의 편을 들어주었으나, 정보국은 다음과 같은 의견을 밝혀 그 입장을 확고히 하였다.

'정보국이 지사안을 관철하려고 하는 것은 일본 업자 전부가 지사
안을 지지하고 있기 때문이기도 하며, 조선 독자적인 기관을 설치하
고서도 원활한 배급이 불가능할까봐 우려하고 있기 때문이기도 하다.
그러나 조선이 계속해서 독자안을 고집한다면 우리 측에서는 끝까지
반대하기가 힘들어진다. 그러나 조선 독자안으로 했을 경우 지사를
설치하는 경우보다 더 극심하게 배급이 원활하지 않을 수 있다. 물론
정보국으로서는 조선의 독자적인 배급기관에 대해서도 전력을 아끼
지 않을 것이나 자재난이 심각한 지금, 조선 측에 몇 편의 작품을 할애
할 수 있을지는 보증할 수 없다. 따라서 충분히 연구한 후에 일본의 지
사안에 여러 가지 조건을 붙인 경우와 비교하여 어느 것이 더 현재의
상황에 유리할지 재검토한 후 최종안을 내주기 바란다.'

그러나 조선 측 관계자들이 동경에 가서 직접 정보국의 진의를 파
악할 수 있었기 때문에 조선 측은 즉각적으로 정보국에 대해 정식으
로 조선 측의 태도를 밝힐 수 있었던 것이다.

15. 조선 독자안의 최종 난관
(1941년 12월 1일)

• • •

11월 중순부터 말에 거쳐 조선 독자안 관철을 위하여 총독부 영화 관계자 시미즈 쇼조(清水正藏), 히루타 요시오(晝田義雄) 그리고 업자대표들이 동경에 간 일은 앞에서 설명하였다. 일행이 돌아오고 나서 바로 조선총독부에 정식으로 '지사안을 거절하고 조선 독자안을 관철한다.'는 취지의 의사를 표명하였다. 이에 대해 정보국에서는 조선이 이렇게까지 독자안을 고집한다면 뭐라 더 말하지는 않겠으나 복사본 배급량에 대해서는 책임 질 수 없다는 입장을 밝혔다. 조선 측의 정식 회답을 접수한 후에 탁무성 관계자나 총독부 관계자를 통해 지사 안을 승인시켜 형세의 역전을 꾀하려 했던 것이다.

그 사이에 탁무성 경무과장 가나이(金井)는 조선 측의 의견을 존중하여, 조건을 달아서라도 조선 독자안을 관철시킬 수 있게 도와주려 애썼지만, 정보국이 지사안에 대한 고집을 꺾지 않았다. 그러나 지금까지와 다소 달라진 의견도 있었는데, 일본 내 배급회사의 수뇌부도 결정되었으니, 그들과 절충을 해보면 어떻겠냐는 의견이 바로 그것이었다. 저자는 정보국 당사자를 비난할 마음은 아니다. 정보국도 어떤 형태로든 조선의 배급기구가 실현되면 최선의 노력을 다해 호의를 가지고 문제들을 처리해줄 것이며, 복잡한 통제 사업을 손쉽게 처리하고 싶은 마음은 충분히 이해하고 있다.

탁무성도 정보국과 조선 측 사이에서 할 수 있는 범위에서 최대한 노력을 다하고 있지 않은가. 탁무성은 '조선의 독자적인 회사를 세워, 이를 일본 영화배급사의 지사로 두고, 운영은 총독부에서 장악케 하고, 배급은 일본 측 회사에서 관리하게 한다.'라는 안을 제1안으로 삼았고, 제2안은 '지사안에 대한 총독부의 의견과 요구를 들어보고 재교섭한다.'로 정하였다.

이에 대해 조선총독부에서는 시급히 해결을 보지 않으면 정세가 불리해진다고 판단, 최후의 선후책을 시험해보기로 한다. 이리하여 도서과 무라카미 마사쓰구(村上正二) 사무관이 동경으로 간 것이다.

16. 총독부, 부동의 방침을 천명하다
(1941년 12월 10일)

•　•　•

　동경의 영화관계자들이 힘쓴 덕에 정보국의 진의가 밝혀져, 일행은 즉각 조선으로 돌아왔다. 이와 전후하여 통제 문제 초기부터 고군분투 해온 도서과장 혼다 타케오(本田武夫)가 학무과장으로 자리를 옮겼다. 그리고 12월 8일 모리 히로시(森浩) 도서과장이 취임하게 된 것이다.

　정보국 측의 의견에 대해 조선 측은 신속히 그에 대한 태도를 취해야만 했다. 후와 스케토시(不破祐俊) 과장의 말을 빌리자면 다음과 같았다. "지사라면 배급 문제에 대해 신경 쓰지 않아도 되지만, 조선 독자적인 기구를 세운다면 무슨 일이 일어나도 난 모른다. 그 부분을 잘 생각해보게."

　물론 임전 하에서 자재난 때문에 힘들다는 사실은 충분히 알고 있다. 그리고 조선에 많은 배급을 해줄 수 있으리라고 기대하고 있지도 않다. 140개의 상영관에 국산 후지필름으로 복사한 1개의 필름으로는 전부 돌려가며 상영이 불가능하지만, 2개라면 어떻게든 배급이 가능할 것이다. 일본의 업자들이 아무리 반대를 하더라도 독자안을 관철할 것이다.

　당국은 12월 10일, 탁무성 조선부장에게 조선 독자안이라는 최종안 결정을 통보하였고, 이와 동시에 정보국에도 통지하였다. 그리고 거듭 조선의 특수성을 설명했으며, 조선에 설치하는 기관 안에 일본영화배급사의 파견원을 두고 조선과 일본의 출장소를 세워 연락기관으로 삼고, 상호간 긴밀한 협조 하에 원활한 배급을 할 것을 기대한다고 전하였다. 또, 정보국의 희망조건 등이 있다면 말해달라고 전하기도 하였다.

또, 여태까지 정보국과 나눈 협의 사항은 전부 구두로 행해졌기 때문에, '지사안을 받아들일 수 없는 이유'라는 상세한 문서도 정식으로 작성하여 발송하였다.

17. 도서과 관계자들 동경에 가다
(1942년 1월 19일)

• • •

정보국과 일본영화배급사 간부간의 절충은 최종 단계에 접어들었다. 그러나 정보국, 조선총독부, 그리고 탁무성은 모두 그 의견을 팽팽하게 맞서고 있어, 현상유지로는 그 벽이 허물어질 기세를 보이지 않고 있다.

1월 19일에 동경에 간 무라카미 마사쓰구(村上正二) 도서과 사무관과 히루타 요시오(晝田義雄)는 즉각 정보국 후와 스케토시(不破祐俊) 제5부 제2과장과 면담을 하였다. 후와 스케토시(不破祐俊) 씨의 심경은 이전과 다를 바 없어, '조선 측이 이렇게까지 버티고 나선다면, 독자적 배급기구의 설립은 인정하겠습니다. 그러나 아시다시피, 남쪽 지방을 위한 배급이 예상 이상으로 필요시 되고 있기 때문에, 조선에 대해서는 확실한 배급을 장담하기 힘듭니다.' 라고 답하였다. 이를 들은 무라카미 마사쓰구(村上正二) 사무관은 신설 기구 설립에 대한 승낙을 얻은 이상 남은 문제는 조선에 할당하는 배급량의 획득이라고 생각하고, 일본 신설 배급회사의 사장으로 임명된 우에무라 야스지(植村泰二)와 만나 담판을 짓기로 결심한다.

익일 1월 20일, 영화배급사의 창립 사무소를 방문한 우에무라 야스지(植村泰二) 사장과 가나사시(金指)와 회견을 가지고, 조선 독자안에 대하여 상세히 설명한 후 협조를 구했다. 우에무라 야스지(植村泰二)와 가나사시(金指)는 정보국이 근본적인 문제인 독자안을 승인한 이상, 이에 대해서는 더 이상 논의할 필요가 없다고 밝혔으며, '조선이 독자적인 배급회사를 운영한다면 이에 대해 호의적인 태도를 취할 것이다. 그러나 아직 동경 본사의 기구도 정리가 되어 있지 않으므로, 25일경에는 어떻게든 정식적으로 답변을 할 수 있을 것 같다.'라고 덧붙였다. 이와 같은 의견을 밝히기까지, 우에무라 야스지(植村泰二) 사장과 무라카미 마사쓰구(村上正二) 사무관 사이에 여러 가지 의견들이 오갔지만 이는 생략하기로 한다. 그리고 24일에는 일본의 사쇼(佐生)씨와 만나 복사본 2편의 필요성에 대하여 설명하고 이에 납득을 얻어 냈다.

26일에는 다시 우에무라 야스지(植村泰二) 사장과 회견을 가졌는데, 이날에는 당시 도호(東寶)의 조선 출장소장이자 현재의 조선영화 사무부장인 아사하라 류조(淺原隆三)도 참석하여 무라카미 마사쓰구(村上正二) 사무관을 보좌하였다. 아사하라 류조(淺原隆三)는 도호(東寶)의 간부사원이자, 우에무라 야스지(植村泰二) 사장이 도호(東寶)의 사장일 적에 부하로 있었기 때문에 이번 회견의 조력자로 나서게 된 것이다.

26일에 사쇼, 무라카미 마사쓰구(村上正二) 사무관, 아사하라 류조(淺原隆三) 등과 회견을 가졌지만 아직 일본 측이 의견 정비를 하지 않은 상태에서 최고간부들의 언질을 받아낼 수는 없었다. 그러나 매우 호의적인 태도로 선처를 약속했기 때문에 무라카미 마사쓰구(村上正二) 사무관 등도 겨우 한숨 돌릴 수 있었다.

현재로서는 복사본 배급량의 획득만이 문제로 남았을 뿐, 조선 독자안은 거의 그 마무리 단계에 왔다고 봐도 과언이 아니었다.

18. 당국, 창립위원을 위촉하다
(1942년 2월 10일)

•   •   •

조선에 독자적인 배급통제 기구를 설립하는 문제는 일본 측과의 파란만장한 교섭 끝에 겨우 그 끝을 보게 되었는데, 총독부에서는 이에 대한 구체적인 입안을 서둘렀다. 이에 따라 2월 10일부로 도서과장 모리 히로시(森浩)의 이름하에 창립위원회를 세우고 위원을 위촉하게 된다. 당국으로부터 위촉된 창립위원은 다음과 같다.

위원장	도서과장 모리 히로시(森浩)
위원	경무과장 야기 노부오(八木信雄)
조선내외 영화배급업 조합장	소노다 미오(園田實生)
도호(東寶) 영화 조선출장소장	아사하라 류조(浅原隆三)
경성일보사 사업무장	사노 쥬사부로(佐野重三朗)
일본영화사 조선지사장	요시타케 테루요시(吉武輝芳)
도와상사(東和商事) 조선지사장	시바야마 료지(柴山量二)
조선흥행연합회 이사장	도이시마 우메키치(問島梅吉)
동 부이사장	오이시 사다시치(大石貞七)
동 부이사장	호리코시 유지로(堀越友二郎)
동 사무이사	이시바시 료스케(石橋良介)
제작회사창립상무위원	다카시마 긴지(高島金次)
제작회사창립상무위원	히로카와 소요(広川創用)

경무국 도서과 사무관	무라카미 마사쓰구(村上正二)
경무국 도서과 통역관	시미즈 쇼조(淸水正藏)
경무국 경무과 사무관	호시데 도시오(星出壽雄)
배급협회 준비위원	다카야마 미쓰구(高山貢)
조선흥행연합회원	이시바시 유타카(石橋豊)
도호(東寶)영화 조선출장소원	고이데 타카유키(小出譽之)

19. 제1회 창립위원회 개최
(1942년 2월 28일)

• • •

조선 당국은 일본의 지사안을 계속 거부하고 독자적인 배급기구를 설립하기로 하였고, 배급업자들도 이에 뜻을 함께 했기 때문에, 조선으로서는 일본과의 교섭을 계속하는 한편, 독자안의 완성을 서둘러야 했다.

당시의 배급업자, 흥행연합회, 제작자, 그리고 총독부 관계자들이 참가한 창립위원회를 결성하여, 위원장에 모리 히로시(森浩) 도서과장이 취임했고, 각 위원들의 면면도 위에서 살펴본 바와 같다. 그리고 그 첫 대면식이 2월 28일 오후 1시부터 조선호텔에서 개최되었다.

먼저 모리 히로시(森浩) 창립위원장이 영화계의 최근 동향에 대하여 보고를 하였고, 당국은 이에 대한 방침의 일부를 설명하였다. 그리고 조선에는 특수한 사정이 많기 때문에 조선 독자적인 배급기구를 설치하는 방침을 세웠으며, 그 성격은 이전과 같이 자유주의적인 색채를 없앤 비영리 공익법인으로 할 방침을 밝혔다. 공익법인 조직설립안에 대해서는 배급업자들 측에서도 찬성하여, 별다른 반대 의견은 없었다.

그러나 정관 심의로 안건이 넘어갔을 때는 가장 밀접한 관계를 가지고 있는 흥행단체, 즉 조선흥행연합회의 대표로부터 여러 가지 질문이 이어졌다. 이에 대해 모리 히로시(森浩) 위원장은 성심껏 답변하며 회의를 이어갔다. 그리고 당일은 첫 회합이어서 각 위원들로부터 이렇다 할 구체적인 의견 개진은 없었다.

당국에서는 배급통제기관 설립 준비의 일환으로 공익법인의 성질을 띠고 있는 한, 참가하고자 하는 업자들에 대해 사전 연구가 필요하다고 느껴 각 업자들에게 이력서 용지를 작성케 하고 이를 조합원들에게 배포하도록 하였다. 2월 21일에는 총독부 검열실에서 임원회를 개최하여, 입사 희망서 취합에 대한 방침에 대하여 논의하였다. 익일인 22일에는 다시 회합을 가져 작성된 이력서를 각 조합원 중 입사희망자에게 배포하였다. 이 서류는 조합을 경유하여 당국에게 제출되어 인사 참고자료로 사용되었다.

20. 일본영화배급사로부터 정식으로 배급요망 도착
(1942년 3월 20일)

• • •

3월 20일부로 조선영화배급사 창립위원 앞으로 일본영화배급사 창립사무소로부터 '배급에 관한 요구사항'이 다음과 같이 전해졌다.

조선영화배급사 창립위원 귀하
사단법인 영화배급사 창립사무소

안녕하십니까. 봄의 싱그러움을 축하드립니다. 저희 회사 창립사무도 착착 진행되어 덕분에 4월 1일부터 업무를 개시하게 되었습니다. 또한 귀사의 준비도 잘 진행되고 있으리라 믿습니다.
저번에 동경에 오셔서 말씀하신 배급의 방법 및 조건 등에 관해서는 그 후 관계 관청과 상의한 결과 대체로 다음과 같은 요령을 결정하였으니 검토해주시고 충분히 귀사의 뜻을 다 담지 못한 부분이 혹시 있더라도 양해해 주시기 바랍니다.

먼저 요점은 다음과 같습니다.
(별지 기재의 '배급에 관한 요강')

1. 당사로서는 일본은 물론 조선의 배급까지 일원적으로 관리하기를 희망하나, 어쩔 수 없이 조선에 독자적인 법인을 두는 경우는

일본과 똑같은 방침과 방법으로 배급을 해주었으면 한다.

2. 당사의 배급 방침과 방법은 정관 및 배급업무 규정에 준거하며, 아래에 상세 사항을 적으니 참고해주기 바란다. 영화요금, 배급사의 수수료, 제작회사에 대한 분배금 등에 관한 조건을 간략히 적자면 다음과 같다.

가) 홍행업자에 대해서는 극영화, 문화영화, 시사영화에 편성되는 모든 프로그램을 제공한다.

나) 해당 홍행기간의 총수입 안에서, 57.5%는 배급사에게, 42.5%는 홍행업자에게 배분하고, 배급사는 임대료를 제외한 실경비의 반액을 부담한다. 잔여금은 배급사 및 제작회사가 나누어 가진다.

다) 배급사의 수수료는 홍행 총수입의 8%로 한다.

라) 상영관 총수입에서 홍행업자의 몫과 배급사의 수수료를 차액하고 남은 금액은 제작회사에 지불해야 할 영화요금으로 삼는다. 그 분배의 비율은, 극영화 80%, 문화영화 10%, 시사영화 10%로 한다.

3. 배급 수수료 8%는 현지 배급사 6.5%, 당사 1.5%의 비율로 분배한다.

4. 복사본의 할당수량에 대해서는 일본 현지 상설관으로의 배급조차도 곤란한 상황이므로 차후 정보국과 협의하여 정하기로 한다.

5. 당사는 현지 배급사의 정산 시 참석하며, 연락을 취하기 위해 1명 이상을 파견원으로 주재시킨다.

6. 중요한 문제에 대해서는 항상 협의하고, 장래 합병에 지장이 없도록 상호간에 노력한다.

21. 모리 히로시(森浩) 도서과장 동경에 가서
최종 교섭을 개시하다
(1942년 3월 21일)

• • •

일본영화배급사의 업무개시는 4월 1일로 결정되었고, 신설 기구는 우에무라 야스지(植村泰二) 사장을 중심으로 완비를 서두르고 있어, 일본의 기구는 점차 그 해결점에 도달하고 있었다. 대만 같은 경우는 3월 28일에 계약이 성립되었다고 동경체제중인 아사하라 류조(浅原隆三)가 알려왔다. 조선도 독자적인 회사의 운영이 가능할 때까지 배급 문제에 대한 노력을 멈출 수 없었다. 그리하여 4월부터 회사 창립 시기까지의 조선과 일본의 배급은 일본영화배급사가 대행하는 형식을 취하였다.

검열계에서 배급통제에 대해 처음부터 일을 해온 히루타 요시오(畫田義雄)가 모리 히로시(森浩) 도서과장보다 먼저 3월 28일에 동경으로 떠났고, 모리 히로시(森浩) 도서과장은 31일에 그 뒤를 따랐다. 아사하라 류조(浅原隆三)가 일행들의 상경을 목이 빠져라 기다리고 있었음은 당연했다.

모리 히로시(森浩) 도서과장이 동경에 감에 따라 영화배급사 우에무라 야스지(植村泰二) 사장과의 협의는 정식으로 행해졌다. 영화배급사측은 정보국의 의향을 이미 들은 뒤에 태도를 정한 것이기 때문에 조선 측에 다음과 같이 밝혔다. "조선에 독자적인 회사 설립을 승인한다. 그러나 단 조건이 있는데, 어디까지나 조선의 배급회사는 일본의 배급사로부터 배급업무를 의탁 받은 대행회사로서의 성격을 띠어야 한다는 것이다. 또, 조선의 배급에 대해서는 일본과 같은 방법, 같은 요금 비율로 행해줄 것을 바란다." 이는 영화배급사측의 확고부동한 대외 방침이었다.

모리 히로시(森浩) 도서과장으로서는 이미 예상한 일이었기 때문에 근본방침에 대해서는 그대로 따르기로 하였지만, 상호간의 요금 비율 등에 대해서는 조선 측의 주장을 고집하였다. 그 결과, 대만보다 훨씬 유리한 조건으로 계약은 성립이 되었으나, 복사본의 배급량에 대해서는 시국이 시국이니만큼 진전을 보지 못하고 끝나고 말았다.

우에무라 야스지(植村泰二) 사장은 적극적으로 검토를 해주었으나, 배급 기술의 문제 때문에 일본 배급량인 30편의 7%인 2편이나 조선에 할애한다는 것은 극히 어려운 일이라 밝혔다. 그러나 영화배급사측은 조선 측을 배려하여, 조선인을 위한 필름 제작량을 늘릴 것을 정보국에 설득해보겠다고 밝혔다. 모리 히로시(森浩) 도서과장은 배급량을 두 편으로 늘려다라고 정보국에 재차 삼차 요청했으나 이렇다 할 답을 얻을 수 없어, 결국 필름할당협의회를 열기로 결정하였다. 이미 독자안이 승인되어 일본영화배급사의 호의적인 협력을 약속받은 이상, 상식적으로 보더라도 최소한 두 편 할당은 가능성이 있다고 봤기 때문이다.

또, 일본 배급사의 수수료 문제도 당초 일본 측 1.5%, 조선측 6.5%에서 절충하여, 일본 측 0.5%, 조선측 7.5%로 크게 유리한 조건으로 계약이 성립되었다. 이는 모두 모리 히로시(森浩) 도서과장의 공적이라 할 수 있겠다.

III

계약 성립부터
창업 이후

22. 모리 히로시(森浩)와 우에무라 야스지(植村泰二) 사이에 가계약이 조인되다
(1942년 4월 10일)

• • •

총독부 도서과장 모리 히로시(森浩)가 동경에 감에 따라 모든 협상이 끝나 가계약을 조인하기로 결정되었다. 이는 4월 10일의 일이다. 정보국과 탁무성 관계자 입회하에 모리 히로시(森浩)와 우에무라 야스지(植村泰二) 간의 배급사업에 관한 각서 및 가계약서가 성립되게 된 것이다.

조선영화배급사가 성립되고부터 정식으로 양 측 회사 간의 계약이 이루어졌는데, 배급통제의 결실은 바로 이 가계약 조인에 의해 실현되었다고 볼 수 있다.

(기록)

사단법인 영화배급사(일본)와 조선총독부의 알선 하에 창립되고 있는 사단법인 조선영화배급사 사이의 정식계약은 사단법인 조선영화배급사의 설립 등기 완료 후 체결하는 것으로 하고 우선 나중에 이의가 없도록 하기 위해 사단법인 영화배급사 사장 우에무라 야스지(植村泰二)와 사단법인 조선영화배급사 창립위원장 모리 히로시(森浩) 사이에 별도로 정한 가계약증서 및 각서 각 2통을 작성하여 양자 각 1통을 갖게 하였다.

1942년 4월 10일

동경시 교바시 구(京橋區) 교바시(京橋) 3-11

사단법인 영화배급사 사장 우에무라 야스지(植村泰二)

사단법인 조선영화배급사 창립위원장 조선총독부 경무국 도서과장

모리 히로시(森浩)

조선에 유리하게 작용된 사항을 꼽자면, '일본영화배급사의 배급규약에 준거하여 업무를 보는 것을 원칙으로 하나, 조선의 특수한 사정때문에 이를 지키지 못할 시에는 상호간 논의하여 협정을 맺고 새로각서를 작성한다.', '앞으로 조선에 새로운 사태가 닥쳤을 시에는 총독부 독자적인 견해 하에 안을 세운다.', '배급 수수료 8% 중 일본영화배급사 취득 비중은 0.5%, 조선 취득 비중은 7.5%로 한다.', '조선총독부의 요구에 응하여 무료상영을 승인한다.'는 점 등이다.

23. 영화배급사와의 계약 성립,
그리고 모리 히로시(森浩) 과장의 담화
(1942년 4월 14일)

• • •

가계약을 성립시킨 모리 히로시(森浩) 도서과장은 4월 10일에 경성으로 돌아오는 길에, 부산에서 만난 기자단들의 질문에 다음과 같이 답했다.

일본에서는 3월 말에 영화배급업자들의 통제가 성립되어, 사단법인 영화배급사가 4월부터 업무를 개시하여 조선에 지사를 설치할 예정이었으나, 조선이 독자적인 입장을 취하여 현재 4~50명에 달하는 배급업자를 통합하고 조선영화배급사가 사단법인으로 5월 초 사업을 개시하기로 결정하였다.

배급사의 경비는 전 조선의 영화입장료 8%를 할애하여 마련하며 (1941년 현재 총 매상은 약 1천만 원이었다.), 이를 순회상영 및 기타 문화사업 등에 적극적으로 사용할 것이다. 종래 일본으로부터 들여온 영화 필름은 월 7~8편이었으나, 일본 제작회사가 3사로 통합되어, 이 3사가 월 각 2편씩 6편을 제작하고 그 복사본을 2편씩 만들어 이를 조선으로 배급할 것이다. 이 복사본은 입장료 매출액 순으로 1등부터 순차적으로 배급할 것이며, 앞으로는 모든 필름이 예외 없이 모든 상영관(시골의 민중들도 우수한 영화를 관람 할 수 있도록)에서 상영되도록 할 것이다.

또, 조선의 영화제작사는 현재 10여개가 있는데, 이 중 부실한 회사를 통합하여 강력한 제작회사를 설립, 조선 대중에게 딱 맞는 영화를 제작할 수 있도록 준비를 하겠다.

24. 임시 사무소 설치와 업무개시
(1942년 4월 14일)

• • •

조선영화배급사의 본격적인 업무는 4월 10일부터 개시되었다. 그리고 임시 사무소는 도호(東寶) 영화 조선출장소 건물을 사용하였다. 그러나 지상, 지하, 복도 할 것 없이 모두 활용해도 전 사원이 몸을 제대로 움직일 수 없을 정도로 좁아서, 5월 1일 정식 업무 개시를 앞두고 준비 작업에 굉장히 애를 먹었다.

이윽고 5월 1일부터 업무를 개시하게 되는데 오랜 시간 관례였던 기존의 배급형식을 배제하고 새로운 제도로 전환했기 때문에 극장 측과 교섭이 제대로 안되어 극장측의 혼란과 불만이 잇달았다. 그러나 점차 배급사 종업원과 극장측도 새로운 방식에 적응이 되어가 수개월에 거쳐 경성의 상영관 뿐 아니라 지방 상영관에까지 새로운 제도가 침투해갈 수 있었다.

그러나 이렇게 소란스러울 때에 급료도 제대로 정해지지 않은 상태에서 열심히 일해 준 종업원이 있었다는 것은 지금 돌이켜 생각해보면 감격스런 일이 아닐 수 없다. 이는 배급통제사에 길이 남을 일이 아니고 무엇이겠는가.

25. 제2회 창립위원회 개최
(1942년 4월 16일)

• • •

우여곡절 끝에 조선배급 독자안도 마무리되어, 제2회 창립위원회가 4월 16일에 반도호텔에서 개최되었다. 이번 모임은 창립위원회가 가지는 마지막 모임이라는 분위기가 강했고, 모리 히로시(森浩) 과장이 가계약을 체결한 후 복귀하여 이뤄지는 첫 보고이기도 하여 전원이 출석하였다. 또 이 날 반도호텔의 별실에서는 조선흥행연합회의 임원회가 개최되어, 상당히 긴장된 분위기가 감돌았다.

창립위원회에서는 모리 히로시(森浩) 위원장으로부터 보고가 있었고, 가계약서를 위원 일동에게 배포하기도 하였다. 그러나 흥행연합회가 상설관 경비 35% 라는 점을 가지고 이의를 제기하여, 아사하라 류조(浅原隆三) 위원이 도표와 통계표를 가지고 흥행 측 간부에게 설명을 하기 위해 노력했으나, 새로운 배급비율 산정이 매우 복잡하여 일동은 그 이해가 쉽지 않았다.

이 문제가 일단락 지어진 후에는, 흥행업자 측에서 사원과 이사의 수를 증원하자는 강경한 주장이 있었다. 이에 대하여 모리 히로시(森浩) 위원장은 공평한 입장에서 최선을 다한 것이라며 간부의 양해를 구하였다.

이 창립위원회는 오히려 이렇게 많은 문제만을 남기고 아쉽게 끝나고 말았다.

26. 마지막 창립위원회 개최
(1942년 4월 28일)

• • •

창립위원회로서는 마지막 회합이 4월 28일 치요다 그릴(千代田グリル)에서 개최되었다. 이날에는 조선에 영화령이 내려져 배급업 허가제로 바뀌고, 사단법인 조선영화배급사가 성립되어 5월 1일부터는 대망의 조선 독자적 배급이 이루어지게 되기까지의 경과를 보고하였다. 사장에는 다나카 사부로(田中三郎)를 임명하여 전원의 승낙을 얻었다.

결국 이 마지막 창립위원회는 해산식을 겸하게 되었다. 원래 영화배급사의 정관에 따르자면, 영화배급사 사장은 다른 영화 사업에 관계하고 있으면 안되었지만, 이 조항은 제1회 창립위원회에서 전원의 찬성을 얻어 삭제하였다. 따라서 당시 영화제작회사의 창립을 이끌고 있었던 다나카 사부로(田中三郎)를 배급회사의 사장으로 삼는 데는 전혀 문제가 없었다.

27. 다나카 사부로(田中三郎), 사장에 취임하다
(1942년 4월 28일)

• • •

공익법인으로 새롭게 전 조선의 영화 배급을 다루는 조선영화배급사의 사장으로는 여러 사람이 거론되었다. 회사의 성격상 관계 당국의 사람 중 한 명이 될 것이라는 예상이 강했으나, 당국에서는 당시 영화제작회사의 창립을 맡고 있던 다나카 사부로(田中三郎)를 임명하였다. 다나카 사부로(田中三郎)가 이를 반겨 승낙한 것은 두 말할 필요가 없었다. 그러나 이에 대해 항간에서는 다음과 같은 비판들이 쏟아졌다.

'일본영화배급사 사장 우에무라 야스지(植村泰二)는 영화배급사의 공익법인의 성격 상, 도호(東寶)영화의 사장직을 그만두고 회사와 관련된 일체의 업무에서 손을 떼었다. 비영리법인이라면 또 모를까 반관적(半官的) 조직인 본사의 사장에 현역 실업가가 취임하는 것은 바람직하지 않다. 다나카 사부로(田中三郎)는 훌륭한 인격자라고 생각하지만, 이해관계가 긴밀한 영화제작회사의 사장이 되어, 만에 하나 두 회사의 경영을 장악한다면 앞으로 어찌 할 것인가.'

다나카 사부로(田中三郎)의 영화배급사 사장 취임은 언뜻 이상하다고 여겨질지 모르나 잘 생각해보면 흥미로운 점이 있다. 영화배급사는 공익법인이기 때문에 사장의 정책이나 방침에 의해 사업형태가 변화하지는 않는다. 배급사무의 방침은 확고부동하기 때문에 사장이 하나하나 회사의 운영기술을 지휘할 수 없다. 제대로 된 간부와 잘 교육된 사원들이 존재한다면 사장은 필요 없을 정도이다. 오히려 다나카 사부로(田中三郎)의 사장 취임은 난산을 계속하고 있는 영화제작의 진보에 박차를 가할 수 있는 묘안이라고 보는 것이 타당하다. 조선의 영화제작 사업을 출자자들에게 잘 이해시키는 데에는 영화배급사 사장이라는 직함만큼 효과적인 것도 없기 때문이다.

조선은 일본의 배급 사정과는 달리, 배급, 제작, 흥행이 긴밀하게 연결되어 움직여야만 하고, 당국의 영향력이 강하기 때문에 사실상 사장은 다나카 사부로(田中三郎)가 되던 누가 되던 아무 상관이 없었던 것이다. 제작통제라는 중대한 문제도 남아있는 과도기의 조선으로서는, 당국의 방침에 깊은 뜻이 있음을 이해하고 반대의 목소리를 낼 필요가 없다. 그러나 앞으로 시시각각 변화하는 회사의 정세와 창립 후의 사태들에 대해서는 많은 문제가 남아있는 것도 사실이었다.

28. 배급업, 정식으로 허가되다
(1942년 5월 1일)

• • •

4월 28일, 총독부는 다나카 사부로(田中三郎)를 사단법인 조선영화배급사 사장으로 임명하였기 때문에, 그의 명의로 배급업 신청서가 제출되었다. 당국에서는 회사 운영의 현 상황에 비추어 심의한 결과, 5월 1일 설립허가와 동시에 영화배급업무 허가도 내렸다. 회사가 당국에 제출한 설립취의서는 다음과 같다.

설립취의서

오늘날 영화는 단순히 대중의 오락이 아닌 보도, 교화, 선전 등 여러 가지 방면에서 그 중요성이 인식되어지고 있어, 그 효과가 국가와 사회에까지 미칠 것임에 분명하다. 또, 최근 영화 자재가 극도로 부족하여 정부 당국은 영화사업 전반에 거쳐 고도의 통제를 행하여 강력한 국가지도 하에, 최소한의 자재로 최대한의 효과를 발휘하도록 요구하고 있다. 따라서 조선은 총독부의 적극적인 지도하에 현지의 실정에 적합한 독자적인 배급기구를 준비하려 한다. 또, 본 회사는 지금까지의 영리 회사를 탈피하여 배급의 합리화를 꾀하고, 영화의 문화적 사명을 다하기 위해 존재할 것이다.

29. 오카다 준이치(岡田順一), 상무로 취임하다
(1942년 5월 23일)

• • •

조선영화사의 사장이 결정된 후 문제시된 것은 실무를 총괄할 상무이사를 뽑는 일이었다. 상무 자리에는 예전부터 관계 당국의 인물 중 한 사람이 취임할 것이라 예상되어, 전라북도 경찰부 경제경찰과장 오카다 준이치(岡田順一)가 그 후보에 올랐다.

오카다 준이치(岡田順一)는 총독부 영화검열실에서 오랜 기간 근무하여 검열 주임으로 활동하기도 하였으며, 영화행정이 확립하기까지 여러 명의 도서과장을 보좌해왔다. 결국 그 노력에 힘입어 영화령 시행에까지 이르러, 1941년 6월에 그는 전북 경제경찰과장으로 영전하였다. 이렇게 보면 그는 영화인으로서 꽤 관록이 있는 인물인 것이다.

항간에서는 제작회사의 간부로서도 자주 그 이름이 오르내렸는데, 결국 영화배급사 상무이사로 취임하게 되었다. 전북에서 근무한 만 1년 동안의 시간은 많은 사회인들과 접촉할 수 있었던 귀중한 시간이었다. 상대방과 대화를 할 때도 전과 다른 원숙미가 느껴졌고, 많은 사람들에게 호감을 안겨줄 수 있는 태도로 변한 것이다.

총독부 영화실에 오래 있었던 관계로 영화계에 지인도 많았으며, 특히 배급과 흥행 부문의 유명 인사들과는 서슴없는 이야기가 가능할 정도로 친한 인물이 많았다. 이 점은 조선영화배급사로서는 큰 힘이 되었다. 또, 공익법인의 성격상 관계에서 오래 활약한 오카다 준이치(岡田順一) 이외에 적임자는 찾기 힘들었다.

30. 조선영화배급사 창립피로행사
(1942년 6월 4일)

• • •

　조선영화배급사의 창립을 기념하기 위한 창립 행사가 6월 15일 오후 6시에 부민관(府民館)에서 열렸다. 이 날 참석자는 총 1,500명에 달해, 다나카 사부로(田中三郎) 사장의 인사 후 영화『일본 뉴스(日本ニュース)』,『북해의 쉼터(北海の渡り島)』,『남해의 꽃다발(南海の花束)』,『특별공격대(特別攻擊隊)』등 다채로운 작품이 성공적으로 상영되었다.

　피로연은 이보다 먼저 5월 28일에 가게츠(花月) 본점에서 개최되어 당국의 수뇌부와 창립관계자들이 출석한 가운데 다나카 사부로(田中三郎) 사장의 인사, 내빈을 대표하여 모리 히로시(森浩) 도서과장의 축사가 있었다. 또, 6월 4일에는 반도호텔에 군, 민, 관, 문화 방면의 인물들 수십 명이 모여 피로연을 가졌다.

　8월 4일에는 동경에서 창립피로연이 열렸다. 피로연에는 정보국에서 가와즈라(川面) 제4부장, 후와 스케토시(不破祐俊)과장, 이나(伊奈)정보관, 마쓰우라(松浦)정보관, 내무성에서 가토(加藤)사무관, 이토(伊藤)이사관, 니시다(西田)정보관, 탁무성에서 아라키(荒木)경무과장, 이와세(岩瀬)사무관, 육군에서 구로다(黑田)중위, 일본영화배급사에서 우에무라 야스지(植村泰二) 사장 등이 참석하여, 다나카 사부로(田中三郎) 사장의 인사 후 가와즈라 류조(川面隆三) 제4부장의 축사가 이어졌다. 이 날은 관계 인사들과 영화배급사 수뇌부들이 모두 모인 성대한 피로연이었다.

31. 자리 잡은 기구와 그 진용

• • •

회사는 설립준비금 15만원으로 창립되었는데, 이 출자금은 모두 조선 안에서 해결되었다. 조선영화제작주식회사에서 5만원, 조선흥행연합회에서 5만원, 경성일보사와 매일신보사가 각각 2만 5천 원씩 출자하였다.

임원에는 사장 다나카 사부로(田中三郎), 상무이사 오카다 준이치(岡田順一), 노자키 신조(野崎真三), 이사 도이시마 우메키치(問島梅吉), 이시바시 료스케(石橋良介), 하라다 코오도오(原田公道), 오노 토시유키(小野利幸), 감사 야나베 에이자부로(矢鍋永三朗), 이병길(李丙吉) 등이 취임하였고, 도이시마 우메키치(問島梅吉)가 서거한 후에는 오이시 사다시치(大石貞七)가 취임하였다.

사내의 조직에는 대외부문의 업무부와 내부조직계열의 총무부가 있고, 업무부장에는 창립당시부터 관계해 온 전 도호(東寶)영화 출장소장 아사하라 류조(浅原隆三)가 취임했고, 총무부장은 오카다 준이치(岡田順一) 상무가 겸임하기로 했다. 업무부는 다시 배급, 선정, 사업의 세 개 과로 나뉘고, 배급은 다시 전조선을 크게 3개의 무역으로 나누어 각 과를 두었다. 사업과도 다시 선전, 계획, 보급, 기술 부문으로 나뉘고, 선정과는 선정, 조정, 검수의 세 과로 나뉜다. 총무부는 경리, 총무, 고사(考查)로 나뉘고, 총리과는 서무, 용도(用度), 관리, 후생, 창고과로 나뉜다. 얼핏 보더라도 그 구조가 복잡한 것을 알 수 있는데, 차후 이는 추가 및 개선의 여지가 있을 것으로 보여진다.

32. 기존 진용과의 인사변화

• • •

배급통제가 실현된 후, 구 배급업조합의 멤버 중에서 새 기구에 입사하길 희망했으나 실현되지 못한 자도 있었고, 입사를 거부하며 일선을 떠난 자들도 있었다. 이래저래 그 멤버에 변화가 있어, 그 면면을 살펴보자면 다음과 같다.

배급업조합의 임원 8명 중, 현재 영화배급사에서 활약하고 있는 사람은, 아사하라 류조(浅原隆三), 야마모토 스에쓰구(山本季嗣), 시카타 겐(四方健) 등의 고작 3명이다. 또 조합원 45명 중 현역으로 일하고 있는 자는 배급과장 가모이 요시카즈(鴨井吉壹), 해외계 주임 이키하쓰요시(壱岐初好) 등 소수에 불과하다.

물론 과장급 이하의 자리에는 상당수 기존 멤버들도 있지만, 조합원이나 일본 영화회사 출장소에서 일하던 자가 훨씬 많다. 조선인 업자들 중 자리를 차지한 사람은 한 명도 없다. 히로카와 소요(広川創用)와 유나이티드 아티스트 영화회사 조선대리점 고인문(高仁文) 씨 등은 이 방면에 풍부한 경험을 가지고 있는 인사들이나, 어찌된 일인지 그들의 이름은 점차 사라져갔다. 또, 한 때 창립위원회에서 큰 역할을 했던 닛카쓰(日活) 출장소장 다무라(田村)는 현재 행방이 묘연하다.

이렇게 1, 2년 사이에도 사람들은 자주 바뀌어 간다. 또, 필름이 1초에 24컷 회전하듯이 회사 또한 쉴 새 없이 회전을 거듭하고 있다. 부디 영화배급사에 앞으로 좋은 일들만 가득하기를 바란다.

33. 이동상영반 결성하다
(1942년 12월 6일)

• • •

조선 대중의 계몽발전을 위한 '농산어촌 이동상영반' 파견은 조선영화배급사의 당초 계획이었으며 독자적인 배급기구의 설립이유이기도 하였다. 이 이동상영반은 창립 초기부터 준비되기 시작했는데, 기존 조선에 있던 이동상영 전문 회사들과의 마찰을 최대한 피해야만 했다. 그리고 영화 사업의 일원화적 입장에서 이상적인 이동상영반 결성을 위하여 당국과 업자들이 수차례 모여 협의를 거듭한 결과, 12월 8일 태평양전쟁 1주년을 기념하여 이를 실행에 옮기기로 하였다.

현재 존재하는 이동상영반은 각 도(道)당 1개 반(班), 즉 총 13개에, 조선영화배급사 직속 예비반 8개이다. 각 도 당 존재하는 13개 반은 기존 이동상영업자들 중 우수한 업체를 선정하여 '영화배급사의 업무위탁'이라는 형식으로 업무를 보고 있다. 원래 조선의 영화사업이 곳곳까지 미치지 못하고 있던 터라 이 이동상영반은 그 평이 좋았다. 결성 이래 4개월간의 실적을 살펴보자면, 상영 횟수는 1,109회, 관람인원 80만 7,657명으로, 1개월간 상영 횟수 263회, 관람인원 27만 8,500에 달한다. 여기에 관람인원으로 포함되지 않은 군대관계자들까지 고려하면 상당한 인원으로 추정된다.

영화요금은 1회 30원이나 2회 이상 연속 상영할 경우 50%를 더 받는다. 그러나 공익을 목적으로 하는 특별한 경우에는 요금을 인하하거나 무료로 하는 경우도 있다. 또, 요금 징수 시에는 한 사람 당 10전

이내로 할 것을 규정으로 삼고 있다.

　조선영화배급사에서는 각 이동상영반에 대하여 1개월 200원의 조성금을 교부하고 별도로 일부 경비도 부담하고 있어, 대개 이동상영반에 대한 배급사의 조성금은 연 7만원 전후로 계산되고 있다. 앞으로 전 조선에 더욱 이상적인 이동상영반을 확립시키기 위해서는 상당한 예산이 필요할 것으로 보이며, 이에 대한 철저한 계획이 이루어져야 할 것이다.

34. 영화와 연극의 관계

• • •

연극 전문 무대가 불과 5~6개 밖에 안 되는 현 상황에서, 연극을 상연하기 위하여 영화 상설관을 이용할 수밖에 없었다. 그래서 영화와 연극의 '조정(調整)' 문제가 발생하게 된다.

현재 조선연극협회에 소속되어 있는 단체는 극단 13개, 악극단 11개, 창극단 3개, 서커스단 6개로 총 33개 단체인데, 이 중 서커스단을 뺀 27개 단체는 항상 전국을 돌며 영업을 하고 있다. 이들이 상연을 하기 위해서는 상설관 측과 계약을 하게 되는데, 상설관 대여료는 그 날 수입을 규정된 일정한 배분율에 따라 지불한다. 이밖에는 별다른 좋은 방법이 없기 때문에 어쩔 수 없이 이런 형태를 취하고 있는 것 뿐, 영화배급사로서는 앞으로 연극의 발전과 정비를 위해 이상적인 방법으로 개선시켜야 할 것이다. 이를 위해서는 연극단체들의 중앙 기관인 조선연극협회와 영화배급사가 긴밀하게 협력할 필요가 있다.

지금 조선에 존재하는 13개 극단은 기존의 모습에서 탈피하여 보국할 수 있는 절호의 찬스다. 그러나 이를 거부하고 예전의 모습만 고집한다면 연극문화의 결실은 이루지 못하고 말 것이다. 때문에 연극협회의 지도성 함양은 급선무라고 할 수 있다.

영화배급사는 전국의 상설관과 영화배급의 실권을 장악하고 있으므로 연극을 상설관에서 상연할 수밖에 없는 실정을 이해해야 한다. 또, 그 요금 책정은 둘째 치고 조선의 건전한 오락으로서 연극이 어떻게 발전할 수 있는가를 생각하고, 영화배급사 본래의 사명에 충실해야 할 것이다.

영화와 연극은 그 표현방법은 다르지만, 현재와 같은 비상시에 문화부문에서의 제 사명을 다해야 한다. 현재, 영화는 경무국 도서과에서, 연극은 경무국 경무과에서 담당하고 있는데 이를 일원화시켜 한 개 과에서 감독해야 한다는 것이 개인적인 주장이다. 앞으로 영화배급사, 연극협회, 그리고 흥행연합회는 서로 협조하여 많은 연구를 해야 될 것으로 보인다.

35. 배급 통제 이후

• • •

영화 배급 통제에 대한 문제가 대두되어 이가 실현되어 마무리되기까지의 경과를 지켜보자면 상당한 시간이 소요되었다. 일본의 사정에 때로는 울고 때로는 기뻐하며 결국 조선 독자적인 배급기구까지 실현시킬 수 있었던 것이다. 그간 감독 당국의 고생은 예상했던 것 이상으로 심하였다. 때문에 이런 것들이 결실을 맺어 앞으로 좋은 일만이 있을 것이라 기대해본다. 게다가, 당초 일본 측에서 문제시했던 배급 원활화 문제는 이미 그 해결을 위한 착수에 들어갔다. 개업 1개월 후, 실제 배급관의 수는 147개에 이르고 있다. 또 수입 면에 있어서도 3만 원 이상의 수입을 거둬 순조롭게 시작하고 있다.

새로운 희망의 갈림길에 선 조선영화배급사는 조선의 문화적 사명 달성을 위해 큰 짐을 져야만 한다. 그리고 일본의 한 영화평론가는 영화순보(映畵旬報)의 조선특집호에 '배급 통제 이후'라는 글에서 일본 영화평론가의 관찰을 기록하고 원고를 끝내고자 주창했다. 총독부 모리 히로시(森浩) 도서과장이 일본으로 건너가 가계약을 체결했을 때부터 지금까지의 일을 상세하게 기술하기도 하였다.

(전략)일본영화배급사와의 사이에 당시 사장이 미정이었기 때문에 총독부 모리 히로시(森浩) 도서과장 이름으로 가계약이 맺어진 후 8월에 이르러 사장 다나카 사부로(田中三郎) 씨의 이름으로 본 계약이 맺어졌다.

일본영화배급사 사장은 다른 영화배급사 사업에 관여하는 것이 금지되어 있었으나 경성의 실업가이며 조선영화배급사 사장인 다나카 사부로(田中三郎) 씨가 주식회사 조선영화배급제작회사의 사장을 겸하기 위해 이 항목은 조선영화배급사 정관에서 삭제되었다. 또 구 영화배급자가 소유한 영화를 조선영화배급사에 위탁하면서 영화배급사 직원으로 일하고 있는 예는 일본에서는 볼 수 없는 바이다.

전 총독부 검열관이고 영화배급업조합의 상담역이었던 오카다 준이치(岡田順一) 씨가 들어와 상무이사에 취임하였다. 직원은 주로 실적 있는 배급경험자가 모여 도호(東寶)영화 조선출장소 아사하라 류조(浅原隆三) 씨가 업무부장이 되어 실제의 산파역을 맡았고, 이어 조선영화배급사를 궤도에서 이탈하지 않도록 노력하는 추진력이 되고 있다.

조선에서 만들어진 조선영화와 일본에서 조선으로 팔린 영화는 직접 위탁받고, 일본회사의 영화로 조선에 재고되어 있는 것은 일본영화배급사를 통한 형식으로 거의 전부 조선영화배급사에 위탁되었다.

일본영화배급사와 계약의 요점은 8% 수수료의 일본과 조선영화배급사의 배분율과 영화관의 경비를 35%로 자른 점이다. 즉, 일본 제작사는 일류관의 배급금은 반드시 총 흥행수입의 40%를 보증 받지만, 조선의 상영관 측은 경비 35% 이상 분에 대해서는 다시 돌려받지 못하는 셈이다. 그 때문에 일류관의 경비가 35% 이상으로 드는 곳은 후하고, 지방의 소극장으로 경비가 35% 이상 드는 관에는 박한 결과가 된다. 그러나 이 35%제(制度)는 일본과 조선 양 영화배급사나 제작사의 희망으로 계약 중에 각서를 붙여진 것이 아니고, 조선의 흥행자 측의 일류관 주변의 희망이었던 모양이다.

그런데 35% 이내로 그친 장내의 반환경비는 어떻게 할까. 예를들어 25%로 된다면 10%의 잉여가 생긴다. 이 반의 5%는 제작 취득분으로 계상되고 다른 5%는 제작사 분인 일류관의 배분금에 가산하지 않고 별도로 적립된다. 그리고 조선의 영화문화 제반 사업을 위한 조성금으로 총독부의 지령을 기다려 유효하게 사용하게 되는 것이다. 35% 제도가 있다고는 하나 5할 7부 5리와 4할 2부 5리의 새로운 비율이 실시된 이상, 경비에 대해 고려하는 것이 당연하며 조선영화배급사에 고사과(考査課)가 있어 사정, 통계 등을 행하는 것은 이상하지 않으나, 흥행연합회의 요청이 받아들여져 도중에 경비 35% 이내의 경우는 지불전표에 영수증을 첨부할 필요가 없게 되었다.

관람권은 직원의 부족이나 자재 관계 등으로 일본과 같이 매권제도를 취하게 되었으나 아직 실행되지 않고 있다. 곧 전 조선의 관람요금의 조정 통일과 동시에 실시되기 바란다. 조사와 매표권은 서로 관계가 있어 정확한 숫자의 근거가 되어 공정한 통계에 의한 공정한 배분을 바라는 바이다.

고사(考査)의 확립과 매표권의 발행은 조선영화계의 건전 명랑한 발전을 위해 하루하도 속히 되기를 바라마지 않는다.

일본의 보급 개발에 대해 조선은 이동영사반의 조직을 갖고 있다. 지방에 영화관이 적고 일반적으로 교육이 보급되어 있지 않아 시대의식의 강조를 필요로 하는 조선에서 이동영사반의 문화적 사명은 일본의 그것 이상으로 중대함을 통감한다. 조선영화배급사의 이 사업에 대한 지속적인 열의를 바라는 바이다.

영화배급사의 이동영사반보다 1년 반이나 이전부터 총독부 관방 정보과에서 조선영화계발협회라는 조직을 갖고 표준형 영화순회 대부(貸付) 4반, 16밀리 영화순회 대부 4반의 편성을 매월 작성하여 영화에 의한 지방문화의 향상과 위안을 행하고 있다. 이 방법은 총독부 소유의 단편, 시사영화만으로 극영화는 포함되어 있지 않다. 그러나 시사영화가 영화배급사 이동반의 그것보다 몇 편 새로운 것이 일찍 편성되거나 같은 지역에서 단기간에 양 사가 순회하는 것과 같은 횡적인 연락은 결여되어 있다. 정보국과 도서과, 영화배급사의 삼자 협의로 필름과 기계와 인력의 중점적 이용과 적절한 절약을 도모해야 하지 않을까 한다.

조선영화배급사는 잉여금을 남방 공작에 쓸 필요는 없다. 조선 내에서 총독부의 방침에 따라 유효하게 쓰면 될 것이다. 35%제도로 생긴 조성금은 약 10만원 정도가 될 것이고, 이 외에 배급수수료가 매월 평균 약 6만 4, 5천원으로 보아 회사의 경비 약 3만 4, 5천을 빼면 확실히 3만 원이 남아 배급통제 1년 만에 약 40만원이 된다. 조성금 10만원을 더해 약 50만 원의 금액이 조선의 영화문화를 위해 산출된다고 생각한다.

36. 조선영화배급사의 현재 진용

• • •

현재 조선영화배급사의 조직편성은 끝났다. 1943년 10월 10일 현재 조선영화배급사의 임원 및 간부 사원을 소개하면 다음과 같다.

임원	사장	다나카 사부로(田中三郎)
	상무	오카다 준이치(岡田順一)
		노자키 신조(野崎眞三)
	이사	오이시 사다시치(大石貞七)
		이시바시 료스케(石橋良介)
		하라다 코오도오(原田公道)
		오노 토시유키(小野利幸)
	감사	야나베 에이자부로(矢鍋永三朗)
		이병길(李丙吉)
	사원	다나카 사부로(田中三郎)
		오이시 사다시치(大石貞七)
		다카미야 타이헤이(高宮太平)
		김천성(金川聖)
부장	총무부장	오카다 준이치(岡田順一)
	업무부장	아사하라 류조(浅原隆三)
이사실 비서	인사주임	오하라 마사후미(小原昌文)
총무부	총무과장	야마모토 스에쓰구(山本季嗣)

	서무주임	아리카와 이사미(蟻川勇)
	후생주임	시오다 야스아키(鹽田保亮)
	창고계장	사토 케사이치(佐藤今朝一)
	경리과장	고이데 타카유키(小出譽之)
	회계주임	다나바시 미츠오(棚橋三雄)
	고사과장	나카야마 도요키치(中山東世吉)
	통계주임	데라다 미츠하루(寺田光春)
	감독2구주임	사토 토라오(佐藤虎雄)
	표권계주임	구로키 유타카(黒木豊)
업무부	배급과장	가모이 요시카즈(鴨井吉壹)
	제1구주임	오오토 산지(大音三二)
	제2구주임	이토 모토하루(伊藤元治)
	제3구주임	야마모토 킨고로(山本金五郎)
	선정과장	노노무라 코헤이(野々村康平)
	수험계주임	마쓰다 요시오(松田義雄)
	선정주임	무라타 키요하루(村田清治)
	조정주임	무라세 스에하루(村瀬季治)
	사업과장	시카타 켄(四方健)
	선전·자재주임	사카이 코이치(坂井幸一)
	기술주임	미츠우라 이사미(三浦勇)
	보급주임	이케자와 카츠오키(池沢勝意)
	섭외·자재주임	이키 하쓰요시(壱岐初好)

제 3 편

영화흥행통제 편

1. 머리말

• • •

영화제작계와 배급부문은 일단 통제가 되었으나 흥행부문에 있어
서는 남겨진 문제가 많아, 제작과 배급처럼 일도양단 식으로 변혁을
감행하기는 힘들었다. 흥행부문은 배급조직의 전면적인 변혁에 따라
스스로 시국에 맞추어 변해가기를 기대하는 수밖에 없었다.

오랜 시간 자신들의 의지에 따라 자유롭게 상영관을 경영하던 일본
의 관주(館主)들은 복잡한 배급요금의 산정 때문에 경비사용에 신중
을 기하지 않으면 안 되었다. 때문에 표면적으로 드러난 흥행통제의
문제점은 흥행업자와 배급사 간의 '비율' 문제였으나, 정신적인 부분
에 있어서 흥행업자들의 임전의 자세가 확립되지 않으면 이상적인 흥
행 체제의 완성을 기대할 수 없다.

제작과 배급이 병참(兵站) 부대라고 한다면 흥행은 최전방이라 할
수 있는데, 이것이 배급과 통제보다도 흥행이 더 중대한 이유이다. 영
화가 가지고 있는 사명을 얼마나 발휘시킬 수 있느냐, 영화를 얼마만
큼 대중에게 소화시킬 수 있는가도 모두 흥행의 책임이다. 때문에 초
비상 시국인 지금 시점에서 흥행이 가지고 있는 중대한 국가적 의미
에 대해서 깊게 되새겨봐야만 한다.

조선의 흥행업계가 영화통제의 기운에 응하여 움직이기 시작한 것
은 1942년 초였다. 즉 조선흥행연합회가 결성되고 나서부터라고 할
수 있다. 이리하여 공익법인조직인 영화기구가 실현되기까지 창립위
원을 보내기도 하고 위원들을 일본으로 보내 정세를 조사하게 하는

등 상당히 활발한 움직임을 보였다.

홍행부문의 신체제 확립을 위해서는 표권제도(票券制度), 요금문제 등의 난관을 극복해야만 하는데 이 또한 그리 쉽지만은 않았다.

2. 조선흥행연합회의 결성
(1942년 1월 7일)

• • •

조선 반도의 영화계 전반에 거쳐 혁신의 바람이 불어온 1942년 1월 7일, 전 조선의 흥행업자들로 조직한 조선흥행연합회가 결성되어 흥행부문을 대표하는 유력한 발언기관이 되었다.

1월 4일, 연합회 결성 주창자가 인원들을 모아놓고, 도이시마 우메키치(間島梅吉)를 위원장, 오이시 사다시치(大石貞七), 이시바시 료스케(石橋良介), 오카모토(岡本), 소노다 미오(園田實生), 토미이(富井), 사노(佐野), 이시바시 유타카(石橋豊) 이상 7명을 위원으로 하여 개회식 진행에 대하여 회의하였다. 이리하여 1월 7일 조선호텔에서 개회식이 거행된 것이다. 전 조선의 흥행업자에게는 연말 12월 30일부로 연합회 결성을 목적으로 안내장을 발송하였다. 당일 출석자는 경기도 20여명을 필두로 전 조선에서 69명이 참가하였다. 또, 협회 결성 취의서는 흔해빠진 형식적인 것이 아니라 배급업무 규정과 요금 배율 등에서도 언급했다는 점이 주목할 만하다.

조선흥행 연합회 결성 취의서(趣意書)

이번 정부에서 영화제작 부문을 통제하고 영화계의 신체제를 수립하여 종래 난립한 많은 영화제작회사를 3사로 통합, 국가 관리의 형태로 하고 종래의 불통제를 교정하여 전시에 대응한 체제 하에서 영화의 중대성을 생각하면서 근본적으로 재출발하려 함은 당연한 일입니다.

그리하여 종래의 영화회사도 역시 시국을 인식하여 영리 만능의 이념에서 벗어난 즉 공익 우선, 멸사봉공, 고도국방국가의 확립에 매진하기 위해 과거의 감정은 모두 씻고 하나가 되어 혼연일체로 정부가 의도하는 극영화, 계발선전영화, 시사뉴스영화 등의 제작에 전력을 기울이며 영화국책의 강화에 적극적으로 정진할 의지를 보임은 실로 기뻐할 현상입니다.

한편 배급기구에 대해서도 일원화를 꾀하고 공익법인의 사단을 조직, 영화배급사를 설립하여 각 도시에 지사를 두고 일반흥행 방면에는 보합제도의 비영리적이고도 공평 타당한 배급을 기할 것을 설명하였습니다. 그런데 '배급업무규정요강안'을 보면, 전문 15항으로 되어 있는데, 각 항 모두가 쉽지 않을 것으로 사료됩니다. 그 중 흥행지도원을 강요하여 관주의 독립영업권을 빼앗는 감도 있어 실로 불안하지 않을 수 없습니다. 게다가 보합계산에서는 "7항 중 1. 전 편에 대해 흥행기간 관람료 매출고의 5할 7푼 5리를 본사의 취득분으로 할 것. 2. 상설영화 흥행장에대해서는 관람료 총수입 중 4할 2푼 5리를 배분할 것"으로 이는 실로 놀랄 만한 숫자입니다. 그리고 이와 같은 규정에서 고찰하면, 우리 조선을 일본의 각 도시와 같은 모양의 배급지사를 설립하려는 것처럼 취급을 받아 심한 우려를 금하지 않을 수 없습니다. 그런데 종래 조선총독부에서는 조선문화의 앙양을 깊이 인정하고 조선영화의 중요성을 인식하여 지난 1940년 조선영화령(朝鮮映畵令)을 발포하고 이 세계에 획기적인 진로를 보여주었던 것입니다. 이후 우리들은 이를 금과옥조로 받들며 영업을 하고 있습니다. 그러므로 우리들은 "규정 제4의 단서, 즉 국책상 필요하고 기타 이유 있는 경우는 예외도 둘 수 있다"를 이유로 본부 당국에 간청하고 조선은 독자의 입장에서 특별 취급해 줄 것을 정부 당국에 간청할 각오입니다. 다행히 본부 당국은 목적 완수를 위해 큰 지원을 해주고 있습니다.

원래 조선은 예부터 조선 특유의 문화가 있어 지금 당장 일본과 동일하게 되는 것은 좀 고려의 여지가 있습니다. 하물며 일본의 농산어촌과 조선의 농산어촌과는 유감스럽게도 그 문화의 과정에서 큰 차이가 있음은 누구나 쉽사리 인식하는 사실입니다.

지금 대동아전의 전황에 비추어 조용히 조선의 정세를 직시하면, 그 생활양상에서 일대 향상을 꾀하고 있음은 매우 분명합니다. 그리고 오락방면의 욕구도 점차 왕성하고 활발해져 지금이야말로 적극적으로 건전오락 방면에서 일본문화의 정수를 주입하고 지도편달하는 것이 가장 중요한 과제하고 생각합니다.

이러한 의미에서 우리들은 조선의 독자성을 절규하면서 조선의 130여 사가 하나로 뭉쳐 강력한 대동단결을 기획하고 조선흥행연합회의 결성을 간절히 원하는 바입니다. 바라건대 각 위원들은 분발하여 본 취지에 찬동하여 주실 것을 부탁드립니다.

또한 연합회 결성과 동시에 다음과 같은 선언을 만장일치로 가결하였다.

선 언

12월 8일 우리나라는 미국 영국에 대해 선전의 대 조칙을 내리셨다. 이 순간 역사는 바로 전환의 곡선을 그렸고 지나사변(支那事變, 중일

전쟁, 1937년 7월 7일~1945년 9월 2일) 4년 반 만의 전과는 대동아전
쟁(大東亞戰爭, 태평양전쟁, 1937년 7월 7일~1945년 8월 15일)[1]으로
부르게 되고 국민의 긴장 또한 새로워졌다. 지금이야말로 우리들은
신주불멸(神主不滅)의 전통적 신념으로 필승불패를 기원하고 대동아
공영권을 확립하여 세계 신질서 건설의 대사업에 참가하는 광영을 얻
었다. 더구나 전쟁 초반부터 이미 태평양 상의 제공권(制空權), 제해
권(制海權)을 확보하여 전 세계를 놀라게 함은 천황폐하이하 우리의
충용하고도 의열한 황군장병이 혁혁한 전과를 올려 감사한 마음 금할
길 없습니다. 우리 130여 동업자는 실전 하 영화의 중요성을 생각하여
하나가 되어 조선흥행연합회를 결성하고 오로지 업계의 강화를 도모
하고 장래에 더욱 적극적인 영화보국에 힘쓰고자 한다.

1942년 1월 7일
조선흥행연합회

1) 1941년부터 1945년까지 일본과 연합군 사이에 벌어진 '태평양 전쟁(太平洋戰爭)'
을 일본에서 이르던 말이다. 1937년 7월 7일 일본 제국이 중화민국을 침략한 이후
1941년에 미국은 일본 제국에 경제 제재와 석유 금수 조치를 취하였다. 이에 반발
한 일본 제국이 진주만을 공격하면서 미국이 참전하여 1945년 8월 15일 일본 천황
이 무조건 항복을 선언하기까지 태평양과 아시아의 영역에서 벌어진 전쟁을 태평
양 전쟁(太平洋戰爭, 영어: Pacific War, 일본어: 太平洋戦争 (たいへいようせんそ
う))이라 한다.

3. 배급통제문제에 대해 연구하다
(1942년 1월 7일)

●　●　●

　조선흥행연합회는 예정된 프로그램에 따라 결성되었는데, 먼저 개회식에서 도이시마 우메키치(問島梅吉)가 연합회 설립의 동기에 대해 설명을 한 후, 임전체제 하에서 멸사봉공(滅私奉公)의 신념으로 보국의 열매를 맺자는 식의 결의를 표명하였다. '아직 결정적이라 부를 순 없지만, 일본에서 설립되는 영화배급사의 배급 규정은 불합리한 점이 많다고 생각된다. 우리는 이 문제를 등한시해서는 안 된다. 모두 서슴지 말고 의견을 피력하여 함께 연구해나가자.' 라며 말을 마쳤다. 이어서 결성 주창자, 나리키요 다케마쓰(成淸竹松)가 여러 가지 설명을 한 후, 배급 규정에 나와 있는 이윤 배율을 그대로 따라서는 안 되고, 다 같이 대동단결하여 공평한 결론을 이끌어내도록 노력하자고 강조했다. 의장에는 도이시마 우메키치(問島梅吉)가 추거되었다. 마지막으로 연합회 결성 찬성 여부를 일동에게 묻자, 만장일치로 찬성하여 회의는 계속 진행되었다. 다음으로는 임원 선임이 진행되었다. 이사장 1명, 부이사장 2명(1명은 지방대표), 이사 20명 이내(경기도 이외의 지방에서는 1도(道) 1명)를 선출하자는 의장의 의견에 대하여, 지방 측에서는 각 도 단위로 위원을 꾸리고 싶다는 의견을 내놓았다. 그러나 이에 반대하는 세력도 많아 팽팽하게 대립하였다. 회의는 5분간 휴식을 가지게 되었고, 결국 각 도당 2명의 위원을 선출하는 것으로 결정되었다.

의원 선출이 끝나고 도이시마 우메키치(問島梅吉) 이사장의 취임
사가 이루어졌고, 이어서는 배급통제 문제에 대해 분주하게 달려온
준비위원 다카야마 미쓰구(高山貢)로부터 배급통제에 관한 정세보고
가 있었다. 그 결과, 조선흥행연합회를 중심으로 강력한 조선영화배급
회사를 신설할 것을 희망했다. 연합회로서는 앞으로의 정세에 대처하
여 적극적인 행동을 보여줄 것이라 기대하며, 이 모든 일은 이사장의
선처와 재량에 맡기겠다고 하며 마무리했다. 이렇게 회합은 무사 종
료되었다.

8일에는 조선호텔에서 제1회 이사회가 소집되어 도이시마 우메키
치(問島梅吉) 이사장 이하 18이 출석한 가운데 회계 선임, 회비 책정,
사무를 볼 이사 임명 등에 관하여 협의하였다. 회비는 연 600원에서
50원까지 차등을 두었으며, 연 2만 원 정도의 회비 수입이 기대되었
다. 또, 연합회의 이사에는 나리키요 다케마쓰(成清竹松)가 선임되었
다.

4. 이시바시 료스케(石橋良介) 일행의 일본 정세 조사
(1942년 4월 5일)

• • •

영화 배급통제 편에서 상술한 것처럼 일본영화배급사측과 정보국과 최후의 교섭을 하기 위해 모리 히로시(森浩) 도서과장이 동경에 간 것이 4월 1일이었다. 조선흥행연합회 또한 최종 단계에 이르렀다고 생각하여 관계자들이 상경, 일본의 정세를 조사하러 떠났다. 조선영화배급사 창립위원을 위촉한 이시바시 료스케(石橋良介) 연합회 전무이사, 나리키요 다케마쓰(成淸竹松) 이사 등이 바로 그 인원들이었다. 일본에서의 모리 히로시(森浩) 창립위원장의 일정은 위에서 설명하였으니 생략하기로 하고, 결국 4월 10일 부로 우에무라 야스지(植村泰二) 영화배급사 사장과의 사이에 배급에 관한 조건부 가계약이 성립되었다.

동경에 가 있는 이시바시 료스케(石橋良介), 나리키요 다케마쓰(成淸竹松) 등은 연일 각 관계자들로부터 정보를 수집하여 조선과 연락을 취했다. 그 내용에는 다음과 같은 것도 있었다.

4월 5일 동경 발

일본의 배급정보에 의하면, 현재 조선을 위한 필름은 한 편도 준비해놓고 있지 않다고 한다. 이에 모리 히로시(森浩) 도서과장을 비롯해 영화배급사 우에무라 야스지(植村泰二) 사장과 회견을 가져, 조선

배급회사의 독자성을 설파하였고, 그 결과, '지금 일본 및 대만은 이미 결정이 되어 금월 1일부터 신기구의 업무 규정에 따라 배급을 실시하고 있다. 때문에 조선만 독자적으로 승인하기는 매우 힘들다. 또 이는 업무 규정에도 저촉되어, 미사용 오리지널 필름의 특별배급을 받아 특별히 조선에 배급이 가능하다 하더라도 대만과 같은 배급비율로 다음과 같이 1년간 실행해주길 바란다.'

이렇게 하여 이 아래에는 배급 비율이 상세하게 계산되어 있다. 예를 들어 1만원의 총수입을 57.5% 대 42.5% 로 나눈 것이다.

4월 8일 동경 발신(東京發信)

영화배급사와의 교섭은 일단락 지어졌다. 지금 모리 히로시(森浩) 도서과장은 일본 영화배급사 측과 세부항목에 대하여 절충중이다. 11일경 경성으로 갈 예정이다. 제일 먼저 각 지부와의 단결을 확고히 하고, 지부장의 권한을 강화하여 조선영화배급사 설립을 독려해야 한다.

5. 배급문제 제1차 이사회
(1942년 4월 16일)

• • •

배급 신체제에 대한 태도를 결정하기 위해 열린 흥행연합회의 이사회는 이시바시 료스케(石橋良介) 위원의 귀성(歸城) 후, 4월 16일부터 20일까지 5일간에 거쳐 소집되었다. 첫째 날인 16일에는 오후 1시부터 반도호텔에서 개최되었는데, 당일에는 배급사 창립위원회도 같은 건물에서 열렸다.

긴장감 속에서 도이시마 우메키치(間島梅吉) 이사장의 사회로 이사회가 열렸다. 이시바시 료스케(石橋良介) 위원이 배급통제문제가 대두되었을 때부터 지금까지의 일을 상세하게 보고한 후, 인쇄된 자료를 각 이사에게 배포하였다.

一. 현재 조선 내의 상설관과 상영일수를 계산해보면, 1주일 상영 16관, 5일 상영 42관, 4일 상영 11관, 3일 상영 92관, 합계 161관이며, 상영연일수 642일이다. 필름의 사용한도는 35주 이내여서 두 편의 필름을 가지고 전 상영관에게 돌리는 것은 매우 어려운 일이다. 때문에 적어도 3편은 필요하다.

一. 이에 대해 영화배급사에서는 필름 복사본 2편을 배급하여 각 관에 배급하고, 4주째에는 특별 프로그램으로 충당하려는 계획을 가지고 있다.

一. 전 조선의 영화 상설관 1년 총 매상을 따져보면, 162관 모두 합

쳐 1,057만 8천원이다. 주요 도시를 살펴보자면, 경기도 300만
원, 평안남도 161만원, 경상남도 145만 7천원, 함경남도 130만
원이다.

다음으로 배급사와 흥행업자간의 경비 35%에 대하여 평등하게 부
담하자는 취지에서 협의를 하였으나, 진전을 보이지 못하고 결국 전
면적으로 그 방법에 대하여 반대의견을 표명하자는 뜻에서, 당국에
진정서를 내기로 하였다.

결의

배급사 대 흥행자의 계산으로 실 경비 기준 3할 5푼 평등 부담 건을
그 3할 5푼의 한도에서 각 흥행자의 자유에 일임하고 경비 건은 배급
사의 간섭 또는 합의를 거치지 않고 명실상부하게 독자 경영의 열매
를 맺도록 적극적으로 배급사와 교섭하여 이의 목적을 관철시킬 것.

이 결의에 의해 조선영화배급사 창립위원인 간도 이사장, 이시바
시 료스케(石橋良介), 호리코시 유지로(堀越友二郎), 소노다 미오(園
田實生) 등 각 이사가 연합회를 대표하여 모리 히로시(森浩) 도서과
장과 절충을 개시하였다. 당일 같은 호텔의 별실에서는 앞에서 말한
대로 영화배급사의 창립위원회를 열기로 하고 모리 히로시(森浩) 과
장도 참석했으므로 바로 직접 담판을 하게 되었다. 그러나 모리 히로
시(森浩) 과장은 창립위원장으로서 일본 측과 가계약하고 돌아온 직
후이고, 일본과 대만과 같은 방법을 조선만이 정정할 이유를 댈 수 없

었다. 그러므로 우선 시험적인 방법으로 해보고 도중에 우리도 납득하기 어려울 경우에는, 예를 들어 일본과의 계약이 1년으로 되어 있다 해도 조선에는 반년정도 경과한 후에 개선해도 좋을 것이라고 정성껏 일동의 협력을 구했으므로, 결국 과장의 의견을 따르기로 하고 장래의 선처를 요망하는 결의는 보류하게 되었다. 그러나 당일의 이사회 종료 후 개최된 영화배급사 창립위원회에서도 보율의 문제가 중심이 되어 논의가 백출하고 매우 혼란스러웠다.

배급 편에서도 기술한 대로 모리 히로시(森浩) 도서과장은 일본 영화배급사와의 가계약을 끝내고 14일 아침 부산에 상륙하여 영화계 정비 등에 대해 열차 안에서 이야기꽃을 피우며, 그날 오후 경성역에 귀임하였으나, 이보다 앞서 연합회 측에서는 '조선독자안 실현의 공로자'로서 역전에는 많은 흥행자들이 마중나와 감사와 감격을 연발하였다. 그러나 조선 독자안이 우리 흥행자들에게 유리하다고 단순히 즐거워하던 그룹도 그 내용이 별 실속이 없음을 알고는 기대를 저버렸다며 갑자기 강경한 태도로 변한 것은 지금 돌아볼 때 잊지 못할 추억거리인 것이다.

6. 배급문제 제2차 이사회
(1942년 4월 17일)

• • •

16일의 이사회에 이어 17일에는 오전 10시부터 연합회 사무소에서 제2차 이사회를 개최하였다. 평안북도 이사를 제외한 전원이 출석하였는데, 어제 모리 히로시(森浩) 도서과장과의 협의를 거쳐 진정서 제출은 보류하기로 결정하였다. 다만 35%의 경비 문제에 대해서는 흥행업자들의 입장을 주요 골자로 하여 선처되게끔 신청서를 제출하기로 결정하였다.

우선 재(在)경성 이사 외에 사쿠라바 후지오(桜庭藤夫)[2], 모리 히로시(森浩), 고바야시(小林), 구와하라(桑原) 등 각 이사가 신청서를 당국에 송달하게 되었는데, 그 내용은 다음과 같다.

신청서

사단법인 조선영화배급회사 창립위원장 모리 히로시(森浩) 귀하
조선흥행연합회 이사장 도이시마 우메키치(問島梅吉)

---

2) 사쿠라바 후지오(桜庭藤夫, 1892-몰년도 미상)은 부산 소와관(昭和館)을 최신식 설비를 갖추어 영화관을 만든 사람이다. 또 영화배급회사 사쿠라바 상사(サクラバ 商事)를 설립하여 미국 파라마운트와 계약하여 만주, 조선 전 지역에 서양영화배급 시스템을 처음으로 구축한 사람이다.

안녕하십니까. 사단법인 조선영화배급사 설립 건에 대해 공무 다망하신 중에 많이 애써 주시어 감사드리는 바입니다. 생각건대 배급사와 우리 흥행자는 떼려야 뗄 수 없는 관계이므로 궁극적으로는 이른바 공동 경영의 실체로 믿습니다. 때문에 그 실 경비 지출 방법 등도 양자 모두 기준 3할 5푼의 평등부담으로 하기로 하였습니다. 그렇다면 실 경비 계산의 승인 방법 등에 대해서는 이에 힘써온 각 도 지부장의 의견에 중점을 두어 승인되길 바랍니다. 또 배급업무 규정이 만들어지면 재경성 동업자 가운데 창립위원의 의견은 모두 전 조선업자의 총의로 인정하고 이를 참작하여 신청하기 바랍니다.

이 밖에도 연합회 내부가 가지고 있는 문제들, 예를 들어 회비의 징수 방법, 영화배급사 출자금 5만원의 모집 방법 등에 대해서 협의해야 할 사항들을 검토한 후에 제2차 이사회를 마무리했다.

7. 배급문제 제3차 이사회
(1942년 4월 18일)

• • •

18일 아침, 오이시 사다시치(大石貞七) 부이사장 이하 이사들 일동이 총독부의 모리 히로시(森浩) 도서과장을 방문하여, 경비 문제에 대한 현안이 담긴 신청서를 제출한 후, 의견을 개진하였다. 이에 대하여 모리 히로시(森浩) 과장은 "연합회 측의 주장에는 다소 무리가 있으므로 다시 한 번 고려해 주기 바란다. 쌍방 모두 호의적인 태도로 협력한다면 원만하게 해결할 수 있을 것으로 보인다. 경비 계산 문제에 대해서도 기술적으로 잘 해결할 방법이 분명히 있을 것으로 생각하니, 배급사 측도 연합회 간부와 간담회를 개최하여 잘 논의해 달라. 물론 당국도 관계자들을 출석시켜 보겠다." 라고 밝혔다. 그리고 그 간담회를 19일에 열기로 결정한 후, 곧바로 대기 중이던 이사회로 돌아와 경과를 보고하였다. 간담회 개최에 대해서는 전원 찬성하였다.

연합회는 협의 항목을 다음과 같이 결정하고 해산하였다.

간담할 요강의 중점

1. 경비 35%를 양측 평등하게 부담하자는 건에 대해서는 흥행업자들의 의견에 맡기겠다. 그러나 흥행업자는 정확한 경비 예산서를 1개월 전에 배급사에게 제출해야 한다.
2. 연합회에서 대표이사 3명을 추천한다.

8. 흥행과 배급, 양자 간의 간담회
(1942년 4월 19일)

• • •

경비 문제의 난국 타개를 위한 연합회와 영화 배급 측간의 간담회가 19일 오후 2시, 경성호텔에서 개최되었다. 총독부에서 도서과 무라카미 마사쓰구(村上正二) 사무관, 시미즈 쇼조(淸水正藏) 통역관, 히루타 요시오(畫田義雄), 이케다 구니오(池田國雄) 등이 출석하였고, 연합회에선 지방 대표 3인을 제외하고는 전원 참석하였다. 또, 배급사에서는 아사하라 류조(浅原隆三), 시바야마 료지(柴山量二), 가모이 요시카즈(鴨井吉壹), 노노무라 코헤이(野々村康平), 이토 모토하루(伊藤元治) 등이 참석하였다.

무라카미 마사쓰구(村上正二) 사무관이 시작 인사를 하였다. 연합회에서는 질의하는 사항에 대해 성실히 응답해줄 것을 바랐고, 배급사 측에서는 지도적인 입장에서 상세한 설명을 해서 원만히 본 간담회에서 성과를 거두기를 희망하였다. 조선 영화배급사의 아사하라 류조(浅原隆三)로부터 경비 지출에 대해 설명을 하자, 연합회에서는 그 문제는 어제 모리 히로시(森浩) 도서과장으로부터 설명을 들어 이미 알고 있는 사항이라고 답하여, 간담회에 긴장감을 더했다. 또, 무라카미 마사쓰구(村上正二) 사무관의 영화신체제론에 대해서도 모두 알고 있는 내용이라 지금 와서 새로 설명을 들을 필요 없다고 말하거나 의논을 하기보다는 당면한 문제를 끄집어내서 해결을 보자고 하는 등 꽤 날카롭게 전개되어 갔다.

연합회 측은 결론으로, "경비 문제를 협의하는 것 자체가 신체제에게서 등을 돌리는 것이라고 생각하지 말아 달라. 그런 생각으로 이야기에 임하면 아무런 결론도 얻을 수 없다. 또, 경비 비율 35%에 대해서는 말들이 많았지만, 연합회의 이시바시 료스케(石橋良介) 위원이 상경하여 35%로 책정하는 것이 유리하다고 모리 히로시(森浩) 과장에게 진언한 결과, 그 동의를 얻게 되어 어렵사리 정해진 수치이다. 이는 조선의 문화시설 조성금에서 힌트를 얻은 것이라 할 수 있다. 그간 여러 가지 문제들은 있었지만 결국 그 경비에서 상당 부분을 문화조성금으로 재창출 시킨다는 점에서 보면, 흥행업자에게 일정의 한도를 정하여 무간섭 조치를 취하게 해도 상관없을 것이라 생각한다. 모리 히로시(森浩) 도서과장이 이 간담회를 연 이유도 이 점을 고려해서 일 것이다."

이러한 연합회 측의 강경한 의견에 대하여 아사하라 류조(浅原隆三) 이하의 영화배급사 측은 바로 대답할 수 없었다. 당국, 연합회, 영화배급사의 3자간에 장기간에 거쳐 간담이 이루어져, 6시 30분이 돼서야 겨우 끝날 기미가 보였다. 연합회에서는 마지막으로, 다음의 4가지 사항을 현안으로 삼아 20일까지 대답해줄 것을 요구한 다음 해산하였다.

1. 경비의 무간섭한도를 25% 내지 30%로 해줄 것.
2. 경비는 지불시 마다 증감 계산해줄 것.
3. 극영화의 특별 배급을 받게 되는 작품에 대해서는 공제해주는 것과 같이, 어트랙션(Attraction)[3]이 딸린 작품에 대해서도 공제해 준다.

4. 지방 상설관의 임대료가 영화령에 저촉되는 경우의 조치.

---

3) 주상연물(主上演物) 외에 곁들이는 연예이다. 관객을 끌어 모으기 위해 상연 전후
   에 하는 배우의 인사 등을 말한다.

9. 5일간의 이사회 막을 내리다
(1942년 4월 25일)

• • •

20일 오후 1시, 도이시마 우메키치(間島梅吉) 이사장 이하, 오이시 사다시치(大石貞七), 모리(森), 사쿠라바 후지오(桜庭藤夫), 마쓰나가 시게루(松永茂), 나리키요 다케마쓰(成清竹松) 등이 총독부 모리 히로시(森浩) 도서과장을 방문하여 4가지 항목에 대한 답변을 요구하였다.

"지출액이 흥행 수입의 25% 이내의 경우에는 이 지출 방법에 대해 흥행업자들의 임의에 맡기겠다. 그러나 임의라고는 해도 불합리한 지출은 안 된다. 그리고 공제에 관련해서는 일단 보류로 놔두고 쌍방 간의 연구를 통해 차후에 고려해보자. 영화배급사 측이 승인하는 실연(實演)의 비용은 추정 수익을 초과한 경우에 한하여 그 초과액의 범위 내에서 공제하고, 그 추정 수익의 남은 부분의 취득 분은 30% 이내로 한다."

이렇게 일단락되어, 5일간에 거쳐 열린 이사회가 드디어 끝날 수 있었다. 일행은 각 이사를 소집하여 결과를 보고하였다. 흥행업자들의 희망은 당국의 중재에 의해 다소 꺾인 부분이 없지 않아 있었지만 일단 이 정도에서 결과를 본 것에 만족했다.

10. 흥행연합회 총회에서의 분규
(1942년 4월 23일)

• • •

조선 영화배급사 개업을 수 일 앞으로 남겨둔 4월 23일, 흥행연합회
에서는 총회를 소집하여 오늘까지의 경과를 보고함과 동시에 영화배
급사 측과의 협정 요구 항목에 대해서도 승인을 구하기로 하였다. 즉,
이 총회는 우여곡절 많았던 영화배급사와의 문제에 종지부를 찍는 성
격이 강했다. 출석자는 95명으로 거의 전원이 참가하였다. 당일 총회
는, 오점 11시에 명치좌(明治座) 앞에서 집합하여 일동 대오를 갖추어
조선신궁에 참배한 후, 오후 2시부터 본정(本町, 현재 충무로) 한 회
장에서 개최되었다. 간부 측에서는 약간의 의견 충돌만을 예상했으나
생각 이상으로 분규를 거듭하였다. 이 총회의 경과는 연합회의 의사
록을 참고하는 것이 더욱 그 당시의 긴박함을 절실히 느낄 수 있을 것
이라 생각한다. 당일의 식순은 다음과 같았다.

1. 국민의례
2. 이사장 인사
3. 경과보고
4. 모리 히로시(森浩) 도서과장 담화
5. 각 도 유지의 의견 발표
6. 폐회

지금부터는 의사록의 내용을 빌리도록 하겠다.

개회에 앞서 한 말씀 올리겠습니다. 오늘 본 연합회 제1회 정기총회를 맞이하여 이 자리에 참석해주신 분들께 감사의 말씀을 드립니다. 오늘은 업무 보고도 회계 보고도 없으므로 생략하겠습니다. 작년 12월 8일, 태평양전쟁이 발발하여 약 반 년이 지났습니다. 그간 황군 장병들의 분투 하에 큰 전과를 올린 사실은 여러분들도 잘 알고 계시리라 믿습니다. 그러나 방심해서는 안 됩니다. 지난 18일, 미군 전투기가 우리 땅을 공습해왔기 때문입니다. 비록 적이긴 하지만 대단하다고 생각합니다. 그러나 우리는 필승불패의 정신으로 무장하여 태평양전쟁의 완수를 기대해 봅니다. 시국은 점점 위태해져 가고 있습니다. 이 성전(聖戰)에서 이기기 위해서는 장래 각종 사업에서 통제가 강화되어야 할 것입니다.

본래 신체제의 진수(眞髓)는 멸사봉공, 신도실천(臣道實踐)으로 나라를 위해 모든 것을 바치는 것입니다. 우리 1억 국민들은 감사의 마음과 감격의 마음을 그저 입으로만 말해서는 안 됩니다. 봉공(奉公)이라는 것 또한 진짜 몸과 생명을 내던질 수 있을 정도여야 합니다. 비교적 잠잠했던 영화 상설관 사업에까지 작년 그 영향력이 미쳐 제작, 배급 부문이 통제되었습니다. 따라 우리 업자들도 그저 지켜볼 수만은 없었고, 당국에서도 조선 독자적 입장을 고려하여 금년 1월 이후 영화배급사 창립준비에 착수한 것입니다. 그리하여 이시바시 료스케(石橋良介) 의원이 여러 번 상경하여 조선 영화계를 위하여 열심히 일해 주었습니다. 또, 나리키요 다케마쓰(成淸竹松) 이사도 모리 히로시(森浩) 과장과 함께 상경하여 상당한 성과를 거두고 돌아왔습니다. 이에,

우리는 16일부터 지금까지 여러 번의 이사회를 개최하여 자는 것도
잊고 달려온 것입니다.

　다음으로는 나리키요 다케마쓰(成淸竹松) 이사가 지금까지의 경과
를 설명해 줄텐데, 노파심에서 한 말씀 더 하자면, 모든 일이 원하는
대로 이루어질 수는 없다는 것입니다. 조선 영화 사업의 전환기를 맞
아, 협력, 절충의 정신을 가지고 건전하게 발전시켜 나가도록 합시다.

　이어 나리키요 다케마쓰(成淸竹松) 이사의 말.

　이사장이 앞서 말한 것처럼 이번 배급통제 문제에 대해서는 실로
우여곡절이 많았습니다. 지금까지 논의해 온 문제들은 앞으로 산적해
있는 현안들 중에서도 단연 힘든 문제들이었습니다. 물론 신체제 하
에서 통제라는 것은 자유경제 시대에 누렸던 자유 경영에 비하면 말
도 안 되는 일입니다. 그러나 지금은 국가의 방침에 따라 앞으로 나아
가는 수밖에 없습니다. 우리 영화 상설관 경영자에 대한 이번 배급통
제에 대해서는 생각보다 더 단단히 각오를 해야만 할 것입니다. 아무
리 기계들이 멀쩡해도 운영자의 편의를 고려하지 않는다면 예상한 결
과를 얻을 수 없을 것입니다. 이번 태평양전쟁을 보더라도 적국인 미
국과 영국의 병기만을 놓고 보면 우리나라에 결코 뒤지지 않습니다.
그러나 유일하게 부족한 점이라 하면 바로 정신력일 것입니다.

　이렇게 말을 마친 후 도서과 시미즈 쇼조(淸水正藏) 통역관, 히루
타 요시오(晝田義雄), 이케다 구니오(池田國雄) 등은 먼저 퇴장하여
다른 방으로 자리를 옮겼다. 그리고 잠시 휴식 시간을 가졌다. 한편 도
서과 관계자들은 도서과장이 들어올 때까지 기다리며 협의하였고, 흥
행업자들은 긴급 이사회를 다른 방에서 개최하였다. 나리키요 다케마

쓰(成清竹松) 이사의 설명에 대하여 찬성 혹은 반대의 의사를 표명해 달라는 의장의 요구에 대하여 흥행업자들은 다음과 같은 결과를 내렸다.

1. 조건부(경비 25% 지출에 대한 단서를 삭제할 것) 찬성
   평안남도, 평안북도, 전라남도 대표 이상 3인.
2. 모리 히로시(森浩) 도서과장이 교섭을 통해 얻어낸 결과를 따르자는 뜻에서 무조건 찬성
   경기도(2인), 충청남도, 충청북도, 함경남도, 함경북도, 경상남도, 경상북도, 황해도, 전라북도 대표 이상 10인.

따라서 무조건찬성으로 결정되었다. 이에 대해 모리 히로시(森浩) 도서과장은 '경비 25% 지출에 대한 방법은 흥행업자가 임의로 정하고, 배급사는 이들에게 증거서류를 요구하지 않고 승인할 것.'이라고 못 박았다.(이 사이 실로 두 시간 반이나 걸렸다) 그리고 모리 히로시(森浩) 과장이 이야기 중에 이를 설명하였다.

끝날 무렵 쇼겐 노리아키(祥原弥顯) 함북, 사쿠라바 후지오(桜庭藤夫) 경남 이사가 각 도 대표로서 각각 일어나 배급사에 대한 요망의견을 발표하였는데, 그 요지는 다음과 같다.

배급사가 상설관에 대해 교섭, 시달 등을 할 경우에는 이른바 신체제 하에서 상의하달, 하의상달의 취지에 따라 모두 연합회 본부를 통하고 각 지부를 경유하여 각 상설관과 교섭 시달을 해 줄 것.

11. 영화배급사에 대한 요청서
(1942년 7월 1일)

• • •

조선 영화배급사의 사업 개시 일자인 5월 1일을 전후로 하여 흥행 연합회 측의 활발한 행동은 위와 같았다. 그 후, 흥행연합회에서는 영화배급사 창업 이래 생겨난 경영에 관한 문제들에 대하여 영화배급사 측에 요청서를 작성하기로 결정하였다. 그리고 7월 1일에 이를 공표했는데, 그 주요 내용은 아래와 같다. 여기에 적힌 사항이, 연합회가 영화배급사 측에 주문한 요구사항의 전부라고 해도 과언이 아닐 것이다.

1. 프로그램의 배급과 분배에 대해서는 과거의 실적을 참작하여 줄 것.

영화 통제 상 배급의 일원화가 실시되어, 조선은 5월 1일부터 일본과 같이 조선영화배급사에서 일원적인 배급을 실시하고 있음에도 불구하고, 도호(東寶)와 쇼치쿠(松竹)는 여전히 조선에 출장소를 존속시켜 자사 작품의 선전에 애쓰고 있음은 좀 기이한 감이 있고 일시 폐쇄한 대일본영화사도 다시 각지에 출장소를 개설 준비 중이라 한다. 이것은 대체로 무엇을 의미하는가? 원래 각 상설관은 오랜 체제로 각 영화회사의 특색을 갖고 있고, 또 이를 이용해 선전 기타의 활동에 노력해 온 결과, 종래 각 관에서는 이른바 단골고객을 상당히 확보하여 상당한 실적을 올린 바 있다. 현재의 통제로 순번 배급이 구구해지고 이른바 단골의 육성도 안 되고, 종래의 수입실적을 바랄 수 없으므로 앞으로는 가능한 한 홍백의 순번 및 배급의 조합에 대해서는 과거의 실적을 존중하고 쇼치쿠(松竹) 계열에는 쇼치쿠(松竹)영화, 도호(東寶)계열에는 도호(東寶) 영화를 배급하고 니치에이(日映) 영화는 각각 교대로 배급하여 상설관 경영의 생명인 선전방법의 간이화를 도모해주기 바란다. 시험삼아 지금을 5월 이후의 실제에 비춰보면 전 달엔 백팀이었던 것이 이번 달은 홍팀이 되고, 다시 다음 달의 조합은 또 달라진다. 만약, 이와같은 배급 방법으로 곤란이 생긴다면 오히려 일본과 같은 홍백 그 순으로 배급해주기 바란다.

2. 경비 문제에 대해서는 무조건 35%를 승인해줄 것.

실 경비 문제에 대해서는 이미 다 논의한 것이어서 오늘은 과감히 필요없는 말을 생략하고 무조건 3할 5푼을 승인하고 황보(荒步) 4할을 폐지하는 제도로 개선하게 된 것, 특히 최근 일본에서는 이 점에 대해 제작자 대 흥행자가 승인한 뒤, 실 경비 3할 5푼을 총매출액에서 빼고 황보 4할 폐지를 실시하는 지방이 많다고 들었다. 그런데 조선에서는 특수한 사정도 있고, 또 당초의 구두약속도 있어 배급사에서 앞으로 문화시설 기타 필요한 것에 대해서는 양자의 신중한 협의 아래 선처할 것.

3. 독립적인 흥행물(一本立ち興行物)을 인정해 줄 것.

영화가 부족한 오늘날의 연예, 연극도 한 편 흥행에 대해서는 추정요금은 단매제도와 같이 이를 면제하고 '기간제'로 개선해 주기 바란다. 그 이유로는 최근에 각 상설관이 심한 경영난에 허덕이고 있는데 배급사의 성적은 별기한 대로 예상 이상의 성적이다. 그것은 여하튼

영화의 부족은 연예, 연극으로 이를 보충할 수밖에 없는데, 이를 하지 못하는 각 지방에서는 영화추정요금을 징수한 결과, 경제상 이를 직영할 수도 대관할 수도 없어 연예든 연극이든 안 올리게 되고 원망의 소리가 높아지고 있는 것이다. 이점에 특히 주의할 것.

4. 어트랙션(Attraction) 흥행에 대한 공제를 인정해 줄 것.

지방에서 상영일수가 길어 해당 흥행이 계속 곤란할 때, 관객유치의 필요상 어트랙션 상연을 필요로 하는 경우는 그 실비는 교화용 영화의 특별배급과 같이 원천징수 제도로 개선하기 바란다.

5. 일반영화의 자유 관람에 힘써줄 것.

일반영화, 비일반영화를 구분하고 일반영화는 대중이 잘 관람할 수 있도록 조선영화령(朝鮮映畵令)에 의해 결정되고 있음에도 불구하고, 보도연맹의 감독이 너무나 엄해 문부성 혹은 조선총독부의 추천영화라 해도 중등학교 이하의 학생에 대해서는 절대로 이를 인정하지 않는다. 이래서는 영화가 갖는 중대사명은 물각되고 추천영화의 취지에도 반하는 것이 되니, 이 점을 특히 고려한 뒤 본부 당국에 대해 이의 완화책에 진력해 주기 바란다.

6. 공정하게 관람요금을 조정해 줄 입장요금조정위원회 설치할 것.

각지에서 공정한 입장요금을 정하기 위해, 배급사 및 연합회 공동으로 입장요금 조정위원회를 두어 각 지방에서 적정한 특별요금, 보통요금 등을 사정하여 본부 당국에 신청하여 적정하고 타당한 입장료의 결정방법을 쉽게 하도록 진력할 것.

7. 배급사와 연합회 간의 연락을 긴밀히 할 것.

배급사 대 연합회는 한편으로 이해관계가 상반하는 것처럼 보이지만 사실은 그렇지 않다. 공존공영이 실로 순망치한의 관계에 있으므로, 앞으로 더욱 긴밀한 연락을 취하고 배급사에서 각 상설관에 통달하고, 기타 중요사항의 교섭이 있을 시는 우선 본부를 경유하든가 아니면 본부에 대한 참고를 위해 같은 요건의 통달 혹은 보고를 해주기 바란다.

앞의 3항에서 "영화배급사의 경영성적은 예상 이상으로 양호하다"고 쓰여 있는 설명서는 다음과 같은 영화배급사 창업 한 달의 계산과 매출액 분배의 사실을 호소하고 있다. 즉 조선영화배급사의 5월 분 계산에서 첫 총수입은 87만원으로 여기서 황보 4할을 폐지한(뺀) 계산을 가정하면 348,000이 되고(그 중 총매출액의 8푼, 즉 69,600원을 빼면 잔금은 278,400원이 된다), 이를 통제배급사 설립 전 각 제작회사 및 배급업자에 지불한 것은 대개 한달 평균 도호(東寶) 82,000원, 쇼치쿠(松竹) 62,000원, 닛카쓰(日活) 4만 원, 신코(新興) 26,000원(대략 계산), 다이토(大都) 7천 원, 합계 217,000원이다. 그런데 배급사 설립 전 즉, 1941년도에 영화요금(제작 및 배급수수료를 포함) 지불 총액은 양화요금 205,000원을 제외한 약 2,600,500원으로 한 달 평균이 217,000원이 된다.

그런데 조선영화배급사 5월분의 지불액은 348,000엔(수수료 포함)으로 전년도보다 1개월 평균 131,000원이 많고 게다가 1941년도의 총매출액은 1,026,000원인데 올해(5월)는 87만 원이다. 그렇다면 총매출액에서 156,000원이 감소하고 그 지불에서는 116,000원이 증가하여 흥행자의 희생은 272,000원에 상당한다.

생각건대 통제회사가 출현하게 된 이유는 근래 영화제작회사 및 배급업자의 폭리 즉, 쇼치쿠(松竹), 도호(東寶)는 말할 것도 없고, 닛카쓰(日活) 등이 이전에 300만 원 정도의 채무가 있어 장차 파산선고를 받을 지경이었는데, 겨우 화의법으로 정리 구제된 사정이 있음에도 불구하고, 그 후 불과 1,2년 만에 그 부채를 정리하고 백만 원 가까운 사내보유를 가지기에 이르렀다고 한다. 이와 같이 자유경제적 무통제의 폭리는 현 시국과 같은 적어도 통제경제 시대에는 지극히 불합리적이라며, 군부 측에서는 이를 교정하기 위해 설립한 것이다. 그런데 통제배급사가 설립된 오늘의 실정은 일본은 몰라도 조선에서는 오히려 자유무통제의 시대 이상으로 영화료를 더 내는 계산이 된다. 현제도에 이르러서는 오히려 더 어이가 없는 바이다. 그리고 또 흥행자는 이번 통제 후에는 대개 2, 3할의 수입감소는 보통이고 오히려 공과금 방면은 흥행세로 바꾸어 신이득세에서 약 2할이 증가된 외에 일반 증세도 전시 중 당연하므로 손실액이 상당하고 영화의 부족으로 오는 수입 감소도 겹쳐 실로 이중삼중의 고통이 있음은 누구나 아닌 사실이다.

요컨대 조선영화배급사는 이전 영화가 풍부하고 당시의 실수입보다 현재의 통제시대 영화부족에 허덕이는 시기에 가장 소수의 영화로 종전 이상의 요금을 징수하여, 일본의 제작회사에 분배하는 것이 과연 합리적인지, 또 그럴 필요가 있는 것인지, 이는 어찌되었든 최근 전조선의 흥행자는 경영곤란에 빠져 장치 비명을 지르게 될 것이다.

이상 불합리한 점에 대해 특히 음미하고 재검토 해주시기 바라는 바이다.

12. 영화배급사 개업 이후의 동향
(1942년 7월 19일)

● ● ●

5월 1일부터 독자적인 배급통제 체제를 채용하게 된다. 배급통제의 권에서도 자세히 다루었듯이, 개업 후 배급사와 상설관 측 모두 혼란스러워하였다. 때문에 웃지 못 할 에피소드 도 많았다. 영화배급사는 일단 흥행 면에 있어서는 대중들을 상대로 해야 했고, 선전에도 만전을 기해야 했기 때문에 적잖이 당혹스러워하였다. 어쨌든 5월 1일, 기념할만한 첫 배급작품이 선을 보였다. 홍색 계열(赤系)[4]인 명치좌(明治座)과 와카쿠사(若草) 극장에서는 도호(東寶)의 『기다리고 있던 남자(待っていた男)』[5](1942), 백색 계열인(白系)인 다카라 즈카(宝塚) 극장, 경성극장에서는 닛카쓰(日活)의 『제5열의 공포(第五列の恐怖)』[6](1924)가 각각 상영된 것이다. 각각의 수입은, 명치좌 1만 4천원, 와카쿠사 극장 1만원, 다카라 즈카 극장 1만 3천원, 경성 극장 5.5천원으로 순조로웠다. 이어서 홍색 계열에서는, 쇼치쿠(松竹)의 『아버지가 있었다(父ありき)』(1924)[7], 도호(東寶)의 『남쪽에서 돌아온 사람(南から帰った人)』[8](1942), 백색 계열에서는, 다이에이(大映)의

---

4) 배급을 일원화하기 위하여 전국 상영관을 홍색계열과 백색계열로 나누어 배급하였다.
5) 『기다리고 있던 남자(待っていた男)』(1942, 東寶, 7권)
6) 『제5열의 공포(第五列の恐怖)』(1924, 日活 多摩川撮影所, 9권)
7) 『아버지가 있었다(父ありき)』(1942, 松竹 大船撮影所, 11권)
8) 『남쪽에서 돌아온 사람(南から帰った人)』(1942, 東宝映画, 7권)

『어머니, 한탄 마세요(母よ嘆く勿れ)』[9](1942), 쇼치쿠(松竹)의『간첩은 아직 죽지 않았다(間諜未だ死せず)』[10](1942)가 차례대로 개봉되었다. 다이에이(大映)의 작품이 조금 저조했으나 대체적으로는 예상대로 좋은 성적을 거두었다.

그러나 흥행성적과는 별개로 배급사 측에서는 아직 찝찝한 구석이 남아있었다. 바로 경비 문제에 대한 것이었다.

7월 18일, 도이시마 우메키치(問島梅吉), 오이시 사다시치(大石貞七), 이시바시 료스케(石橋良介), 나리키요 다케마쓰(成清竹松) 등이 영화배급사의 오카다 준이치(岡田順一) 상무를 방문하여 현안에 대하여 의견을 나누었다. 물론 그 중심 화제는 경비 문제였다. 결론적으로는, 경비의 결산을 3개월 단위로 하자는 데서 타협점을 찾아 이를 추진키로 하였다. 이시바시 료스케(石橋良介) 전무이사가 언급한 세금 관계 문제에 대해 오카다 준이치(岡田順一) 상무는 일본에 이미 규정이 있지만 조선의 특수한 경우를 참작해 다시 생각해보겠다고 답하였다.

공동의 이익을 추구하는 흥행업자와 배급사이기는 하나 실제로는 이렇게 복잡한 문제들이 산재해 좀처럼 해결되지 않고 있는 것이다. 하나의 작은 병이 생기면 여기저기서 합병증이 생기는 것과 같다. 부디 통제가 유종의 미를 거두기를 바랄 뿐이었다.

---

9) 『어머니, 한탄 마세요(母よ嘆く勿れ)』(1942, 新興キネマ 東京撮影所, 8권)
10) 『간첩은 아직 죽지 않았다(間諜未だ死せず)』(1942, 松竹 大船撮影所, 12권)

13. 연합회 간부, 영화배급사와 간담을 가지다
(1942년 7월 28일)

• • •

7월 28일, 흥행연합회의 간부 일동은 영화배급사의 오카다 준이치 (岡田順一) 상무이사와 회견을 가져, 경비의 비율을 40%로 개정하자 는 문제에 대한 최종 교섭을 행하였다.

연합회가 주장하는 바는, 경비 35%는 흥행업자 측에 위탁하고, 향 후 필요하게 될 문화조성금은 별도의 방법을 연구하여 다른 경로로 조달하자는 것이었다. 배급사의 현행 제도는 너무 복잡하여 사무 간 소화의 취지에도 어긋난다고 밝혀 개정을 요구하였다. 이에 대하여 영화배급사 측 오카다 준이치(岡田順一) 상무는 사무를 간소화해야 한다는 의견에는 동의하나, 조선총독부 도서과의 감독 하에 있는 본 회사는 현재 연합회가 주장하는 바를 그대로 따를 수 없는 처지에 있 다는 것을 알아달라고 당부하였다. 이 밖에도 많은 이야기가 오고갔 으나 오카다 준이치(岡田順一) 상무 혼자서 결정할 수 있는 가벼운 이 야기가 아니었다.

이시바시 료스케(石橋良介)가 제시한 공과금 선처 문제에 대해서 오카다 준이치(岡田順一) 상무는 영업세, 차량세, 잡종세, 소비세, 광 고세, 경방단(警防團)비용, 기부금 등은 일본도 그러하니 인정할 수 있지만, 상업회의소세, 정회비(町會費), 호별세(戶別稅)까지 인정해 달라고 하는 것은 자제해달라고 요청했다.

경비의 비율 책정에 대한 문제는 매우 중요한 사항이라 하루아침에

결정되리라 기대하기는 힘들었지만, 연합회 측에서는 이 이상 물러설
기미를 보이지 않았다.

14. 경비문제 논의를 위한 이사회 소집
(1942년 8월 1일)

• • •

흥행연합회는 영화배급사와의 위와 같은 논의 사실을 보고하기 위하여 이사회를 열었다. 8월 1일, 조선호텔에서 열렸는데, 전라북도를 제외한 전원이 출석하였다. 먼저 저번 이사회 소집 이후부터 지금까지의 사항에 대한 보고가 있은 후, 각 도 이사로부터 각종 영화배급 문제와 상설관 경영 대책에 대한 의견 개진이 있었다. 의제와 그에 대한 결론은 다음과 같았다.

1. 조선영화배급사 기부금(출자금)의 모집 방법

현행 연합회 회비 부담액의 4배에 해당하는 금액을 각 회원에게 징수한다. 그러나 단순히 연극과 연예(演藝)만을 전문으로 하는 극장에게는 이를 면세시킨다. 징수 시기는 10월 31일까지로 하고 꼭 완납해 줄 것을 당부한다.

2. 흥행업자들의 부담액 산정

영화를 상영하는 데 필요한 경비(종래의 영화 추정 요금)를 해당 상설관에게 부담시키는 건에 대해서는 전적으로 이사장과 본부 간부에게 일임한다.

3. 경비 40%제로 변경하는 문제

모리 히로시(森浩) 도서과장은 "업무규정과 기타 일본의 사정 등이 있어 연합회 측의 의견을 전면적으로 수용할 수 없음을 안타깝게 생각한다. 다만 일본 측 관계자들에게 협조를 구해, 희망하는 대로 실현시킬 수 있도록 노력하겠다. 그리고 당분간은 별도의 종이에 쓴 각서대로 이를 승인하겠다."라고 밝혔다. 별도의 종이라는 것은, 영화배급사 사장 다나카 사부로(田中三郎)와 연합회 이사장 도이시마 우메키치(問島梅吉) 사이에서 체결된 각서로, 흥행 상의 경비가 해당 달의 흥행 수입의 30% 이내일 경우에는 경비 보고에서 증빙 서류를 첨부하지 않아도 된다는 내용이었다. 다만 영화배급사 측에서 필요로 할 때에는 서류의 제출 요구가 있을 수도 있다는 조항이 덧붙여져 있었다. 본 각서는 1942년 8월 1일부터 실시되었다.

15. 부민관 상영문제로 다투다
(1942년 12월 5일)

• • •

영화계 신체제의 해인 1942년이 거의 저물어가던 12월, 영화배급
사의 독자적 입장에 의해 계획된 경성부민관 상영문제가 도화선이 되
어, 연합회 측의 활발한 행동이 전개되었다. 영화 상영은 영화배급사
의 정관에 없는 업무임과 동시에, 이가 흥행 면에 미치는 영향은 꽤 심
각하다. 도와 상사(東和商事)가 부민관에서 외화를 상영하여 문제를
야기했고, 학우영화회(學友映畵會)의 공개 사업도 각종 물의를 일으
켰다. 게다가 이번 영화배급사의 상영 계획은 불에 기름을 부은 결과
가 되어버렸다. 경기도흥행협회의 임시총회에서 도이시마 우메키치
(問島梅吉)와 이시바시 료스케(石橋良介)는 영화배급사의 임원으로
써 우리를 대표하여 출석하였는데, 일동이 하나같이 무슨 수작이냐며
덤벼들었다. 이 둘은 입장 상, 영화배급사 임원을 사직하기로 결정하
여, 12월 5일 영화배급사 이사회에 출석하여 정관 제18조 '이사는 이
사회를 조직하고 중요한 사무에 대해 협의한다.'를 근거로 다나카 사
부로(田中三郎) 사장과 오카다 준이치(岡田順一) 상무의 책임을 추궁
하며, 동시에 사표를 제출하였다. 당시 정세로 따지자면 어쩔 수 없는
일이었으나, 필름 복사본에 대한 어려움 속에서도 불구하고 2편을 주
야 번갈아가며 상영하려 한 점이 크게 논란이 되었다.

경기도흥행협회의 임시총회에서는 두 사람의 사직의 경과에 대한
설명이 끝난 후, 영화배급사와 관련된 문제들에 대해 참석자들의 거

침없는 의견들이 오고갔다. 그리고 결국에는 전 조선의 이사들을 소집하여 이사회를 열기로 결정하였다. 그리고 도이시마 우메키치(問島梅吉)와 이시바시 료스케(石橋良介)의 문제에 대해서는 당국에서 진상조사에 들어갔다. 영화배급사는 부민관에서의 영화흥행을 중지했고, 앞으로 같은 일이 반복되지 않게 하겠다는 오카다 준이치(岡田順一) 상무의 언급이 있었다. 또, 이 문제에 대해서는 그 책임의 소재를 분명히 하기 위해서 일단 사표는 철회하기로 결정했다.

16. 연합회의 요구안 해결되다
(1942년 12월 13일)

• • •

부민관 상영 문제도 냉정하게 생각해보면, 영화배급사가 흥행관을 방해하기 위해 경쟁적 심리에서 일으킨 문제가 아니라, 영화배급사의 사업부가 사업의 일환으로 계획한 것이라고 생각된다. 이런 결과가 된 것은 정말 안 된 일이나, 이것을 좋은 경험이라고 여기고 넘어갈 수도 있을 것이다. 또, 부족하다는 이유로 전 조선에 복사본 2편을 배급하는 일에 대해서 거부해 왔던 터라, 부민관의 2편 주야 교차 편성은 지방 흥행업자들에게 큰 충격을 가져다 준 것도 사실이다. 그리고 이런 문제가 있을 때마다 감독관청 책임자로써 불려나와야만 하는 모리 히로시(森浩) 도서과장이야말로 실로 딱하다. 그러나 이것이 다 문화계를 원활화시키기 위함이니 어쩌겠는가.

12일 반도호텔에서 배급사 이사회를 개최하였다. 모리 히로시(森浩) 도서과장 이하 관계자들이 출석한 가운데 연합회에서는 도이시마 우메키치(間島梅吉), 이시바시 료스케(石橋良介)가 참석하였다. 앞에서도 말했듯이, 다나카 사부로(田中三郎) 영화배급사 사장, 오카다 준이치(岡田順一) 상무로부터는 전후사정에 대한 해명이 있었고, 다나카 사부로(田中三郎) 사장의 간청에 의해 도이시마 우메키치(間島梅吉), 이시바시 료스케(石橋良介)의 사표는 철회되었다. 그리고 영화배급사 이사의 신분으로 이사회에 참가하였다. 그 후, 연합회 제안사항을 심의하였는데 결국 이 이사회에서 경비문제를 제외한 모든 현안이 해결되었고, 양 당사자가 조인하였다. 그 내용은 아래와 같다.

1. 영화배급사는 영화배급사 정관의 정신에 따라 정관 제18조를 준수한다.
2. 사업의 번영과 사내 업무의 원활한 운영 등을 위해 매월 1회 간담회 성격의 이사회를 개최한다.
3. 조선흥행연합회에 가입하지 않은 지방의 흥행업자들에게는 영화의 배급을 중단한다.
4. 양질의 풍속을 저해하거나, 회칙을 위반하여 제명된 협회원에게는 영화의 배급을 중단한다.
5. 특수영화 혹은 군관(軍官) 영화 상영을 기획하는 경우, 영화배급사는 조선흥행연합회 혹은 해당 지역 흥행연합회와 반드시 긴밀하게 연락을 취한다.
6. 경성부민관 또는 지방공회당(公會堂)에서 유료 상영을 하려는 자에게는 작품의 대여를 하지 않는다.
7. 경비문제는 영화배급사 현행 사무규정에 의하여 종래처럼 실행하기로 한다. 그러나 과잉금이 생겼을 경우, 영화배급사는 일단 조선흥행연합회에 돌려주고, 그 처분 방법은 조선흥행연합회에 일임한다.

각서

사단법인 조선영화배급사를 갑, 조선흥행연합회를 을로 하여 아래와 같이 각서를 교환한다.

제1. 갑은 배급업무 규정 제10조 제1항 제2호의 규정에 의거, 조선
    내의 상영관으로부터 을에게 송부하는 금액(극장 경비 35%
    이내의 범위 내에서 납부하는 갑의 수입금, 소위 문화조성금)
    은 1942년 12월부터 1943년 3월까지 4개월에 한해 흥행장 조
    성금으로 을에게 교부하는 것으로 한다.

제2. 갑은 제1에서 언급한 사항에 대하여, 계산 완료된 총액을 을에
    게 통지하고 즉시 이를 송금한다.

제3. 을은 제1에서 언급한 경비를, 흥행장 개선, 종업원 후생시설
    등 유효적절한 목적으로 사용한다.

제4. 갑의 배급업무 규정은 위에 근거하며, 원활한 업무 수행을 위하
    여 을은 자신에게 소속되어있는 전 흥행업자들을 통제하여 상
    호간에 협력하고 영화 신체제 확립을 기할 수 있도록 힘쓴다.

1942년 12월 20일

갑 다나카 사부로(田中三郎)
을 도이시마 우메키치(間島梅吉)

17. 1942년, 마지막 전 조선 이사회
(1942년 12월 15일)

• • •

소란스러웠던 조선흥행연합회와 영화배급사 사이의 문제들도 12월 13일 반도호텔에서 열린 영화배급사 이사회 석상의 양자 협정 조인에 의하여 일단락되었다. 이에 따라, 연합회에서는 경과보고를 겸한 전 조선 이사회를 15일 정오부터 명치정(明治町)의 명치(明治)에서 개최하였다.

여기에는 황해도, 강원도, 충청북도의 지부장들을 제외한 전원이 참석하였다. 먼저 도이시마 우메키치(問島梅吉) 이사장이 인사를 하였고, 오이시 사다시치(大石貞七) 부이사장이 뒤를 이어 앞서 설명한 사직 문제와, 부민관 문제 등에 대해서 보고하였다. 다음으로 이시바시 료스케(石橋良介) 전무이사가 도이시마 우메키치(問島梅吉) 이사장과 자신이 왜 사직을 결의하였는지에 대해 설명하였다. 그 후 당국으로부터 영화계를 위해서 힘써달라는 간절한 부탁이 있어 사표를 철회하였고, 영화배급사와 관련하여 놓여 있던 제 문제들을 일단락 지었다고 보고하였다.

이에 대해 사쿠라바 후지오(桜庭藤夫) 경상남도, 마쓰나가 시게루(松永茂) 전라북도 지부장으로부터 격려의 말이 이어졌다. 이어서 나리키요 다케마쓰(成清竹松) 이사는 '영화배급사에 대한 요구 현안 해결'에 관한 항목들을 낭독하여 일동의 승인을 요구하였다. 이에 대해 자리하던 각 지방 이사들로부터 많은 질문이 쏟아졌다.

　마지막으로, 회계 부문은 당분간 이시바시 료스케(石橋良介) 전무
이사가 감독하기로 한 점을 알리고, 추정요금에 대한 문제, 영사기 및
기타 부속품의 보급에 대한 문제, 영사기사의 최저급료제 실시에 대
한 문제, 그리고 기타 2~3가지 문제에 대해 더 논의를 한 후 이 날의
이사회는 무사히 끝났다.

18. 제2차 간담회를 열다
(1942년 12월 17일)

• • •

영화흥행업계의 통제 중에 일어난 움직임들을 죽 서술하였는데, 글을 마무리하기 전에 12월 17일, 경성에서 개최된 각 도 이사와 영화배급사 측의 배급업무 간담회 석상에서 제기된 주요 의견들을 적고자 한다. 이는 영화배급사 창업 7개월 후의 지방 유력 상설관주의 목소리여서 연구해볼 가치가 있다고 생각한다.

평안남도 모리(森) 이사 - 평양은 경제적으로 상호간 특수계약이 맺어져 있어 상설관 간의 대립적인 경쟁의식은 없다. 그리고 이는 전 조선 상설관의 바람이겠지만, 내년 제 1주차 흥행만은 각 지방의 개봉영화를 각 상설관에서 상영하고 싶다.

함경남도 고바야시 도요조(小林豊三) 이사 - 정월 흥행을 앞두고 영화배급사는 배급 상의 사고방지에 대해서 구체적인 대책을 가지고 있는가. 또, 현재 각 역의 수화물 취급 시간은 오후 6시까지인데, 필름만은 각 역 모두 시간제한을 없애주었으면 한다. 이에 대해 철도 당국과 교섭해 달라.

함경북도 쇼겐 노리아키(祥原彌顯) 이사 - 필름 미착(未着)등에 대한 문의를 하고 싶어도 연락처가 없어 당혹스러운 경우가 있으므로 주의해 달라. 또, 영화배급사에서 필름 소개를 위해 전보를 보내주는 경우, 상대방의 이름을 빨리 알 수 있도록 그 방법에 대해 연구해 달라. 또, 홍백계열 간에 그 차가 많이 벌어졌을 때, 이를 보강할 수 있는 대책도 고려해 달라.

이시바시 료스케(石橋良介) 전무이사 – 프로그램을 2편으로 구성하는 것은 자재 문제도 있고 하니 조금 이해해 달라. 지금 아직 미사용중인 필름이 창고에 산적해 있는 것으로 알고 있다. 또, 검열 시기가 경과한 작품은 바로 재검열을 신청하여 적절하게 조취를 취해주면, 앞으로 흥행업자들에게 만족할만한 결과가 있을 것이라 생각한다.

경상남도 사쿠라바 후지오(桜庭藤夫) 이사 – 홍백 영화간의 가치 평균은 배급 상의 원칙으로 정해져있는 것으로 알고는 있지만, 그 차이가 심할 경우에는 문화영화를 극영화로 대체해줄 수는 없겠는가. 또, 필름을 발송할 때는 열차에 선적이 될 때까지 잘 확인해 달라. 만약 열차 사고가 일어나 첫 상영 일시까지 도착을 못할 경우에는 전화로 문의를 하여 선적 시간, 열차 번호, 짐 번호 등이 알 수 있도록 처리를 하여 최악의 사태는 면하고 싶다.

전라북도 마쓰나가 시게루(松永茂) 이사 – 지방 상설관에서는 아직 개봉되지 않은 영화를, 순회 상영반이 입장료 10전으로 공개하는 경우가 더러 있다. 또, 순회 상영반이 요금을 징수하는 과정에서 각종 폐해가 일어나고 있다고 하니 영화배급사 측은 이를 잘 감독해 달라. 또, 순회 상영반의 상영관, 그리고 상영작의 선정에도 신경을 써 달라.

19. 조선흥행연합회의 진용

• • •

조선흥행연합회가 장래 조선의 모든 흥행관을 대표하는 지도기관
이 되는 것은 당연한 일이다. 10월 10일 현재 본 연합회의 면면은 다
음과 같다.

이사장	오이시 사다시치(大石貞七)
부이사장	이시바시 료스케(石橋良介)
	호리코시 유지로(堀越友二郎)
상무이사	나리키요 다케마쓰(成清竹松)
본부 서기	가네다 도요미(金田豊實)
	오치 겐조(越智源三)
경기도지부장	오이시 사다시치(大石貞七)
경상남도지부장	사쿠라바 후지오(桜庭藤夫)
경상북도지부장	호리코시 유지로(堀越友二郎)
강원도지부장	나카지마 다로(中島太郎)
전라남도지부장	구로세 도요조(黒瀬豊藏)
전라북도지부장	마쓰나가 시게루(松永茂)
충청남도지부장	도쓰카 소조(戸塚莊三)
충청북도지부장	소노다 미오(園田實生)
황해도지부장	히구치 기네조(樋口甲子藏)
평안남도지부장	구보 헤이지로(久保兵二郎)

평안북도지부장	다무라 나오타로(田村直太郎)
함경남도지부장	고바야시 도요조(小林豊三)
함경북도지부장	쇼겐 노리아키(祥原彌顯)

제 4 편

반도영화 부감록(俯瞰錄)

1. 조선의 영화통제에 대하여

• • •

조선총독부 경무국 도서과 영화검열실

시미즈 쇼조(淸水正藏)

대동아(大東亞) 결전(決戰)[1] 하에서 영화도 함께 싸우고 있다. 말 그대로이다. 조선에서도 영화는 보도(報道)[2], 계발(啓發)[3], 교화(敎化)[4] 등 국가적 사명을 수행을 하고 있는 중이다.

전시체제하, 조금의 헛된 전력소모 없는 완전한 승리를 위해 모든 힘을 결집하지 않으면 안 될 때이다. 하지만, 이러한 시국에도 내일의 활력을 제공하는 원동력이라는 의미에서 건전한 오락은 반드시 필요한 것이다. 특히 조선은 오락기간이 적다. 그럼에도 불구하고 연간 영화가 불러 모으는 관객은 2천만 명을 넘는다. 반도 2천4백만 민중이 1년에 한번은 영화를 본다는 계산이다. 따라서 조선에서 영화가 가지는 영향력과 지도력은 다른 그 무엇보다도 뛰어나다고 할 수 있다. 때문에 영화의 중요성은 일본의 그것보다도 실질적으로는 몇 배나 된다고 말할 수 있을 것이다.

---

1) 결전(決戰)은 승부나 흥망이 결정되는 중요한 싸움이다.
2) 보도(報道)는 신문이나 방송으로 나라 안팎의 새로운 소식을 일반에게 널리 알림. 또는 그 소식을 말한다.
3) 계발(啓發)은 재능, 사상 따위를 일깨워 발전시키는 것이다.
4) 교화(敎化)는 사람을 정신적으로 가르치고 이끌어 좋은 방향으로 나아가게 함, 정신적으로 가르치고 이끌어 감화되게 하는 것이다.

예를 들면, 이동영사반이 산간벽지를 방문한다. 그러면, 2,3리 떨어진 마을에서도 이 소식을 듣고 찾아온다. 대부분은 아낙네들인데, 이들은 등에는 어린이를 업고 손에는 도시락을 들고 먼 길을 마다하지 않고 걸어오는 것이다. 설령, 추운 겨울일지라도 마찬가지다. 그들은 온기 없는 회관에서 영화가 끝날 때까지 화면을 뚫어지게 바라본다. 열심히 보고 있는 것이다. 영화가 끝나면 또 다시 몇 리나 되는 길을 걸어서 돌아간다. 이러한 광경을 목격할 때마다 '영화의 힘'을 다시금 절실히 실감하게 된다. 과연 영화가 과거에 이러한 중대한 사명을 깨닫고 책임을 다했었나? 반문해 본다. 유감이지만 조선의 영화는 제작, 배급, 상영 등의 모든 부분에서 심각할 정도로 만족스럽지 못한 점이 많았다. 그러나 대동아전쟁(大東亞戰爭, 태평양전쟁, 1937년 7월 7일~1945년 8월 15일)은 조선영화계의 방향전환을 촉구하는 결정적인 계기를 제공하게 되어, 작년 이후부터는 시국상황에 맞는 신체제를 새롭게 수립하여 착실하게 진행하고 있다.

그 내용을 조금 더 구체적으로 살펴보자.

먼저 조선의 영화제작 상황을 보자. 조선의 영화제작 역사는 20년이다. 영화제작이 통제되기 전에는 크고 작은 10개의 영화제작회사가 있었다. 지금의 시각에서 보면, 지극히 개인적이고 영리적인 영화제작에 종사해왔던 것이다. 그러나 대동아전쟁(大東亞戰爭, 태평양전쟁, 1937년 7월 7일~1945년 8월 15일) 발발은 그러한 제작을 더 이상 허락하지 않았다. 즉, 조선영화령(朝鮮映畫令)으로 이들 대소 영화 제작사가 하나로 일원화되어 1942년 10월 조선영화제작주식회사가 창립하게 된 것이다.

조선영화제작주식회사 설립에 앞서서 필요성과 장래성에 대한 많은 논의가 있었지만, 총독부의 영화제작사 설립 방침은 확고했다.

조선동포는 약 2천 4백만이다. 물론, 일본에도 만주에도 각각 약 150만 명이상 이주해 살고 있다. 일본 총인구의 4분의 1을 차지한다. 이 조선동포를 뼈 속까지 일본인으로 만들어가는 일은 일본에 부여된 대사명이다. 이것은 두말할 필요도 없다.

조선은 1944년부터 징병령(徵兵令)[5]이 실시된다. 조선동포도 일본인과 마찬가지로 천황폐하의 군대로 대동아전쟁(大東亞戰爭, 태평양전쟁, 1937년 7월 7일~1945년 8월 15일)에 직접 참전하는 명예를 얻게 된 것이다. 그런데, 만약 황군(皇軍)의 일원이 된 조선동포가 진정한 일본정신을 체득하지 않았다면 과연 어찌 되겠는가? 조선동포의 황국신민화(皇國臣民化) 여부가 그대로 황군(皇軍)의 기강(氣强)과 전력(戰力)에 영향을 준다고 생각하면 우리의 책임의 중대함을 다시금 통감하지 않을 수 없다.

따라서 반도 대중에게 하루라도 빨리 한발이라도 먼저 건군(建軍)의 의의를 이해시키고 일본정신에 철저한 병사로서 영광스러운 의무

---

5) 1937년에 발발한 중일전쟁 이래 침략전쟁을 확대하는 과정에서 대규모적인 병력 보충이 필요하자 징병을 재검토하기 시작한다. 일본은 지원병 형태로 징병하기로 하고, 1938년 2월 '육군특별지원병령'을 공포한다. 1941년 태평양전쟁 이후에는 해군을 보다 강화하기 위해 1943년 7월 '해군특별지원령'을 공포, 가튼 해 8월부터 시행하여 해군병지원자 훈련소를 설립하고 강제적으로 동원·훈련을 실시한다. 1943년 10월에는 '육군특별지원병 임시채용규칙'이 공포·시행되면서부터 '학도지원병'이라는 이름 아래 전문학교, 대학 재학생들을 강제징집하게 된다. 1942년 5월 보다 더 의무동원하기 위해 지원병제가 아닌 징병제를 실시하고, 1944년부터 징집할 수 있도록 준비를 진행하여, 총독부는 '징병제시행 준비위원회 규정'을 발표하고, 선전계발, 호적정비, 일어보급과 청년적령자의 연성 등의 준비 작업에 들어간다. 1942년 10월 징병 적령자 일제 신고가 실시되고, 1944년 4월 징병제가 전면적으로 실시된다.

를 다할 수 있도록 지도·훈련해 가는 일이 성은에 보답하는 일이라
고 생각한다. 이 임무를 완수할 수 있는 힘을 가진 것은 바로 영화이
다. 이것을 충분히 알고 있는 제작회사에서도 이미 완성했거나 현재
제작중인 문화영화, 계몽영화, 극영화 등을 다시 이에 맞추어 기획을
수정·진행하고 있는 것이다.

지난 5월 11일 정부는 내각 의회에서 조선동포의 '해군특별지원병
제(海軍特別志願 兵制)' 신설 취지를 발표했다. 점점 더 중대한 사명
이 반도에도 부가되어 왔다. 바다에 가면 물에 빠진 시체로, 육지에 가
면 풀에 덮인 시체로 군국(君國, 군주와 국가)을 위해 순국(殉國)하는
감격[6]을 가질 수 있게 된 것은 크나큰 기쁨이다.

이 끓어오르는 감격을 한층 더 고양(高揚)시키기 위해서는 조선에
서 기획하고 조선에서 제작한 영화를 조선동포에게 보여줌으로써 더
욱더 큰 효과를 거둘 수 있을 것이라고 나는 확신한다. 여기에 조선영
화제작회사의 필요성이 있고, 장래성이 있는 것이다.

단, 현재 회사의 인적구성은 아직도 충분하지 않다. 물론 인적구성
원을 보다 충실하게 할 필요는 있다. 하지만, 그것은 앞으로 해결해야
할 문제이지, 그것 때문에 인적구성원의 존재이유에 의문을 가질 필
요는 없다. 만약 의문을 가진다면 그것이야말로 본말전도(本末顚倒)

---

6) 이 문장은 일본의 고전 가집(歌集)인 만엽집(萬葉集) 18권 4094번에 수록된 「바다
에서 싸우면 물에 빠진 시체가 될 것이다. 산에서 싸우면 풀에 덮인 시체가 될 것이
다. 그러나 어찌되었든 죽는다면 천황폐하 옆에서 죽고 싶은 법이다. 내 몸을 돌아
볼 일은 없다.(海ゆかば 水漬(みづ)く屍(かばね) 山ゆかば 草蒸す屍 大君の 邊(へ)
にこそ死なめ かえりみは(わ)せじ)」노래인데, 이것을 1937년 『바다로 가면(海ゆ
かば)』이라는 노래 말에 삽입한 것을 글쓴이가 그대로 인용하며 말하고 있다. 승전
가(勝戰歌)라기보다는 패전가(敗戰歌)이며, 대동아전쟁(大東亞戰爭) 초기부터 라
디오에서 방송되기 시작하여 나중에 국민에게 널리 애창된 노래가 되었다.

이다.

다음은 영화배급에 대하여 살펴보자.

조선의 영화배급은 1942년 4월 사단법인 조선영화배급사를 창립하고 동년 5월부터 업무를 개시하여 일본의 영화배급사의 업무규정에 따라 공인법인으로서의 사명을 수행하고 있다.

일본과는 별개의 배급회사를 조선에 설립한 이유는 다음과 같다. 첫째, 영화배급으로 얻은 순이익의 일부를 영화문화의 향상에 투자하려는 의도에서 시작한 것이다. 둘째는 우수영화 제작, 순회영사반(巡廻映寫班) 편성, 영화관계기술자 육성, 그 이외에 영화와 관계된 각 방면을 조성할 필요가 매번 대두되지만, 이를 개선・향상시키려면 반드시 경비 문제가 뒤따른다. 그것을 해결하는 방법에 일조하고자 영화배급사가 영화문화조성이라는 명목으로 매년 상당액을 지출하는 것이다. 이것이 조선영화배급사의 중요한 사업의 하나이고, 영화배급으로 영화문화에 기여하고자 함이다.

다음은 영화상영부분이다.

조선 13도에 영화흥행장은 약 160관이 있다. 조선 인구 약 2천 4백만을 고려하면, 일본에 비해 1관 당 관객비율은 매우 높다. 앞으로 해결해야 할 과제가 상당히 많은 것을 의미한다. 각 도의 상설관은 도마다 흥행협회를 조직하고, 다시 각 도의 흥행협회가 모여 흥행연합회를 결성했지만, 상설관의 경영방침, 경영내용 등은 더욱더 개선의 여지가 많았고, 동시에 전 조선을 총괄하는 연합회의 통제력도 한층 더 강화할 필요가 있을 것이다.

전술한 공익법인 조선영화배급사는 작년 12월부터 조선 각 도마다 1반씩 도합 13반의 이동영사반을 조직하고, 매월 프로그램을 갱신하여 원칙적으로 영화상설관을 갖지 않은 지방에 이동영사를 실시하여 상당히 좋은 성적을 거두고 있다. 물론 이동영사반은 원칙적으로 무료영사이지만, 대신에 배급사로부터는 조성금을 받게 되어 있다. 종래 도시에 편재(偏在)된 영화상설관 이외에 농어촌, 산촌, 광산, 공장 등의 노무자(勞務者)에게 후방의 건전오락을 공급하기 위해 이동영사반을 더욱더 확충해야만 한다고 생각한다. 참고로 말하면, 조선에 있는 일본인은 약 70만 명인데, 상설관에 입장하는 인적구성을 보면 일본인은 약 30%, 40%를 차지하고 있다.

지금까지 조선에 대한 영화개관과 관견(管見)을 피력했다. 조선 영화계의 신체제는 아직 시작단계이어서 충분한 활약상을 볼 수 없기 때문에 그 성과를 이러쿵저러쿵 말할 수는 없었다. 그러나 중요한 것은 전시 하 조선에 부여된 중대한 사명을 달성하기 위해 영화를 활용하는 것이 절대적으로 필요함을 거듭 역설하고 싶다.

2. 조선영화통제를 되돌아보며

• • •

조선영화제작주식회사 상무이사

나카다 하루야스(中田晴康)

조선의 영화제작 통제로 하나의 새로운 회사가 통합출범하게 되자,
나는 조선의 제작기반을 정비·괄하는 임무를 명받아 조선해협을 건
넜다. 1942년 6월 4일의 일이다.

그 날은 말 그대로 바람 한 점 없는 평온한 날이었다. 초여름의 청명
한 파란 하늘을 그대로 삼켜버린 깊이를 알 수 없는 군청색 바다는 빛
에 반사된 거울처럼 빛나고 있었다.

나는 홀로 갑판 의자에 앉아 아름다운 바다를 바라보면서 내가 지
금부터 해야 할 일과 그 일에 대한 각오를 다졌다. 그러나 생각하면 생
각할수록 무심으로 돌아갔다. 결국 나는 아무것도 생각하지 않았다.
아무것도 생각하지 않는 것이 좋다는 결론을 내렸던 것이다. 이렇게
무심으로 돌아가 일을 계속 한다면 어떤 일이든 못해낼 일이 없다고
생각했다.

만약, 내가 깨끗하고 맑게 닦인 거울처럼 내 사견(私見)을 완전히
버리고 사심 없는 마음을 가진다면, 무엇이든 있는 그대로 내 눈에 비
칠 것이다. 즉, 좋은 일은 좋게 나쁜 일은 나쁘게 비칠 것이니 조금도
마음을 쓸 일이 없다고 생각했다. 그러자, 눈앞에 펼쳐진 끝없는 해원
(海原)은 마치 천체(天體)의 흑백을 비춰주는 거울처럼 느껴졌다. 그

렇게 생각하면 생각할수록 대자연의 말없는 가르침에 한없는 감동을 느껴 가슴 벅찼다.

이렇게 나는 미지의 조선에 왔다. 그리고 조선영화제작의 긴 역사에 한 획을 긋는 작업의 중심에 서게 되었다. 사실, 나는 제대로 아는 것이 아무것도 없다. 조선에서 아는 얼굴이라곤 동경에서 만난 4, 5명의 기술자가 고작이었다. 오로지 매일 하는 일은 통제와 직접 관계있는 관공서 직원, 군(軍), 관(官), 민(民)의 유식자(有識者)를 뵙고 조선문화에 대한 견해를 여쭙는 것이다. 이 일은 무엇보다도 가장 공부가 되었다. 하지만, 시간이 지날수록 무어라 표현할 수 없는 황송함이 밀려왔다.

그 대신에 내가 과거에 체험하고 배운 경험과 지식이 이들에게 어떻게든 조금이라도 도움이 되었으면 했고, 그것이 제대로만 쓰인다면 틀림없이 유익할 것이라고 생각했다. 이 생각으로만 1942년을 보냈다. 생각해보면, 상당히 무모한 시간을 보낸 것 같아 후회막심하다. 어찌되었든 나는 가능한 한 매일 기능적으로 제작에 참가하는 사람들과도 자주 만났다. 어제까지는 얼굴도 모르던 사이였는데, 그들과 이야기하는 사이에 뭔지 모를 예술적인 유대가 생겼다. 각자 내면에 있는 예술적인 세계관이 여과 없이 그대로 드러내면서 연결고리가 생긴 것 같다. 기분도 좋고 마음도 든든했다. 우리들은 변치 않는 방침을 수립하고 쓸데없는 실적에 연연하지 않는 부동의 방침을 세운 뒤, 우선적으로 먼저 제작이라는 땅을 일구는 일부터 차근차근 시작하자고 힘차게 손을 마주 잡았다. 새삼 '일은 사람이 한다'는 말이 크게 느껴졌다. 금후 전적으로 우리의 마음과 기능의 연마가 조선영화의 사활(死活)을 좌우할 것이다.

기존 업자 중에서『조선영화통제사(朝鮮映畵統制史)』의 저자인 다
카시마 긴지(高島金次) 씨와 히로카와 소요(広川創用) 씨가 적극적으
로 사무를 보는 일에서 사람만나는 일에 이르기까지 모든 진행을 맡
아 주었다. 제작기반을 정비 · 총괄하는 일이 처음이고 문외한지라 이
들을 아주 많이 힘들게 했다. 어떤 일이든 시작할 때는 힘들기 마련이
지만, 정말로 두 사람의 노력은 대단했다. 마치 아이처럼 아무것도 하
지 않고 그저 이들에게 신세만 졌다. 이점에 대하여 정말 감사드린다.

새로운 신체제 아래, 조선영화사가 풍요롭고 아름답게 쓰여 진다면,
이것은『조선영화통제사』에 기록된 것처럼 과거의 조선영화가 치열
하게 싸운 결과물이다. 하지만, 만약 새롭게 기술된 영화사가 한심한
내용의 연속이라면, 그것은 우리의 기술과 재능이 졸렬하기 때문일
것이다. 아무리 열의와 정성을 다해 만들어도 하늘의 뜻을 따르지 않
으면 어쩔 수 없는 것이다.

인(因)과 연(緣)으로 맺어진 결과라는 불멸의 천리(天理)에 따라,
오늘부터 미래로 향해 나아가는 조선영화는 과거의 조선영화의 연장
선에서 출발하는 것이다. 즉, 하나의 몸인 것이다. 이를 생각하면, 만
약 내 거울이 더럽다면 부지불식간에 이 대단한 인연은 최악의 결과
를 낳을 것이다. 나는 항상 이것을 우려한다.

이러한 의미에서 다카시마 긴지(高島金次) 씨의 저서가 항상 우리
를 되돌아보고 반성하게 하는 도구가 되고 장래의 규범이 될 것을 믿
는다. 저자에게 감사한 마음을 전한다.

3. 영화배급회사의 사명

● ● ●

사단법인 조선영화배급사 상무이사

오카다 준이치(岡田順一)

조선영화계의 변화 중, 통제 전후의 조선영화계의 상황을 정리해 간행된다는 이야기를 들었다. 이 책이 완성되기를 진심으로 응원한다.

이제까지 모든 조선의 영화사업은 일본에 의존해왔다. 따라서 관청 이외에 자체적인 영화자료의 통합관리 기관은 없었다. 때문에 『조선 영화통제사(朝鮮映畵統制史)』의 간행은 뜻 깊은 일이다. 편집자의 노 고에 진심으로 감사를 드리는 바이다.

사단법인 조선영화배급사(朝鮮映畵配給社)와 조선영화제작주식회 사(朝鮮映畵製作株式會社)의 설립으로 조선 영화계는 즉각적으로 전 시국책에 대응할 수 있었다. 기존의 체재를 일신한 덕분이다. 하지만 이렇게 되기까지 당국은 얼마나 고심을 했겠는지 상상하고도 남는다.

영화국책은 이미 1925년~1926년경부터 제기되었으나 본격적으로 주창되기 시작한 것은 만주사변(滿洲事變, 1931년 9월 18일~1932년 2월 18일)[7]이후이다.

---

7) 일본이 1931년 9월 18일 류탸오거우 사건[柳條溝事件: 만철폭파사건]을 조작해 일 으킨 만주침략전쟁이다. 일본 군부와 우익은 일찍부터 만주(滿洲)의 이권을 차지 하려는 야욕을 가지고 있었다. 이를 위해 일본 관동군 참모 이타가키 세이시로[板 垣征四郎], 이시하라 간지[石原莞爾] 등이 앞장서 만주침략계획을 모의했다. 이들 은 류탸오거우에서 스스로 만철 선로를 폭파하고 이를 중국측 소행으로 몰아, 만철

명치초년(明治初年) 이래 일본의 영화는 세차게 밀어닥치는 서양의 물질문명에 완전히 지배당했다. 영화는 고도의 상품이 되었고, 영리를 목적으로 움직이는 기업이 되었다. 때문에 본래의 영화의 사명은 완전히 망각되었고, 이것을 이상하게 생각하는 사람은 아무도 없었다. 또 연이어 유입된 마르크스적인 사상은 영화의 내용에도 깊은 영향을 주었다. 이에 아름다운 일본문화가 없었질 것이란 불안을 가지게 되었다.

영화국책이 강하게 주창되기 시작한 것은 이 무렵이다. 즉 1930년~1931년경 부터이다. 조선인은 감수성이 강한 민족이다. 이렇기 때문에 조선의 영화국책은 절실히 요청되어 이미(일본보다 빨리) 1933년에 외화상영제한, 방화(邦畵)검열방침을 마련하고 강화하였다. 이 연장선에서 통제의 기틀을 만들어 조선영화령을 공포한 것이다. 최근 업계에서도 영화의 중대한 사명을 여러 번 검토하여 자발적으로 오래된 관념을 일소하는데 앞장섰다. 이렇게 모든 사리사욕을 버리고 진심으로 통제체제를 수립·협력한 결과, 오늘날과 같은 성과를 거둘

연선에서 북만주(北滿洲)로 일거에 군사행동을 개시했다. 관동군은 세계공황으로 열강의 간섭이 어려웠을 뿐만 아니라 장쉐량[張學良]이 베이징[北京]에, 또 봉천 군벌의 주력이 장성선(長城線) 이남에 집결해 잔류 수비대가 동삼성에 분산되었던 '절호의 기회'를 포착해, 1931년 9월 18일 이후 만주(滿洲) 점령작전을 시작했다. 관동군은 5일 만에 랴오둥[遼東]·지린[吉林] 성의 거의 전지역을 장악하고, 이 지역 군벌들에 압력을 가해 두 성의 독립을 선언하게 했다. 이어 11월에는 소·만 국경을 이루는 동북3성 전역을 장악했고, 1932년 1월 장쉐량의 반만항일 거점인 진저우[錦州]를 점령하고 3월 1일 만주국(滿洲國)을 세웠다. 국제연맹은 중국 측의 제소에 따라 리턴 조사단을 파견하고 조사보고서를 채택, 일본군의 철수를 권고했다. 그러나 러허 성[熱河省]마저 점령한 일본은 이를 거부하고, 1933년 3월 국제연맹을 탈퇴했다. 만주(滿洲)침략으로 세력을 강화한 일본 군부와 우익은 정국을 장악하고 일본을 파시즘 체제로 전환시키는 한편 1937년에는 중일전쟁, 1941년에는 태평양전쟁을 일으켰다.

수 있었던 것이다. 이것이 조선영화사에서 특필할 만한 사항이다.

전술했듯이, 여러 경위를 거쳐 영화신체제는 수립되었으나 제작, 배급, 상영의 세 부문 중, 제작과 상영의 두 부분은 여전히 그대로이다. 배급 부문만을 새로운 체재 추진의 중추 공익법인기관으로 했기 때문이다. 따라서 영화배급회사에 부과된 사명은 매우 중요하다고 말할 수 있다. 배급회사 중심이 될 만한 사명은 처음부터 영화를 원활적정(圓滑適正)하게 배급하는 것이다. 종래의 관념을 가지고 하면, 어떻게 영화를 능숙하게 배급하고, 어떻게 많은 수익을 올릴 수 있는 지 상행위(商行爲)가 그 모든 것이었지만, 오늘날에는 어떻게 하면 공익목적으로 바로 대응했던 영화의 배급을 할 수 있는지에 대하여 창의적인 아이디어를 짜내어 사업을 운영하는 것이 주목적이다. 영화흥행장에 대한 배급방법을 쇄신하거나 엄청난 액수의 조성비를 내어 산촌, 농촌, 어촌에 대한 이동영사를 실시하거나, 적은 필름을 이렇게 저렇게 궁리하여 공공기관에 대한 무료대출을 활발하게 행하고 있는 것도 다름 아닌 이러한 이유 때문이다.

제작, 상영의 두 부문은 앞에서도 말했듯이 영리사업이다. 따라서 수지타산이 맞지 않으면, 그 향상 · 발전은 기대할 수 없다. 그 때문에 흥행수입과 영화제작배분료에 관해서는 부단하게 주의를 기울이고, 그 경영을 안정시켜 한층 더 활발한 활동을 촉진하고, 그 성격을 더욱 공기업답게 하기 위해서는 영화 경리(經理)의 면에 중대한 관심을 기울이고 있는 것은 근본이 된다.

영화 신체제는 일단 완료했지만, 아직도 금후에 남겨진 문제도 적지 않다. 영화를 공적인 그릇으로 만들기 위해서 고도의 정치성을 발휘하기 위해서는 영화제작하는 일을 공익사업으로 하지 않으면 안 된다. 이 일은 상영에 있어서도 동일하다. 그러나 이것은 이상일뿐이지 손쉽게 실현시킬 수 없다. 이래서 배급회사는 오늘날의 조직 하에서 그 이상에 한걸음이라도 다가갈 수 있도록 자유기업의 장점을 받아들이면서 추진하고 있다. 왜냐하면, 조선에서는 각 부문이 서로 진심으로 협력해 주는 것을 올바른 것으로 하고, 부족한 것을 보충하고, 해야 할 일은 함께 하는 것, 이른바 삼위일체의 구현에 노력하고 있는 중이다. 그러나 어느 쪽이든 경영에만 관심이 쏠려서 공적인 성격을 망각할 것 같은 경우는 단호하게 이것을 교정하는 것은 배급회사의 성격상 당연한 책무라고 굳게 믿고 있다. 그러면서도 우리들은 배급 일원화에 의해 이것이 종사자가 관료화차원의 보호에 대하여서는 항상 계심(戒心)하고 있다. 시국이 요청하는 시책수행에 앞서서는 우왕좌왕하는 일 없이 단호한 신념으로 매진해야 함은 당연한 일이다.

지금 전선(戰線)은 가열되어 전투를 계속하고 있다. 후방에서는 생산증강에 불꽃을 튀기면서 싸우고 있다. 지금이야말로 영화 일에 종사하는 모든 사람이 일절의 오래된 생각을 새롭게하여 각각의 분야에 최선을 다하여 성전(聖戰)을 완수함에 매진해야만 한다고 믿는 바이다.

4. 영화와 정열

• • •

조선영화제작주식회사 연출과

서광제(徐光霽)

조선내의 군소(群小) 잡다(雜多)한 영화사를 정리 통제해 새롭게 탄생한 것이 세간에 알려진 조선영화제작주식회사(朝鮮映畫製作株式會社)이다.

지금까지의 조선영화는 프랑스 영화적 경향을 다분히 가지고 있었지만, 이 자유주의적 영화제작도 새로운 영화회사의 탄생과 함께 종지부를 찍었던 것이다.

재래의 조선영화는 기구설비라든가 기술적 문제는 두 번째로 하였다. 그 작품에 흐르는 정열은 지금도 높게 평가하고 있다. 조선영화에 이 정열을 창출할 수 없었다면, 그것을 영화라고 부르기 어려운 것이 너무나도 많았을 것이다. 때문에 나는 재래의 조선영화에서 취할 수 있는 것이 있다고 한다면, 그것은 그 정열밖에 없다고 말할 수 있다. 그 정열이 새로운 회사의 탄생과 함께 보다 고아(高雅)한 정열이 되어 작품을 통해 국가의 목적에 정진해야만 할 것이다. 영화는 어디까지나 철두철미한 예술이다. 그것이 사상적 무기에 의해 탄환이 된다고 해도 영화는 고도의 예술성을 발휘한다면 그것이야말로 훌륭한 사상적 무기도 될 수 있는 것이다. 그러니까 진정한 정열이 그 작품에 포함된 것이야말로 국민의 가슴을 울릴 수 있는 것이다.

국가가 어떤 것을 통제한다는 것은 보다 좋은 국가 목적 완수를 위함이고, 그 것 자체 또는 그 조직을 축소시키기 위함은 결코 아니다. 영화회사이든 국가의사를 기업 면에 삼투(滲透)시켜 자유주의적 경향 또는 이윤본위의 작품제작을 국가본위로 전환시킨 것에 대하여 재래의 영화제작자이든 영화인이든 누구하나 이견(異見)을 가진 사람이 없는 것이다. 그러한 까닭에 기존업자도 막대한 희생을 감내하면서 새로운 회사의 탄생에 협력했던 것이다. 물론 종래업자 전부가 새로운 회사에 막대한 희생을 치루고 협력했다고는 말할 수 없다. 그러나 나는 선의의 희생을 감내하면서 협력해준 사람만을 여기에서 말하는 것이다. 이러한 소수의 사람들의 희생도 큰 국가 목적 완수를 위한 희생이라면 새로운 회사의 활동여하는 국가적 국민적 견지에서 실로 중대성을 띠고 있는 것이다. 그 새로운 회사가 조직된 지 1년 정도밖에 되지 않았지만, 그 업적을 이러쿵저러쿵 운운하는 것은 물론 경솔한 판단이다. 하지만, 어제가 옛날처럼 국가최고기구를 개혁하는 오늘날에 우리 조선영화의 현재의 조직기구가 이 시국에 과연 적당한지 아닌지를 구명(究明)할 대가 온 것은 누구라도 인정하는 일일 것이다.

만약 현재의 조직기구에 결함이 있다고 한다면 하루라도 빨리 아니, 한 시간이라도 빨리 개혁하여 훌륭한 조선영화를 세상에 내보내는 것이 새로운 회사의 사명이지 않을 것인가?

영화를 만드는 것은 결국 영화인이다. 영화인은 누구라도 정열을 가지고 있다. 영화는 정열이 아니고서는 만들 수 없다. 때문에 이 정열을 한층 더 고매(高邁)한 정열로 끌어올리는 것도 결국에는 더 좋은 국민영화를 만들기 위함이라면, 고매(高邁)한 정열은 훌륭한 조직기구에서만 나온다는 사실을 모르면 안 될 것이다.

신문사를 예로 들어보면, 중역과 고급사원이 아무리 많이 있어도 결국 신문을 만드는 것은 편집부원이다. 이 편집부원에게 정열이 없어서는 좋은 신문이 나올리는 없을 것이다. 그날그날 '지면을 메워가는' 기사로서는 절대로 훌륭한 신문은 나오지 않는다. 단 상층부 사람은 편집부원으로 하여금 정열을 일으키는 것이 결국 좋은 신문을 세상에 내보내는 일이 되는 것이다.

영화인으로 하여금 새로운 고매(高邁)한 정열로 불타게 하는 것은 결국 조선영화를 훌륭하게 만들어내는 것이 된다고 한다면, 그러한 기구로 개혁하는 것이 조선영화제작주식회사 본래의 사명은 아닐 것인가?........

조선영화계의 통제 후, 내가 절실하게 생각한 것은 영화와 정열이라는 것이다. 새로운 회사가 생긴지 1년이 지난 오늘, 기술적인 설비가 재래의 구(舊) 영화계와 대동소이한 지금, 조선영화의 생맥(生脈)은 단지 영화인의 새로운 정열만 있는 것은 아닐 것인가!

5. 조선영화 기사(記事) 각서(覺書)

● ● ●

조선영화제작주식회사 기획과

니시가메 모토사다(西龜元貞)

일본 영화잡지에 게재된 조선영화에 관한 주요 기사(記事)의 각서
(覺書)

I. 좌담회(座談會)의 형식에 의한 것

1. 『조선영화의 현상을 말한다(朝鮮映画の現状を語る)』(일본영화,
   1939년 8월호), 장소 동경(東京). 출석자 야기 호타로(八木保太
   郎), 무라야마 도모요시(村山知義), 이이지마 다다시(飯島正),
   이와자키 아키라(岩崎昶), 우치다키 미쓰오(内田岐三雄), 하즈
   미 고후(筈見恒夫), 다니야마 시게루(谷山蕃), 히로카와 소요
   (広川創用), 후도타 고요(太田恒彌), 니시가메 모토사다(西龜元
   貞). 이것은 이 종류의 회합의 최초의 기획이다. 이야기된 내용
   도 거의 전반(全般)의 문제에 걸친 가장 대표적인 견해가 피로
   (披露)된 연유로 그 요항(要項)을 기록하면, 일본에서의 조선영
   화 『여로(旅路)』(1937)와 『한강(漢江)』(1938), 조선의 시장(市
   場), 일본과의 제휴실패, 영화령(映畵令)의 발령(發令), 조선영
   화의 투자액, 기획의 근본, 조선에 몇 개 회사가 있는가, 조선영
   화인의 기질(氣質), 문화협동체(文化協同體)로서의 조선영화,

내선일체(內鮮一體)의 협동제작, 하나의 방언영화(方言映畫)로
서의 조선영화, 조선영화에서 일하는 사람들, 조선영화의 장점.

2. 『조선영화의 전모를 말한다(朝鮮映畫の全貌を語る)』(영화평론,
   1941년 7월호) 경성(京城)

3. 『그대와 나(君と僕)』좌담회(영화순보(映畫旬報), 1941년 10월
   21일호) 경성(京城)

4. 『조선영화신체제 수립을 위해서!(朝鮮映畫新體制樹立のため
   に!)』(영화순보(映畫旬報) 1941년 11월1일호) 동경(東京) 출석
   자 이이지마 다다시(飯島正), 하즈미 고후(筈見恒夫), 히로카와
   소요(廣川創用)

5. 『조선영화의 특수성(朝鮮映畫の特殊性)』(영화순보(映畫旬報)
   1943년 7월11일호) 경성(京城)

II. 평론 및 감상

1. 『조선영화계의 전망(朝鮮映畫界の展望)』후토타 고요(太田恒
   彌) (키네마순보(キネマ旬報), 1938년 5월 1일호)

2. 『만주(滿洲) 및 조선의 영화계(滿洲及び朝鮮の映畫界)』하즈미
   고후(筈見恒夫) (키네마순보(キネマ旬報), 1939년 11월 21일호)

3. 『경성 5일간(京城の五日間)』京城の五日間』우치다기 미쓰오(內
   田岐三雄) (키네마순보(キネマ旬報), 1939년 12월 1일호)

4. 『조선영화(朝鮮映畫)』단파 후미오(丹羽文雄) (영화지우(映畫
   之友), 1940년 10월호)

5. 『조선영화의 현상(朝鮮映畫の現狀)』노구치 히사미쓰(野口久
   光) (스타(スタア), 1940년 11월 15일호)

6. 『반도영화계에 보내는 말(半島映畫界に送る言葉)』장혁주(張赫宙) (영화지우(映畵之友), 1940년 12월호)

7. 『반도영화에 대하여(半島映畫について)』우치다기 미쓰오(內田岐三雄) (영화평론(映畵評論), 1941년 7월호)

8. 『조선영화 잡감(朝鮮映畫雜感)』구로타 쇼죠(黒田省三) (영화평론(映畵評論), 1941년 7월호)

9. 『내선영화계의 교류에 대하여(內鮮映畫界の交流について)』히나쓰 에이타로(日夏英太郎)(영화평론(映畵評論), 1941년 7월호)

10. 『내선영화계의 교류에 대하여(內鮮映畫界の交流について)』히나쓰 에이타로(日夏英太郎) (영화평론(映畵評論), 1941년 7월호)

11. 『조선영화의 제재에 대하여(朝鮮映畫の題材について)』니시가메 모토사다(西龜元貞) (영화평론(映畵評論), 1941년 7월호)

12. 『반도영화를 둘러싼 두 가지 문제(半島映畫をめぐる二つの問題)』지지 로쿠옹코(時事錄音子) (영화순보(映畵旬報), 1941년 10월 21일호)

13. 『조선영화 수상(朝鮮映畫隨想)』미즈이 레이코(水井れい子) (신영화(新映畫), 1942년 11월호)

III. 작품비평

1. 『주체 없는 작은 배(主なき小船)』이이다 히데요(飯田秀世) (영화평론(映畵評論), 1932년 12월호)

2. 『여로(旅路)』라이시마 유키오(來島雪夫) (영화평론(映畵評論), 1937년 6월호), 이시타 요시노리(石田義則), 스기모토 에이조

(杉元英三)(일본영화(日本映畵), 1937년 7월호)

3. 『한강(漢江)』이이다 고코로미(飯田心美) (키네마순보(キネマ
旬報), 1938년 5월 21일호)

4. 『군용열차(軍用列車)』무라카미 다다히사(村上忠久) (키네마순
보(キネマ旬報), 1938년 8월 11일호)

5. 『사랑을 찾아서(愛を尋ねて)』무라카미 다다히사(村上忠久)(키
네마순보(キネマ旬報), 1939년 12월 1일호)

6. 『국경(國境)』라이시마 유키오(來島雪夫) (영화평론(映畵評論),
1939년 11월호)

7. 『수업료(授業料)』지노 다쓰히코(慈野辰彦)(키네마순보(キネマ
旬報), 1940년 4월 21일호), 도요타 마사코(豊田正子) (영화지
우(映畵之友), 1940년 10월호)

8. 『지원병(志願兵)』시미즈 마사(清水晶) (영화평론(映畵評論),
1940년 8월호)

9. 『집 없는 천사(家なき天使)』이이다 고코로미(飯田心美) (영화
평론(映畵評論), 1941년 3월호), 스즈키 오사키치(鈴木勇吉)(영
화순보(映畵旬報), 1941년 11월 1일호), 나카오카 다다마사(中
岡考正)(일본영화(日本映畵), 1941년 12월호)

10. 『성황당(城隍堂)』지노 다쓰히코(慈野辰彦) (영화순보(映畵旬
報), 1941년 12월 11일호)

IV. 자료

영화순보(映畵旬報), 1943년 7월 11일호 『조선영화특집(朝鮮映畵
特輯)』이 유일하게 정리된 것이다. 내용은 『조선에서의 영화에 대하

여(朝鮮に於ける映畵に就いて)』모리 히로시(森浩), 『조선영화의 새
로운 동향(朝鮮映畵の新動向)』다나카 사부로(田中三郎), 『영화정책
과 영화제작(映畵政策と映畵製作)』나카다 하루야스(中田晴康), 『조
선영화에 대한 희망(朝鮮映畵への希望)』구라시게 슈죠(倉茂周藏),
『조선과 영화(朝鮮と映畵)』가라시마 아케보노(辛島驍) 등 각각의 논
설(論說) 이외에 각반(各般)의 자료가 수집(蒐集)되었다.

그 가운데, 조선영화문화연구소(朝鮮映畵文化研究所) 편(編) 『조
선영화 30년사(朝鮮映畵三十年史)』와 『조선영화 작품 연표(朝鮮映畵
作品年表)』는 요령(要領)있게 만든 책이다.

부기(附記), 이상은 표제(表題)대로 『일본영화잡지에 게재된 조선
영화에 관한 주요 기사(內地映畵雜誌に掲載された朝鮮映畵に關する
主要な記事)』를 입수한 각서(覺書) 중에서 급하게 색출(索出)한 것이
다. 처음부터 유루(遺漏, 비거나 빠짐)한 것이 많이 있는데, 이번엔 다
카시마 긴지(高島金次) 『조선영화통제사(朝鮮映畵統制史)』출판을
기하여 어떤 형태로든 도움이 되면 좋겠다고 생각하여 기록한 것이
다.

제 5 편

영화통제의 필적(筆跡) 편

1. 거짓 없는 기록

• • •

다카시마 긴지(高島金次)

영화와 결별한 것은 조강지처와 헤어지는 것과 같은 고통이었다. 이것은 영화인의 누구라도 알아줄 것이라고 생각한다. 나는 과연 영화라는 일없이 살아갈 수 있을까? 영화를 자신스스로 다른 세계라고 달관해버린 심경이 될 수 있을까? 불안한 망설임을 끌어안고 오뇌(懊惱)가 며칠 계속되었다. 게다가 그것은 자신이 원했던 고민이다. 다른 곳에서 강요받은 것은 결코 아니다. 불과 며칠 전의 일처럼 생각했는데, 벌써 반년이상이나 영화계를 떠나있었다. 2월 29일에 사가원(賜暇願)을 제출하고, 3월 3일에 청향원(淸香園)까지 어려운 걸음을 청하여 회사사람 30명 정도를 일부러 이쪽으로 불렀다. 저녁밥을 함께하면서 사직하겠다는 이야기를 꺼내어 결별의 술자리를 마련했다. 8일 총독부의 모리 히로시(森浩) 도서과장을 만나 정식으로 사의(辭意)를 피력하고, 바로 상공회의소(商工會議所)에서 기다리고 있던 다나카 사부로(田中三郞) 사장에게 사표를 제출했다. 9일에는 본사 관계자, 10일에는 촬영소 관계자와 양쪽에서 사무의 인수인계를 했다. 조선생활 12년, 처음으로 낭인생활(浪人生活)의 첫발을 내딛었던 것이다.

그로부터 벌써 반년이상 지났다. 세월 참 빠르다. 그 사이에 두 달 반 정도 일본과 만주로 놀러갔을 뿐, 나머지는 거의 매일 집에 칩거하였다. 셀 수 있는 정도로 거의 밖에 나가지 않았다. 따라서 영화인과도 만날 기회가 없다. 때때로 찾아오는 두세 명에게 여러 가지 이야기를 들으니, 처음에는 자신이 낭인(浪人)인 것을 잊어버린 말투나 사고를 하면서도 가끔 쓴웃음을 내보였다. 그러나 시간이 지남에 따라 제삼자의 입장에서 듣고 생각하게 되었다. 그 때는 은근히 자신이 구제된 듯한 기분이 되곤 하였다.

나를 영화인으로서 여러 가지 감격적인 의견이나 정보를 알리는 사람에 대하여서도 담담하게 말하거나 극히 평범하게 말했다. 이처럼, 허심탄회한 기분으로 들을 수 있는 것은, 장본인들에게는 미안하지만, 역시 나 자신은 왠지 구제된 것 같은 경지에 있을 수 있었던 것이다. 지금 가장 행복하다고 생각한 것은 나 자신의 이러한 기분이다.

예를 들어 간단히 말하면, 이 책에서도 만약 그러한 기분이 될 수 없었다면 아마도 쓸 수 없었을 것이다. 또, 쓴다고 해도 그것은 정확한 기록이 되지 않을 위험이 다분히 있기 때문에 붓을 잡지 않았을 것이다.

그렇다고 해서, 나는 조선영화라는 산에 비록 한그루의 나무라도 심은 나로서는, 그 산이 푸르고 녹음이 우거진 것을 왜 바라지 않겠는가? 적당한 자비로운 비가 내리듯이, 아이들에게 황폐하게 되지 않도록, 벌레의 피해가 없도록 기원하는 것은 인정이다.

조선에서 영화제작회사의 경영은 상당히 곤란한 일이다. 이것은 애초부터 알고 있었다. 이 곤란을 극복할 책임은 결코 사장이나 상무만의 책임이라고 생각지는 않는다. 그 회사에서 생활하는 사람 전체의 책임이다. 반도(半島) 측 영화인도 과거의 체험을 통해 그 일은 잘 알고 있는 일이다. 영화를 제작하게 하는 회사의 경영자도 영화를 만드는 영화인도 혼연일체가 되어 뭉치지 않으면 난국을 타개할 가망은 없다.

영화제작에 대하여 의견인양 쓰고 말하는 기회도 금후에는 적을 것이니까 두세 개 생각난 우견(愚見)을 적어보겠다.

사람의 화(和)라는 것은 제작회사 수뇌부에서 항상 말해진 것으로 정말로 중요한 것이다. 그러나 소중한 것만큼 어려운 것이다. 사람의 화(和) 중에도 일본인의 화(和)는 특히 중요하다. 반도인 기술자를 모욕하는 일은 자제해야 한다. 영화계의 사정이나 영화인의 기질을 모르는 문외한이 어떤 조직에서 가장 핵심적인 추요(樞要)한 위치에 앉은 경우, 측근 사람이나 관계자는 제법 주의하여 사원의 일이나 사내의 돌아가는 상황을 가르치지 않으면, 말도 안 되는 생각을 하는 머리가 된다. 그렇기 때문에 의외로 사람의 화(和)가 붕괴된다. 적어도 영화라는 문화 사업에 종사하는 사람 중에 일본과 조선간의 구별이 있거나 반도인을 편견을 가지고 접하는 것은 엄격하게 삼가야한다고 생각한다.

반도영화인은 대체적으로 자존심이 강한 반면, 공부나 연구가 부족하다고 생각한다. 자존심이 필요한 일은 영화의 경우는 특별하지만 끊임없는 연구와 노력을 계속했으면 한다. 야규 셋슈사이(柳生石舟齋)가 집안에 처박혀 산 후의 일인데, 야규 다니(柳生谷) 근처 쓰키노세(月の瀨)보다 더 멀리 있는 아라키(荒木)마을에서 석탄과 산나물을 팔로 온 우시노스케(丑之助)라는 13,14세 소년이 있었다. 그 소년은 말버릇처럼 무사가 되고 싶다, 검술을 배우고 싶다고 말하였다. 어느 날 야규 효고(柳生兵庫)가 도장(道場)에서 그 소년에게 목검(木劍)을 쥐어보니 제법 상당한 무사정신(武士魂)이 있다. 야규 효고(柳生

兵庫)에게 쫓긴 소년은 야규 효고(柳生兵庫)의 어깨를 순십 간에 뛰어넘었다. 이 우시노스케(丑之助) 소년이 나중에 검술가로 세상에 이름을 날린 아라키 마타에몽(荒木又右衛門)이다. 그는 무사가 되고 싶은 일념(一念)으로 유파가 다른 이가(伊賀) 파와 고가(甲賀) 파의 닌자(忍者)가 수행하는 것을 흉내내어 마(麻)의 씨를 뿌려 마(麻)가 2척~3척 자랄 때까지 계속해서 뛰어넘는 연습을 했던 것이다. 더구나 2년간이나 계속하고 있었다. 이와 같은 노력, 이와 같은 연구심이 지금 반도영화인에게 필요하다.

나카다 하루야스(中田晴康) 상무가 오랜 기간 병으로 누워있었기 때문에 창립하자마자 회사로서는 기획 면에서 다양한 실책이 있어 작품제작 스케줄에 변경이 있었던 것은 어쩔 수 없는 일이다. 그러나 최근 계속해서 새로운 작품의 착수가 발표되었기에 나카다 하루야스(中田晴康) 상무의 병은 완쾌되고 출근과 더불어 활발한 제작이 시작되었다. 대작『젊은 모습(若き姿)』(1943)도 거의 완성했다고 들었다. 이 작품은 물질적으로는 조선영화이지만, 정신적으로는 조선영화라고는 말할 수 없는 성격을 많이 가지고 있다. 또 제작비면에서 보면, 조선영화주식회사로서는 특히 운명적인 작품이고, 숫자적으로 보면 조선영화주식회사의 행운의 신이 될지, 생명을 빼앗는 작품이 될지, 둘´중의 하나이다. 절실하게 훌륭한 작품이 완성되기를 바라는 바이다.

이러한 시국에 촬영소를 신축하는 것은 자금조달 면에서 상당히 곤란하지만, 그렇다고 촬영소가 없다는 것도 또한 실로 곤란한 일이 아닐 수 없다. 신축 허가는 안 된다고 해서 기존 건물을 매수하여 개조라도 하여 하루라도 빨리 촬영소 간판을 내걸고 싶은 심정이다. 일본 제작회사와 같은 제작 편수도 없으니 소규모이나마 작은 것부터 시작해

가도 전혀 문제가 되지 않는다고 생각한다. 그리고 제작 본거지는 역시 조선에 두지 않으면 경비면에서도 영화 색채상으로도 진정한 조선영화는 만들 수 없는 것이 아닌가 생각한다. 2,300평 건물이 있다면 나머지는 목조로 증축하면 막대한 경비는 들지 않으니 반드시 하나라도 좋으니 촬영소를 만들었으면 한다. 일본 측과의 협력 작품도 2편 정도는 이쪽에서 만들 수 있고, 일본 배우도 월단위로 계약하여 부르면 일본에서 하는 것처럼 복잡함과 잘못이나 수고가 덜어질 것이라고 생각한다.

각본을 구할 수 없어 생기는 각본 난(難)도 신중히 생각하지 않으면 안 되는 문제이다. 자유주시대와 같은 내용으로는 물론 곤란하고, 그렇다고 전혀 재미와 정취가 없는 것도 곤란하다. 이 점은 영화만이 아니고 조선 연극 방면에도 현재 타개책으로 골머리를 썩고 있다고 듣고 있는데, 어떻게든 제대로 좋은 기획을 세울 방법은 없는 것 같다. 이를 위해서는 시나리오 라이터 양성도 필요하여, 많은 인재를 확보할 방법을 궁리하지 않으면 안 될 것이다.

다나카 사부로(田中三郎) 사장은 이만저만이 아닌 고생을 했을 것이다. 장사처럼 5에다 5를 더하여 10이 되거나 3 곱하기 3은 9가 되거나 하지 않는 것이 영화의 일반적인 이치이다. 이것을 보면, 밤낮으로 회사경영을 걱정하는 것은 당연하다. 그러나 좋은 부인 역을 수행하는 나카다 하루야스(中田晴康) 상무가 있으니, 마음이 든든하다. 부인은 절대로 신뢰하지 않으면 안 된다고 생각한다. 주인의 권위를 보이는 것이 좋지만, 부엌 세간 관리 및 취사, 세탁까지 간섭하는 것은 도를 넘는 일이다. 주인이 뒤주(쌀통) 안까지 들여다보는 것은 너무나 훌륭하다고 칭찬할 만한 그림은 아니다. 내가 오사카(大阪)시절에 알고 지낸 사람으로, 외출할 때 반드시 쌀뒤주 안을 손으로 넣어 쌀 미(米) 한자를 그려두거나, 표시를 해두는 노인이 있어 웃음거리로 삼았었다. 그렇게 부인을 믿을 수 없다면 어떻게 하면 좋을 것인지 생각한 적이 있다. 또, 부부는 모든 일이든 생사고락을 함께 하는 사이좋은 부부이기도 하다. 남편의 수치는 부인의 수치이고, 부인의 불신행위(不信行爲)는 남편이 책임을 지지 않으면 안 된다. 오다 노부나가(織田信長)는 역신(逆臣) 아케치 미쓰히데(明智 光秀)[1]를 위해 혼노지(本能寺) 절에서 살해당했다. 그렇지만, 아케치 미쓰히데에게 물으면 그 나름대로 훌륭한 이유가 있었다. 자신은 오다 노부나가 장군을 위해서 어떠한 전투에서도 공을 세웠고 너무나도 특별히 공경했다. 그런데 장군은 자신의 머리에 칼등을 대어 나를 모욕하거나 만좌(滿座) 앞에서 상투를 잡고 흔들거나 하여 말로 표현할 수 없는 수치를 주었다. 그때마다 '나중에 두고 보자'라는 마음을 몇 번씩 가졌다. 노부나가는 그다지 그것을 별로 마음에 두지 않았기 때문에 마음이 안 드는 녀석 정도로 생각하고 있었는데, 마침내 히데미쓰를 위해 영웅의 일생을 마쳤던 것이다. 노부나가는 줄곧 성미가 급한 사람이었지만, 히데요시(秀吉)와 모리 란마루(森蘭丸)[2]를 어엽게 어기었던 정도와 미쓰히데를 까닭 없이 싫어한 정도는 큰 차이가 있다. 모두 남의 지배나 간섭을 받지 않는 천상천하 유아독존하여 천하를 호령하는 자는 넓은 아량과

---

1) 아케치 미쓰히데(明智光秀)는 일본 전국시대에서 모모야마 시대까지 활약한 무장이다. 오다 노부나가(織田信長)의 중신(重臣) 중에 한 사람이다.
2) 모리 란마루(森乱丸)는 오다 노부나가(織田信長)의 가신(家臣) 모리 요시나리(森可成)의 3남이다. 중에 한 사람이다. 웃는 얼굴이 너무나 사랑스럽고 애교 많은 미소년이어서 오다 노부나가가 가장 총애했던 최측근으로 알려져 있다. 다혈질인 오다 노부나가를 생각하면 상상이 가지 않는다.

사랑이 필요하다.

조선영화 제작에 종사하고 있는 150명에 가까운 반도영화인 제군들이여! 제군은 결코 영화에 마비되어서는 안 된다. 생활력에 대해서 강한 자신과 신념을 가지는 것이 필요하다. 생활을 위해서, 영화를 위해서, 자기 위안의 구실을 찾아 현재의 자기가 이루고 있는 것, 생각하고 있는 것을 가지고 할 수 있는 것이 없다고 해서는 일보의 전진도 할 수 없을 것이다. 싸우는 병사는 먼저 냉정하게 자기의 발판과 적의 진형(陣形)을 통찰하여 나중에 과감하게 돌진하니까 승리도 거둘 수 있고, 무운(武運)이 따르지 않아 패해도 빙그레 웃으며 죽을 수 있는 것이다. 영화에 빠져서는 안 된다. 하물며 생활에 빠져서는 안 된다. 준엄(峻嚴)한 기분으로 자기비판을 하고 영화인으로서 후회 없는 삶을 각오하지 않으면 안 된다. 미야모토 무사시(宮本武蔵)가 일대의 검성(劍聖)이라고 존경받을 때까지의 필설로 표현할 수 없는 고투(苦鬪)는 패검(貝劍)의 길뿐인 괴로운 작업이 아니라, 실로 사람의 길의 구극(究極)을 얻으려고 함에 있다. 가의 검이 악검(惡劍)이 아니라 이른바 정검(正劍)이었던 것도 그 때문이다.

요즘 여유가 남이 생겨 옛날 책을 읽고 있기 때문에, 이렇게 옆길로 빠졌지만, 소화(昭和)시대인 지금도 덴세(天正), 분로쿠(文錄)인 옛날도 사물의 이치와 사람의 정에는 조금도 변화가 없다. 옛 영웅의 일, 지금 이 세상의 일을 비교해서 생각하면, 그 속에 다양한 인물을 넣어 세상의 이치를 따져보면 실로 흥미깊은 것이 있다.

지난 번의 신문은 관부연락선(關釜連絡船)[3] 곤론 마루(崑崙丸)[4]가 적의 뢰격(雷擊)을 받아 침몰했던 것을 보도했다. 안전하다고 말해지고 있었던 시모노세키(下關)와 부산 간을 운행하는 관부연락선도 적의 잠수함 출몰의 위험에 노출될 날이 마침내 왔다. 반도에 사는 사람들은 어찌되었든 큰 충격을 받았다. 그리고 진정으로 신변 가깝게 전쟁의 냄새를 맡았다. 그 다음 날, 즉 오늘 신문에는 조선영화주식회사 차기 작품『거경전(巨鯨傳)』(1944)촬영대가 경상남도의 바다로 용약(勇躍) 출발한다는 보도가 있었다. 영화도 또 싸우고 있다는 감개(感慨)를 한층 더 깊게 몸으로 느꼈다. 그리고 촬영의 일행이 무사히 해상 로케를 마치고 돌아오기를 빌었다.

『조선영화통제사(朝鮮映畵統制史)』집필을 마치고, 한숨 돌릴 수 있었다. 나의 지금의 심경을 거짓없이 쓰려고 붓을 들었지만, 너무나 의견을 드러내는 내용을 쓸 수 없어서, 결국에는 이러한 수필다운 글이 되어버렸다. 나는 이쯤에서 조선영화의 멋진 약진과, 반도영화인의 행복을 진심으로 기원하는 사람 중의 하나이다. 이것을 거듭 말씀드리고 싶다.(10월 9일)

---

3) 관부연락선(關釜連絡船)은 전전(戰前) 철도성(鐵道省, 일본국유철도의 전신)이 일본 혼슈(本州) 시모노세키(下關)에서 부산 사이를 운항했던 철도연락선이다.
4) 곤론 마루(崑崙丸)는 일본 철도성 관부연락선(關釜連絡船)의 이름이다.

2. 임전영화(臨戰映畫) 담의(談義)
(1941년 10월 9일 경성일보(京城日報) 게재)

* * *

다카시마 긴지(高島金次)

일본의 영화제작, 배급 두 부문은 특히 격박(隔迫)했다.

임전체제라는 큰 물결에 휩쓸린 구체제의, 이른바 자유주의적 영화제작회사는 이미 파멸 전야의 모습을 드러내고 있다. 원인 없는 곳에 결과는 뒤따르지 않는다.(아니 땐 굴뚝에 연기난다) 영화의 귀문(鬼門)은 내무성이라고 말해진 것은 과거의 꿈 이야기이다. 지금은 군과 정보국을 중추로 문화의 첨단을 가는 영화사업의 임전적인 총동원 계획이 구체화하려고 하고 있다. 요로(要路)의 모(某) 씨는 "전체 영화회사를 일단 때려 부수어 2개 또는 3개의 경단(団子)를 만드는 것이다"라고 극언(極言)했다. 구체제 영화인도 웃을 수 없는 사실이다.

이렇게 일본영화제작의 대전환과 반도영화의 관계는 논할 필요 없이 그 전도(前途), 특히 위급존망(危急存亡)의 느낌을 강하게 만들었다. 일본 의존의 반도영화계에 있고, 고군분투 자주 반도인이 창작하는 이른바 반도영화의 질적 향상에 노력해왔던 재경(在京) 영화인은 물론, 일본인 제작자도 일본영화계의 급변에 아연질색했다고 단언하고, 누군가 이것을 부정할 사람이 있을 것인가?

조선에 문화입법다운 영화령이 시행되었다. 아직도 그 실질적인 시행을 앞두고, 영화의 임전체제라는 폭풍이 일본에서 반도로 확대하고 있는 중이었다.

그렇다면, 반도영화는 어떻게 되는가? 일본영화의 이른바 '두들겨 부순 다음에 새로운 경단(団子)을 두 개 만든다.'식으로 정리 · 통합되어야만 하는가? 또는 항간에 이야기되듯이, 일본의 모(某) 유력 제작회사와 같이, 완전히 해산되는 운명의 길을 걷게 되는 일이 발생할 것인가? 나는 일본의 아주 완전히 난숙한 영화제작회사와, 고난의 가시밭길을 계속 걸으면서 겨우 여명을 창출해내려고 하고 있는 중에 반도영화제작계와는 분명한 이론적 근거 아래 구별을 짓는 적확한 이유를 느끼는 것이다.

여기까지 쓰고 있을 때, 일본의 영화통제에 관한 최후의 당국 안이 나왔다. 즉, 현대극 영화제작회사를 통합하여 3개 회사로 만들어 각 이데올로기를 발휘하게끔 하려는 것이다. 마침내 정착할 곳에 안착한 형태이지만, 아직도 문화영화의 통합정리, 일원적인 배급기관의 설치 등 남겨진 문제가 산적하다. 정보국의 모(某) 간부(과장)이 "나에게 맡기면 15분이면 정리해 보일 수 있다"고 무책임한 발언을 했던 극영화문제가 막상 뚜껑을 열어보고 업자 측의 복잡한 사정과, 관계(官界)가 너무나도 영화계의 실정에 인식이 부족했던 것 등을 유감없이 폭로했다고 보아도 좋다. 독선 정치는 어떠한 경우라도 안 된다는 것이 새삼스런 말 같지만 알았던 것이다.

조선에서 영화제작의 임전체제화도 일본의 추세와 견주어가면서 행해진 것은 당연하다. 당국이 우리들 업자를 불러 제시한 당국 안은 우리들이 항상 역설 · 강화하고 있던 안(案)을 일보 진전시킨 임전적 통합이다. 굉장하고 왕성한 적극성으로 과거의 영화인이 꿈에 그리던 미온적인 방책이 아니라, 이른바 각종 조건을 초월한 국책적인 영화통합이다. 특히 당국이 적극적으로 지도하고 관여하는 이유가 존재하는 것으로, 반도영화계의 역사적인 대전환기가 우리들 눈앞에 전개된 것이다.

나는 특히 여기에서 태어나려고 하는 반도 유일의 영화제작회사에 대하여 많은 기대와 열의를 가지고 있다. 또 그 새로운 회사 성립 방법, 수단 및 금후의 운영에 대하여, 당국이 과연 어떠한 정도의 적극성을 가질 것인지 중대한 관심을 가진 사람이다. 나는 당국에 대하여 솔직히 모든 각도에서 희망을 말씀드리고 싶다.

먼저, 나는 당국에 대하여 영화제작에 대한 전면적인 적극성을 희망한다. 즉 당국으로서 독자적인 영화정책의 확립을 요망한다는 의미이다. 과거 단속하는 입장에서는 여러 차례 업계와의 절충은 있었지만, 대국적인 견지에서 영화계를 지도하고, 영화제작의 향상에 힘을 보태주는 태도는 거의 볼 수 없었다고 말해도 좋을 것이다. 당국의 영화정책이 일방적이었던 것은 명확하게 말할 수 있을 것이다. 신흥 만주국에서 조차 일찌감치 1937년 칙령 만주영화협회법(勅令滿洲映畵協會法)을 공포하였다. 이것을 기본으로 현재의 만영(滿映)이 탄생했다. 나는 만영(滿映)을 전면적으로 찬미할 생각은 결코 없다. 많은 결점도 가지고는 있지만, 만영(滿映) 탄생 자체에 대하여서는 만주국 당국 및 관동군 당국의 '영화국책확립'이라는 문화적인 정책을 왕도락토(王道樂土)의 건설과 맞추어 행했던 점에 진심으로 경의를 표하는 바이다.

만영(滿映)에 관한 모든 것은 일단 접어두고, 조선의 현재는 당국의 적극적인 지도를 기다릴 것, 오늘부터 갑자기 차대(且大)한 것은 아니라고 생각한다.

반도에 임전적인 견지에서 하나의 제작회사가 실현할 경우의 자료, 주로 미사용 오리지널 필름의 획득이 장래 이 회사를 운영해 가는데 중대한 관계를 가지게 된다. 이 문제는 상당히 중대하지만, 나는 조선의 특수성, 조선통치의 정치적 의미를 포함한 당국의 노력에 따라 충분하지 않더라도 자료(資料)의 확보는 전망이 보일 것이라 기대한다.

일본에서는 영화제작통제의 방편으로서 미사용 오리지널 필름의 중지라는 비상수단을 이용했다. 여기에는 어느 회사도 한결같이 포기했다. 조선도 그 측면에서 갑작스러운 조치에 당황했다. 라고 말하면 사람에 따라서 이견을 주장할지도 모르지만, 확실히 그러한 경향이 엿보였다. 미사용 오리지널 필름의 기본이 세로이드이고, 비상시 중요 자료인 것은 지금에 와서 알았던 사실도 아니다. 당연히 영화통제의 방편으로 미사용 오리지널 필름을 가져와 "필름보다도 폭탄이다"라고 급전직하(急轉直下) 80퍼센트, 90퍼센트의 배급중지를 행한다는 것은 이유는 따로 있고, 약간은 임시방편이라는 느낌이 강한 것은 아닐까? 그러나 전시 하 자료의 제한도 물론 필요하다. 또 비상시국 아래에서의 긴급조치라고 말하지 않으면 안 되지만, 이리하여 정보국과 군부는 영화의 통제와 자료제한의 제일보를 내딛었던 것이다.

따라서 조선에서 장래의 미사용 오리지널 필름의 확보문제는 제작회사가 하나의 회사로 통합되고 작품도 당국의 안(案)과 같이 제한된다면, 할당수량은 그런대로 어떻게든 받을 수 있을 것으로 생각한다. 또 당국의 적극적인 영화정책의 수행을 여기에서도 크게 요망해야만 한다.

다음으로 새로운 제작기관의 성격과 진용에 대하여 희망하고 싶다. 성격은 물론, 임전체제이고 반도 독자의 입장에서 총독시정(總督施

政)의 일부분으로서 어떤 때는 반도 대중을 계몽하고, 어떤 때는 약동하는 반도 대중에게 비상시국을 인식하게끔 하는 한편, 건전한 오락도 제공하지 않으면 안 된다. 영화가 가진 사명이 지극히 광범위한 것은 활자(活字)에 의한 출판물과 비교도 안 된다. 이와 같은 중요한 사명을 가진 영화제작은 완전히 인지(人智)과 기계의 종합예술이다. 명랑한 제작진의 노력과 기술자에게 항상 친자식처럼 사랑받는 기계가 혼연일체가 되어 창조하는 숭고한 예술품이다.

새로운 기구의 인적요소는 여전히 반도영화계의 노력에 의지하는 곳이 많다. 반도 정서와 습성과 색채는 일조일석(一朝一夕)으로 일본영화인이 쓸 수 없다. 인재가 부족한 업계에서 이렇게 논하면 다소 적막감을 느끼지만, 나는 그렇다고 해서 일본의 신인등용을 거부할 생각은 결코 없다. 자진해서 적극적으로(기꺼이) 새로운 기구에는 일본의 전문가, 기술자를 초빙해 맞이하는 것은 당연하지만, 제작의 근본정신을 둘 곳은 어디까지나 전술했듯이 없으면 안 된다고 생각한다.

다음으로 이번에 태어나는 영화제작기구는 당국의 의사가 상당히 강하게 반영된 것은 상상하기 어렵지 않다. 또 당연한 일이다. 그러나 그 경영주체와 제작부문의 제작태도, 제작의욕과는 양립하지 않는 경우가 많다. 일본영화계의 거인이 어제까지의 옛 보금자리를 오늘은 떠나는, 또는 세 명 다섯 명과 한 팀이 되어 이합집산의 사실을 보면, 경영자와 제작자의 이념에 충분히 납득되지 않은 석연치 않은 다양한 것이 잠재할 사실을 알았던 것이다.

나는 반도에서 신체제영화기구 아래에 있고, 사리사욕이나 한 개인의 명예나 자기만족을 위해서 영화인다운 신념을 등지는 동지가 나타날 것은 예상도 못했다. 서로에게 자신을 스스로 돌아보고 후회 없기를 바랄 뿐이다.

여기에서 내가 새로운 기구에 대하여 희망하는 것은, 그 경영과 제작계획을 심의·검토하는 '기획위원회' 또는 '기획연구회'(가칭)을 마련한 일이다. 이 기관은 총독부 당국, 예를 들면 도서과장, 문서과장, 사회교육과장, 국민총력연맹의 선전부장, 또는 헌병사령부 당국, 그 외에 반도의 대표적인 문화인과 경영자 측 간부로 조직한다. 이 기관은 새로운 회사의 제작계획 내용을 심의하는 기관이지만, 한편으로는 또 새로운 회사의 운영에 관하여서도 발언하고, 군(軍), 관(官), 민(民) 일체가 되어 영화에 의한 철저한 임전사상을 기대한다는 형식적인 것이길 바란다.

조선에서 영화제작회사는, 가령 그것이 주식회사 조직일지라도 혼자 마음대로하는 경영은 인정하지 않는다.

자료의 관계, 작품의 배급, 그 외 검토하면 할수록, 이른바 관(官), 민(民) 일치하는 존재이어야만 한다. 궁극적으로 반관회사(半官會社)와 같은 색채를 노정하기에 이른 것이라고 생각되는 이유가 많다. 당국의 영화정책의 적극화가 여기까지 와서, 그 제작방침이 기획심의회와 같은 기관에서 결정하고, 완비한 설비와 반도 독자적인 진용으로 제작된 경우, 그 작품은 과거와 마찬가지로 좁은 시장에서 신음하는 일 없이 전 일본 시장으로의 진출이 약속받았다. 보장받았다.

여기에서 관청영화(官廳映畫)에 대하여 한마디하고 싶다. 일본에서도 영화의 임전제제안(臨戰體制案) 실시와 동시에 관청영화의 전발(全發)을 단행하게 되었다. 관청영화는 자기만족감에 빠지기 쉬운 습성을 갖추고 있다. 그것은 착수에서 완성까지, 또 완성이후의 그 영화의 작용에 관하여 제작자에게 불안이 없다, 또 영화가 의도한 바가 어떤 경우라도 모두 대중을 벗어나고 있다. "배부르면 잠이 온다", "약간 배고픈 정도로 만든 것이 볼 만하다" 조선에서도 관청영화의 완성도는, 이렇게 말해서 꾸지람을 들을지도 모르지만, 칭찬할 만한 것이 없다. 이것은 역시 제작의도와 기구의 문제라고 생각한다. 오늘의 경우, 중점주의(重點主義) 입장에서 말해도 당연히 관청영화는 폐지되어야 마땅하다. 관청영화라는 명칭조차 납득할 수 없다. 관(官)이 민(民)을 지도하는 이상, 현재 우리들이 제작하려고 하는 임전영화야말로, 환언하면 관청영화의 대중화이고, 영화를 통한 상의하달(上意下達)의 역할도 떠맡고 있는 것이다.

당국의 내의(內意)에 근거를 두고, 새로운 제작기구의 창립에 관한 계획안은 이미 제출을 마쳤다. 조만간 구체적인 방책과 명확한 당국의 안(案)이 발표될 것이다. 나는 경무국 혼다 다케오(本多武夫) 도서과장의 정령(叮嚀) 간절(懇切)하고 동시에 임전영화(臨戰映畵)의 장래에 관한 철저한 의견과 노부하라 세이(信原聖) 문서과장의 명확한 찬조 의지를 날실로 하고, 약진(躍進) 반도의 경제력을 씨실로 하여, 장래 반도영화에 불타오르는 정열을 기할 일이다. 또 이 새로운 기구의 경제적인 중심이 되는 인재도 모두 근시일 내에 클로즈업할 것이다. 또 이 인선(人選) 또는 당국의 방침에 의한 것이지만, 나는 일본영화를 오늘의 수준까지 끌어올린 영화경영자의 얼굴을 생각하면서 우리들의 중심인물은 '경제인이기도 하면서 동시에 문화를 이해하는' 것임을 절대조건으로 섬세한 두뇌보다도 호담(豪膽) 동시에 청탁(淸濁)을 전부 받아들이는 아량 있는 걸출한 인물을 요망하고 싶다. 백만이나 이백만의 회사라고 경시하지 말지어다. 게다가 반도 유일의 영화 사업은 우리주변에 아주 흔히 볼 수 있는 천만, 이천만의 이윤추구를 업으로 하는 회사하고는 그 정신과 전도(前途)를 달리한다.

마지막으로 나에게 임전영화체제(臨戰映畵體制)에 관한 당국의 정식적인 안(案)을 학수고대하면서 각필(擱筆)한다.

3. 조선영화의 새로운 발족(發足)
(『문화조선(文化朝鮮)』 1942년 9월호 게제)

● ● ●

다카시마 긴지(高島金次)

반도 유일의 영화회사, 다시 말하면 일본의 쇼치쿠(松竹), 도호(東寶), 다이에이(大映)에 이어 조선에 단 하나 뿐인 조선영화제작주식회사(朝鮮映畵製作株式會社)가 창립했다. 영화기업은 자본가와는 관계가 먼 사업이다. 하물며, 자본금 이백만 원으로 영화회사를 창립했으니 자본가가 얼마나 많은 고심을 했을지 상상하고도 남는다. 오늘이 있기까지 영화인으로서 3년간 고투를 해온 필자로서도 대단히 감개무량하다.

조선영화에 대한 개념론이나 이상론은 이미 전부 여러 선배나 지인들이 말씀을 했다. 중요한 것은 그들이 말한 이상을 어떻게 살리고 어떠한 방법으로 실현시킬 것인가이다. 조선영화는 재출발했다. 아니, 새롭게 발족했다. 그리고 이미 제작에 착수했다. 그러나 돈만으로 좋은 영화는 만들 수 없다. 제작비를 가장 효율적으로 사용해 보다 좋은 영화를 만드는 것은 인간과 설비이다. 그러나 기계도 인간이 사용하는 이상, 사람에 따라 B기계로 A성적을 올릴 수 있는 사람도 있고, 또 반대로 A기계로 B효과 밖에 내지 못하는 기술자도 있다. 결론적으로 말하자면, 영화는 사람의 힘으로 만든다는 것이다. 따라서 대자본으로 출발한 조선영화제작주식회사가 회사 규모에 걸맞은 좋은 영화를 바

로 만들어낼 것을 기대하는 것은 현재의 인적구성원으로는 무리이며
시기상조이다. 결국 현재의 반도영화 기술진의 사기를 저하시키지 않
는 범위에서 지도적인 지위에 있는 일류 전문가의 도움을 받을 수 있
는 환경이 절실히 필요하게 될 것이다. 그렇기 때문에 먼저 영화 관련
기계의 정비를 꾀하지 않으면 안 된다. 이것이 가장 시급한 당면문제
이다. 이 문제와 관련하여 동경에 가 계신 나카다 하루야스(中田晴康)
촬영소장에게 상당히 고무적인 연락을 받았다.

×   ×

요전에 『후방에 있는 국민의 책무(銃後の責務)』라는 단편영화를 만
들었다. 다나카 다케오(田中武雄, 1891~1966, 정치가, 제10대 조선총
독부 정무총감)[5] 정무총감(政務總監)[6] 각하(閣下)의 말을 동시녹음
한 영화였다. 그런데, 인화(印畵)를 해보니 후반 부분의 다나카 다케
오(田中武雄) 정무총감각하의 목소리와 입이 전혀 맞지 않았다. 아무
래도 이상하여 여러 가지 조사한 결과 10피트(呎)당 4코마(齣, 영화
필름의 한 화면. 또는 그것을 세는 말) 내지 5코마(齣)씩 벗어나고 있
었다. 모터상태가 좋지 않음을 알았다. 간단한 이유지만 이래서는 좋

---

5) 다나카 다케오(田中武雄, 1891~1966)는 정치가이다. 제10대 조선총독부 정무총감
  이다. 1912년 명치대학(明治大学) 법학과 졸업, 1914년 나가노 현(長野県) 경경부
  보(警警部補), 1915년 문관 고등시험합격, 1936년 조선총독부 경무국장, 1939년
  탁무차관(拓務次官), 1942년 제10대 조선총독부 정무총감(政務総監), 1944년 고
  이소(小磯) 내각의 내각서기관장(內閣書記官長)을 역임하였다.
6) 조선총독부 산하에 있는 친임관(親任官)으로 조선총독 다음의 두 번째 지위이다.
  군사권을 제외한 행정, 입법, 사업의 실무를 총괄한다. 1910년 조선총독부 관제 제8
  조를 근거로 설치되었다. 1945년 태평양전쟁 종결로 연합국의 지시에 의해 폐지되
  었다.

은 작품을 만들 수 없다. 또 촬영에서 현상(現像)까지의 모든 작업을 일괄적으로 할 수 있는 설비는 갖추었지만, 촬영용 카메라의 모터소리를 없애주는 브림프(blimp)라는 방음케이스와 하나의 필름에 화면과 음성이 맞도록 조정해주는 싱크로(synchronize)라는 기계가 없어서 고생하며 찍고 있다. 소리를 시청(試聽)하며 편집할 수 있도록 만든 미국 무비올라사(社)의 영화 필름 편집 장치인 무비올라(Moviola)도 없다. 이러한 제작환경을 직접 눈으로 목격한 나로서는, 어떻게 이렇게 열악한 조건 속에서도 지금껏 반도영화를 참 잘도 꾸려왔는지 감탄이 절도 나온다. 그러나 이러한 열악한 설비환경도 조만간 말끔히 해결될 것이다. 완전히 갖춘 설비 속에서 충분한 솜씨가 발휘될 수 있는 점을 생각할 때, 이것이야말로 영화인 전체의 행복이 아닐 수 없다.

×   ×

　다음은 배우에 대하여 느낀 점이다. 이전부터 이단자취급을 받고 있었던 주연급 남녀 배우들과 한차례 만나보았다. 그들의 영화에 대한 정열은 실로 대단했다. 자칫하면 영화계에서 사라질 운명이었던 그들이지만, 새롭게 발족한 큰 조직에서 그들의 역량을 마음껏 발휘해보고 싶은 기대로 가득 차 있었다. 과거의 어두운 이미지를 완전히 벗고 밝은 연기자로 거듭나는 그들의 장래를 생각하니, 나는 저절로 쾌재를 부르고 싶어졌다. 물론, 신인배우의 양성도 필요하다. 하지만, 이들 현역 배우의 재기의 발판을 마련하는 것 또한 조선영화제작회사가 절실하게 해결해야할 과제일 것이다.

　조선영화의 출연진, 즉 영화감독은 정말로 숨죽이며 살아왔다. 충분한 역량을 가지고 있으면서도 펼칠 기회가 없어 파묻혀 지냈던 영화 감독들도 드디어 자신의 야심을 채울 기회를 부여받은 셈이다. 그러나 여기에서 심사숙고해야 할 일은 눈앞 공명을 쫓지 말고 느긋한 마음을 가져야 한다는 것이다. 또, 터무니없고 가당치도 않은 야심을 품다가 그대로 일패도지(一敗塗地, 일패하여 흙을 묻히는 것)해버린다면, 이것이야말로 본인의 자멸뿐만 아니라 반도영화의 패퇴(敗退)를 의미하는 것이다. 다행이도 상무이며 촬영소장인 나카다 하루야스(中田晴康) 씨는 일본영화계에서 가장 고생한 사람으로, 예민한 신경과 불타는 제작의욕을 가진 상징적인 선배이다. 이 사람의 지도를 받게 된 것은 반도 연출가들의 행복이다. 그러니, 실적을 세우는데 급급하지 않고 한발 한발 건실하게 나아가 모든 일본 감독들을 바짝 따라잡기 위해 노력해야할 것이다.

쓸데없는 말을 이것저것 늘어놓았다. 하지만, 우리들은 이제야 비로소 반도영화의 광명을 기대할 수 있는 출발점에 선 것이다. 평생 한번 있을까 말까 한 이 행복, 이 환희와 감격을 강하게 가슴에 새기고 싶다.

고이소 구니아키(小磯國昭, 1880~1950, 제8대 조선총독) 총독[7]은 일전에 국장회의에서 이렇게 말을 들었다. "항상 위에 있는 사람과 아래에 있는 사람이 하나가 되라. 마음이 하나가 될 수 있는 것은 윗사람의 명령이 정당하고 무리가 없으며 감독이 세심한 곳까지 미치기 때문이다. 이를 위해 윗사람은 수양과 큰 감화력을 겸비하는 해야 하며,

---

7) 고이소 구니아키(小磯國昭)는 일본의 육군대장, 제15대·제17대 탁무대신(拓務大臣), 제8대 조선총독(1942년 5월 29일-1944년 7월22일), 제41대 내각총리대신(內閣総理大臣)을 역임한 정치가이다.

아랫사람은 숭고한 덕의심(德義心)과 충실한 복종심이 필요하다". 이 말은 영화계에 절실히 요구되는 말이다. 새로운 회사의 자본가와 우리들 사용인(使用人)도 이러한 마음가짐으로 하나가 되어 영화보국의 염원에 매진해야 할 것이다.

4. 대동아문학자대회(大東亞文學者大會) 일행(一行)을 맞이하며
(1942년 11월 14일 명일관(明日館)에서)

• • •

다카시마 긴지(高島金次)

대동아공영권의 유력 문화인 여러분을 한 자리에 모시고 장차 도
래할 찬란한 아시아문화건설을 위한 진지한 협의를 실시하고, 이렇게
적절한 시기에 내외적으로 성전완수협력(聖戰完遂協力)선언을 하게
된 일은 대단한 쾌거라고 생각합니다. 진심으로 여러분의 노력에 감
사의 마음을 표하는 바입니다.

대회 출석자 중에는 만주, 중화민국, 몽고 대표자 분들이 계신데, 이
분들은 본국으로 직접 귀국하시지 않고 직접 본 대회에 참석하여, 이
렇게 조선의 문화인과 무릎을 맞대고 교류를 하게 되었습니다. 이것
은 반도 영화계 말석을 더럽히는 나로서는 한없는 기쁨입니다. 뿐만
아니라, 여러분과 대화를 나누며 친분을 쌓을 수 있는 기회를 얻은 것
또한 분에 넘치는 영광이라고 생각합니다.

오늘 이 회합으로 대동아전쟁(大東亞戰爭, 태평양전쟁, 1937년 7
월 7일~1945년 8월 15일) 발발(勃發) 이래 줄곧 전쟁 목적 수행을 위
해 매진하고 있는 조선 문화인의 불타는 애국심을 외지(外地) 문화인
여러분이 많이 헤아려주시길 간절히 바랍니다. 더불어 제휴와 협력을
바탕으로 한 대아시아 문화의 여명을 향해 대동아 문화인 각자 각자

가 일로매진(一路邁進)했으면 합니다.

오늘은 조선 영화계의 한 사람으로서 초청받았으므로 조선 영화계의 현상에 대하여 한 말씀드리고자 합니다.

조선에서 영화제작을 시작한 것은 지금으로부터 22년 전인 1921년입니다. 그 후, 1934년까지 무성영화 주요작품 95편, 현재와 같은 토키영화(유성영화)가 만들어진 이래 지금까지 약 40편 전후의 극영화를 제작했습니다. 수치상으로도 알 수 있듯이, 과거의 조선영화는 빈약 그 자체였습니다. 여기에는 다양한 이유를 들 수 있습니다. 영화용어가 정립되지 않은 점, 영화설비의 부족, 그리고 가난한 나라살림 등이 있습니다. 그럼에도 불구하고, 반도 영화인은 오랜 동안 모든 불리한 조건을 극복하고 악전고투하며 계속 영화를 만들어 왔습니다. 일본영화계가 한결같이 조선영화계를 칭찬하는 이유입니다. 그러나 만주사변(滿洲事變, 1931년 9월 18일~1932년 2월 18일) 직후부터 조선영화계도 정세에 발 빠르게 대응하기 시작했습니다. 반도 영화인은 지나사변(支那事變, 중일전쟁, 1937년 7월 7일~1945년 9월 2일)과 대동아전쟁(大東亞戰爭, 태평양전쟁, 1937년 7월 7일~1945년 8월 15일)등 전시시국이 되자 새로운 조직으로 영화제작의 의욕을 불태우며 약진(躍進)을 꾀했던 것입니다.

그런데, 작년 8월 내각 정보국에서 내외지(內外地) 전 지역에 영화임전휴제확립안(臨戰休制確立案)을 발표하였다. 이 발표 이래, 조선영화는 조선영화가 나아갈 방향을 정립하여 일본의 3대 영화제작회사와 버금가는 하나의 커다란 제작회사를 창립하게 되었습니다. 즉, 작년 9월 10일 조선총독부 당국의 절대적인 지원 아래 자본금 이백만원으로 조선영화제작주식회사(朝鮮映畵製作株式會社)를 창립하게 된 것입니다. 물론, 우리 회사는 대동아전쟁(大東亞戰爭, 태평양전쟁, 1937년 7월 7일~1945년 8월 15일)의 임무를 완수하는 하나의 기관으로서 영화가 가진 힘으로 국책영화를 만드는 것은 당연한 책무입니다. 이리하여 이전부터 활동해온 반도영화인 대다수를 수용하여 화려한 출발을 했던 것입니다.

주지하듯이, 영화와 문화에는 국경 없음을 여러분은 모두 잘 알고 계실 것입니다. 하지만, 교만한 아메리카영화가 세계를 더럽히고 경박한 구미문화(歐美文化)가 어떻게 아시아를 멍들게 했는지 또한 여러분께서는 충분히 알고 계실 겁니다. 이제 앞으로는 우리가 우리들 문화인의 손으로 모든 문화재를 총동원하여 전 아시아인을 진정한 아시아인답게 만들고 대동아 번영을 위해서 백년대계, 천년대계를 수립해야 할 시기라고 생각합니다.

조선은 대륙병참기지로 대동아로부터 주목받았습니다.

조선영화는 조선만의 영화가 아닌 일본영화이고, 또 만주, 중화민국, 몽고의 친구들 마음에도 반드시 깊게 파고들 것이라고 믿어 의심치 않습니다.

이상과 같이, 오늘 이렇게 유력 외지(外地) 문화인 여러분 앞에서 조선영화계의 현황의 일단을 보고 드리고, 장래 조선영화에 대한 지원 및 지도를 절실히 바라마지 않습니다. 오늘 참석해주신 여러분의 건강을 기원 드리며, 저의 인사를 마치고자 합니다.

찾/아/보/기

김태현(金泰賢)

고려대학교 일본연구센터 HK연구교수 한·일문학문화비교, 한·일 영화비교전공.

『일본어잡지로 보는 식민지 영화』(편역, 도서출판 문, 2012), 『일본문화사전』(공저, 도서출판 문, 2010), 『한반도 만주 일본어문헌 목록집』(13권)(공저, 도서출판 문, 2011), 『한반도 만주 일본어문헌 목차집』(27권)(공저, 도서출판 문, 2011), 「한국과 일본에 있어서 〈활동사진〉의 이미지와 문학작품으로의 인용」(『한중일언어문화연구』, 2011.8) 「『자세이노 인(蛇性の淫)』의 영화화 -'순영화극운동'을 통하여-」(한국일어일문학회 『일어일문학연구』, 제67집 2008.11), 「다니자키 준이치로작품의 건축공간-영화공간과 관련하여-」(한국일본어문학회 『일본어문학』제38집, 2008.9), 「다니자키 준이치로(谷崎潤一郎)와 활동사진 - 키네토스코프와의 관련성 고찰」(고려대학교 일본학연구센터 『日本研究』, 8집 2007)

조선영화통제사

초 판 인 쇄 | 2020년 12월 21일
초 판 발 행 | 2020년 12월 21일

지 은 이 다카시마 긴지(高島金次)
역 자 김태현(金泰賢)

책 임 편 집 이수정

발 행 처 도서출판 지식과교양
등 록 번 호 제2010-19호
주 소 서울시 강북구 우이동108-13 힐파크103호
전 화 (02) 900-4520 (대표) / 편집부 (02) 996-0041
팩 스 (02) 996-0043
전 자 우 편 kncbook@hanmail.net

ISBN 978-89-6764-165-8 93680   정가 28,000원